中国主要旅游客源地概况

Zhongguo Zhuyao
Lüyou Keyuandi Gaikuang

主　编　周荣华
副主编　芮田生

西南财经大学出版社
Southwestern University of Finance & Economics Press

图书在版编目(CIP)数据

中国主要旅游客源地概况/周荣华主编.—成都:西南财经大学出版社,
2015.2(2020.1重印)
ISBN 978-7-5504-1815-8

Ⅰ.①中… Ⅱ.①周… Ⅲ.①旅游客源—概况—中国 Ⅳ.①F592.6

中国版本图书馆CIP数据核字(2015)第032007号

中国主要旅游客源地概况

主　编:周荣华
副主编:芮田生

责任编辑:李　才
助理编辑:高　玲
封面设计:杨红鹰
责任印制:朱曼丽

出版发行	西南财经大学出版社(四川省成都市光华村街55号)
网　　址	http://www.bookcj.com
电子邮件	bookcj@foxmail.com
邮政编码	610074
电　　话	028-87353785
照　　排	四川胜翔数码印务设计有限公司
印　　刷	郫县犀浦印刷厂
成品尺寸	185mm×260mm
印　　张	16.5
字　　数	310千字
版　　次	2015年2月第1版
印　　次	2020年1月第2次印刷
印　　数	2001—3000册
书　　号	ISBN 978-7-5504-1815-8
定　　价	35.00元

《中国主要旅游客源地概况》编写委员会

主　编：

周荣华　四川农业大学旅游学院

副主编：

芮田生　内江师范学院经管学院

编　委：

张雪梅　成都师范学院史地与旅游系

于华友　乐山师范学院旅游与经管学院

郭　凌　四川农业大学旅游学院

21世纪普通高等院校应用型本科规划教材·旅游管理
编委会

主任

张梦教授，中国旅游协会区域旅游开发专业委员会理事，西南财经大学旅游研究所所长、博士生导师

副主任（按姓氏笔画）

邱云志教授，乐山师范学院旅游与经济管理学院院长

赵鹏程教授，西华师范大学管理学院院长

委员（按姓氏笔画）

王　鹏，四川旅游学院

方海川，乐山师范学院旅游与经济管理学院

江　渝，成都师范学院

田文红，成都师范学院

许　霞，四川旅游学院

李兴荣，西华师范大学管理学院

李成文，宜宾学院经济与管理学院

李其原，西华师范大学管理学院

李益彬，内江师范学院经济与管理学院

张　云，内江师范学院经济与管理学院

陈一君，四川理工学院经济与管理学院

杨启智，四川农业大学旅游学院

吴晓东，四川理工学院经济与管理学院

郑元同，乐山师范学院旅游与经济管理学院

郑　强，四川旅游学院

季　辉，成都工业学院

郭　凌，四川农业大学旅游学院

黄　河，宜宾学院经济与管理学院

蒲　涛，成都工业学院

Foreword 总序

为推进中国高等教育事业可持续发展，经国务院批准，教育部、财政部启动实施了"高等学校本科教学质量与教学改革工程"。这是深入贯彻科学发展观，落实"把高等教育的工作重点放在提高质量上"的战略部署，在新时期实施的一项意义重大的本科教学改革举措。"高等学校本科教学质量与教学改革工程"以提高高等学校本科教学质量为目标，以推进改革和实现优质资源共享为手段，按照"分类指导、鼓励特色、重在改革"的原则，加强课程建设，着力提升我国高等教育的质量和整体实力。为满足本科层次经济类、管理类教学改革与发展的需求，培养高素质有特色应用型创新型人才，迫切需要普通本科院校经管类教学部门开展深度合作，加强信息交流。值得庆幸的是，西南财经大学出版社给我们搭建了一个平台，协调组织召开了二十余所普通本科院校经管学院院长联席会议，就教学、科研、管理、师资队伍建设、人才培养等方面的问题进行了广泛而深入的研讨。

通过充分的研讨和沟通，共同打造了切合教育改革潮流、深刻理解和把握普通本科教育内涵特征、贴近教学需求的高质量的 21 世纪普通高等院校系列规划教材。截至 2012 年年底，共出版了 70 余种教材，并获得社会好评。

鉴于我国经济社会的发展，节假日改革、带薪休假的实行，旅游产业得到迅猛发展（2012 年我国旅游业总收入约 2.57 万亿元），旅游业的持续升温、快速发展与旅游专业人才的短缺矛盾十分突出，旅游人才资源数量不足、层次不高；旅游产业发展必须培育和造就一支多功能、复合型、国际化的旅游专业人才队伍，教育部已将旅游管理专业从工商管理下独立出来，成为与工商管理平行的一级学科；加之，旅游管理专业教材存在集中于管理专业领域，旅游经济和会展旅游等方面严重缺失，教材中"文化"含量偏低，且"大而全、小而全"以及操作性不强等问题。因此，2013 年院长联席会议确定单独建设 21 世纪普通高等院校应用型本科规划教材·旅游管理，以促进旅游管理专业课程体系和教学体系的合理构建，推动教学内容和教学方法的创新，形成具有鲜明特色的教学体系，从而为旅游业的快速发展提供强有力的人才保证和智力支持。

鉴于此，本编委会与西南财经大学出版社合作，组织了十余所院校的教师共同编写本系列规划教材。

本系列规划教材编写的指导思想：在适度的基础知识与理论体系覆盖下，针对普通本科院校学生的特点，夯实基础，强化实训。编写时，一是注重教材的科学性和前沿性，二是注重教材的基础性，三是注重教材的实践性，力争使本系列教材做到"教师易教，学生乐学，技能实用"。

本系列规划教材以立体化、系列化和精品化为特色，包括教材、辅导读物、讲课课件、案例及实训等；同时，力争做到"基础课横向广覆盖，专业课纵向成系统"；力争把每种教材都打造成精品，让多数教材能成为省级精品课教材、部分教材成为国家级精品课教材。

为了编好本系列规划教材，在西南财经大学出版社的支持下，经过了多次磋商和讨论成立了由经济学博士、西南财经大学教授、博士生导师、中国旅游协会区域旅游开发专业委员会理事张梦任主任，赵鹏程教授、邱云志教授任副主任，郑元同等教授任委员的编委会。

在编委会的组织、协调下，该系列规划教材由各院校具有丰富教学经验并有教授或副教授职称的教师担任主编，由各书主编拟订大纲，经编委会审核后再编写。同时，每一种教材均吸收多所院校的教师参加编写，以集众家之长。

根据各院校的教学需要，结合转变教学范式，按照理念先进（体现人才培养的宽口径、厚基础、重创新的现代教育理念）、特色鲜明（体现科学发展观要求的学科特色、人才质量水平和转变教学范式的最新成果）、理论前沿（体现学科行业新知识、新技术、新成果和新制度）、立体化建设（基于网络与信息技术支持，一本主教材加相对辅助的数字化资源，并辅助于教学网络平台的支撑形成的内容产品体系）、模块新颖（教材应充分利用现代教育技术创新内容结构体系，以利于进行更加生动活泼的教学，引导学生利用各种网络资源促进自主学习和个性化学习，兼具"客观化教材"、"开放性索引"、"研究性资料"和"实践性环节"的功能）的要求，引进先进的教材编写模块来编写新教材以及修订、完善已出版的教材。

希望经多方努力，力争将此系列规划教材打造成适应教学范式转变的高水平教材。在此，我们对各学院领导的大力支持、各位作者的辛勤劳动以及西南财经大学出版社的鼎力相助表示衷心的感谢！

21 世纪普通高等院校应用型本科规划教材·旅游管理编委会

2013 年 11 月

Foreword 前言

随着世界经济全球化和区域一体化的潮流推动，世界旅游市场也呈现出全球化和区域一体化的发展格局。进入 21 世纪，世界旅游市场形成了欧洲、美洲和亚太三分天下的格局，亚太地区超过美洲地区跃居世界第二。在这种大环境下，中国的入境旅游人数和旅游收入呈现出前所未有的发展趋势，根据世界旅游组织（World Tourism Organization，WTO）预测，中国将在 2020 年发展成为世界旅游强国。为了进一步把握中国海外入境旅游客源市场的演变及其趋势，熟悉和了解海外旅游客源市场的发展现状，加深对我国海外旅游客源地国家和我国港澳台地区的了解和认识，能有的放矢进行宣传促销以及进一步拓宽市场，部分旅游高校的教师共同编写了《中国主要旅游客源地概况》一书，供高等院校旅游管理专业师生、酒店管理专业师生、旅游部门的职工和旅游爱好者学习使用。

本书正文共分为八章。第一章主要介绍世界旅游市场发展的概况、世界旅游客源市场分布格局及发展前景。第二章主要介绍中国入境旅游发展历程和中国入境客源市场概况。第三章至第八章按地区分析了中国入境主要客源国家及地区的基本概况、人文风情、民俗禁忌、旅游业基本概况。

本书由四川农业大学周荣华担任主编、内江师范学院芮田生担任副主编，由两位老师拟定提纲并负责全书的统稿工作。具体分工为：第一章世界旅游客源市场、第二章中国入境客源市场由周荣华、郭凌撰写；第三章东亚太地区主要客源国由周荣华撰写；第四章东南亚、南亚、中亚地区主要客源国由芮田生撰写；第五章欧洲地区主要客源国由张雪梅撰写；第六章北美洲地区主要客源国、第七章中东和非洲地区主要客源国、第八章中国港澳台地区由于华友、郭凌撰写。

本书在编写过程中，参阅了大量的旅游书刊、旅游网站，引用了新华网、我国国家旅游局网上发布的一些信息和数据，绝大多数统计数字都已更新至近两年的数据，以使读者能了解到最新的发展动态和变化趋势。

由于作者水平有限，有些资料和数据无法收集到，本书错漏之处在所难免，还请各位同仁及读者不吝赐教，予以指正，在此谨表谢意。

编者
2014 年 10 月

Contents 目录

第一章　世界旅游客源市场

学习目标

1. 了解世界旅游市场的发展现状
2. 掌握世界旅游市场格局
3. 掌握世界旅游区的概况

重点和难点

1. 世界旅游市场的发展特点
2. 未来世界市场的特征
3. 世界各旅游区的发展概况

本章内容

1. 世界旅游市场发展特点
2. 世界旅游市场格局
3. 世界旅游市场发展前景
4. 未来世界旅游市场的发展特征
5. 世界各旅游区概况

●第一节　世界旅游市场概况

　　旅游已经成为当今世界一种引人瞩目的全球化现象。据世界银行统计，2008—2010 年三年的全球国际旅游收入分别为 11 426.5 亿美元、10 245.3 亿美元和10 696.2 亿美元。旅游不但成为服务贸易业中重要的产业，而且超过了汽车和钢铁贸易业，仅次于石油贸易业，成为世界上大宗的跨国贸易产业。国际旅游业不仅单纯地作为一项经济产业对世界经济、国际贸易产生着影响，而且在全球化和一体化进程中，扮演着越来越重要的角色。

一、世界旅游市场发展现状

　　旅游业产生于 19 世纪中叶，崛起于 20 世纪 50 年代以后。经过一百多年的发展，虽然也曾经因石油危机、经济萧条以及战事出现过短暂的起伏甚至跌落，但从总体上讲，旅游业一直保持着持续发展的势头，现在世界旅游业进入了成熟稳定的发展时期。

　　世界旅游市场的发展呈现出下列几大鲜明特点：

（一）国际旅游人数持续增长，旅游收入增长幅度远高于人数增长幅度

　　1950—2010 年，国际旅游人数和国际旅游收入整体上呈上升趋势。1950 年，全球国际旅游人数为 2 500 万人次，国际旅游收入为 21 亿美元，半个多世纪后的 2010 年，国际旅游人数已达到 9.4 亿人次，年增长率为 6.7%，国际旅游收入为 9 190亿美元，年增长率为 8.0%。国际旅游者平均每增长一个百分点，国际旅游收入就增长 1.7 个百分点。如表 1-1 所示。

表 1-1　　　　　　　　　　　国际旅游人数和收入

单位：百万人次；%；亿美元

年份	人数	增长率	收入	增长率	年份	人数	增长率	收入	增长率
1950	25	——	21	——	1999	625	3.6	4 570	3.2
1960	69	——	69	——	2000	674	7.8	4 750	3.9
1970	166	——	179	——	2001	673	-0.1	4 660	-1.9
1980	286	——	1 052	——	2002	693	3.0	4 850	4.1
1990	459	——	2 678	——	2003	662	-4.5	5 330	9.9
1991	466	1.5	2 776	3.7	2004	753	13.7	6 340	18.9

表1-1（续）

年份	人数	增长率	收入	增长率	年份	人数	增长率	收入	增长率
1992	503	7.9	3 136	13.0	2005	797	5.8	6 790	7.1
1993	518	3.0	3 231	3.0	2006	842	5.6	7 430	9.4
1994	553	6.8	3 526	9.1	2007	897	6.5	8 570	15.3
1995	528	-4.5	4 030	14.3	2008	916	2.1	9 400	9.7
1996	551	4.4	4 370	8.4	2009	881	-3.8	8 510	-9.5
1997	585	6.2	4 350	-0.5	2010	940	6.7	9 190	8.0
1998	603	3.1	4 430	1.8					

资料来源：张凌云. 世界旅游市场分析与统计手册［M］. 2版. 北京：旅游教育出版社，2012.

纵观世界六十年来旅游业的发展，如果以每十年作为一个阶段的话，则可以看出每个阶段都有不同发展。通过表1-1可以看出，世界旅游业每十年就上一个大的台阶。1950—1960年的第一个十年可以称之为起步阶段，表现为国际旅游收入和国际旅游人数双高的局面，但当时只是起步，基数较小，速度较快。第二个十年可以称之为发展阶段，表现为增长率相对下降，但绝对数量逐步提高。第三个十年可以称之为起飞阶段，表现为明显的两个增长率差距拉大的状况，国际旅游收入上了一个大台阶，突破了1 000亿美元，年均增长率达到了19.4%，这是世界经济黄金时代所积累的经济规模发挥作用的结果。第四个十年可以称之为持续发展阶段，国际旅游收入又上了一个大台阶，1990年比1980年净增1 654亿美元，增量超过了1980年的总量。第五个十年可以称为稳定发展阶段，2000年比1990年国际旅游收入净增量高达2 000亿美元，接近1990年的总量，几乎实现了十年翻一番，但年均增长率都呈现了双低的局面，总体上形成了稳定发展的态势。第六个十年可以称为快速发展阶段，2010年与2000年相比，国际旅游人数增加了2.66亿人次，年均增长率3.4%，国际旅游收入增加了4 440亿美元，年均增长率6.8%，在这十年，国际旅游人数每增长1个百分点，国际旅游收入就增长2个百分点。

（二）出境旅游集中在游客所居住区域，欧洲是最大的国际旅游客源地

大多数国际游客都是在各自的区域内进行旅游，大约4/5的游客是来自本区域的。国际旅游的主要市场还是集中在工业化程度比较高的欧洲、美洲和亚太地区。随着可支配收入的增加，许多新兴经济区在近几年呈现出较快的增长趋势，特别是东北亚、南亚、中东欧、南非和南美地区的国际旅游都发展较快。1990年，欧洲以57.6%的市场份额稳居国际旅游第一客源地的位置，2009年这一数值有所下降，但欧洲仍保持国际旅游最大客源地的地位，产生了全球54.4%的国际

游客，其次是亚太地区（20.3%）、美洲（16.6%）、中东（3.7%）和非洲（2.9%）。2009 年，受世界经济危机的影响，国际旅游总体上较 2008 年有所下降。2010 年各地区产生的国际游客数量比重分别是：欧洲（52.8%）、亚太地区（21%）、美洲（16.4%）、中东地区（3.8%）和非洲（2.9%）。

（三）大众旅游日益普及，旅游者队伍逐渐壮大

国际旅游收入的快速增长，并不意味着旅游费用的增加。交通方式的更加便捷、带薪假期的增多、收入的增加，使得大众旅游迅速普及。旅游者队伍不断壮大，居民的出游更加频繁，目的地选择更加多元化，国际旅游变得更加便利、更加舒适、更加经济。

（四）世界旅游市场格局发生变化，亚太地区异军突起

世界旅游市场在总量不断增长的同时，在格局分布上也重新洗牌。旅游目的地重心东移，欧美市场中经济发达国家的垄断局面已被打破，虽然它们仍然是世界旅游市场的主体，但所占份额却逐步下降。1950 年欧洲和美洲所占份额相加，占世界旅游市场的 96%，2000 年，这一比重下降到 76%，下降了 20%。2004 年欧洲的市场份额为 55%，2009 年下降到 52%。与此同时，世界其他地区正在迎头赶超，市场份额逐步提高，其中最突出的就是亚太地区，从 1950 年 0.8% 的市场份额上升到了 2010 年的 21.7%。自 20 世纪 50 年代起，亚太地区每一个十年的平均增长率都高于欧美，位于世界前列。如表 1-2 所示。

表 1-2　　　　1950—2010 年世界各地区国际旅游人数年均增长情况　　　　单位：%

年份	世界	非洲	美洲	亚太	欧洲	中东
1950—1960	10.6	3.7	8.4	14.1	11.6	12.3
1960—1970	9.1	12.4	9.7	21.6	8.4	11.5
1970—1980	5.3	11.7	4.0	14.2	4.6	14.9
1980—1990	4.6	7.3	4.1	9.0	4.0	2.5
1990—2000	4.5	6.0	3.3	7.0	4.0	9.6
2000—2010	3.4	6.4	1.6	6.4	2.1	9.6

资料来源：张凌云. 世界旅游市场分析与统计手册 [M]. 2 版. 北京：旅游教育出版社，2012.

（五）世界旅游市场抵抗风险的能力不断增强，发展后劲日益显现

长期以来，人们一直认为旅游业是一个非常脆弱的行业，在全球化的影响下，世界任何一个地方的灾害，经过蝴蝶效应都会给旅游业带来重创，打击旅游者的出游信心。但事实上，世界旅游业的发展并不完全支持这种观点。在半个多世纪的旅游业发展历史中，旅游人数和旅游收入都各只有四年出现过负增长，分别是

1995 年（-4.5%）、2001 年（-0.1%）、2003 年（-4.5%）、2009 年（-3.8%），但都于次年出现了恢复性增长或强劲的反弹，这与世界经济的周期性危机大相径庭。近年来，国际旅游业几乎是在与天灾人祸相伴的环境中发展壮大的。世界旅游业经过了 20 世纪 80 年代的黄金期后，就相继遇上亚洲金融风暴、世界能源危机、全球经济衰退、口蹄疫、疯牛病、非典型性肺炎、高致病性禽流感、东南亚海啸、"卡特里娜"飓风等，还有纽约"9·11"恐怖事件、伦敦地铁爆炸案、马德里火车爆炸案，印尼巴厘岛、土耳其和肯尼亚等地针对旅游者的恐怖袭击。虽然这些突发性事件都直接影响着全球的旅游业，但旅游业的恢复能力之强超出了专家们的预料。像"9·11"这样震惊世界的恐怖事件，也只影响了当年的国际旅游人数，第二年即 2002 年的国际旅游者就首次突破了 7 亿人次，增长了 3%。2001 年美国的入境旅游因"9·11"恐怖袭击受到了重创，旅游人数与 2000 年相比下降了 8.4%，但同年美国的国内旅游却不跌反升，较 2000 年增长了 2%。2009年的世界经济危机，使得当年的国际旅游人数较 2008 年下降了 3.8%，但 2010 年得以恢复，并超过历史最高水平的 2008 年，达到 9.4 亿人次。因此，旅游业敏感而不脆弱，是敏感性和恢复性都很强的行业。旅游已成为许多国家居民的基本需要和日常消费，旅游需求呈现出较强的黏性，即使一些旅游目的地发生公共危机，旅游者仍会选择他们认为安全的目的地出游，"东方不亮西方亮"，正是这种此消彼长的机制作用，使得世界旅游业抗衰退能力不断增强，发展后劲日益显现。

二、世界旅游市场格局

旅游业是国民经济的组成部分，国际旅游业是世界经济的组成部分。旅游业的发展水平、旅游客源市场的成熟程度，总体上取决于社会经济的发展水平，世界旅游客源市场的格局从根本上说是由世界经济格局决定的。

欧洲是近代资本主义商品经济和工业化的发源地，是当代世界经济发达地区之一，也是世界旅游业的发源地。一个多世纪以来，欧洲，尤其是西欧，历来是世界旅游业的重心所在。20 世纪 80 年代以前，欧洲地区接待国际旅游者的数量一直占世界总数的 2/3 左右，其国际旅游收入占世界总额的 3/5 左右。欧洲也是世界主要的客源产生地。

美洲，主要是北美，是当今世界经济发达地区，也是旅游业发达地区之一。20 世纪后半叶，美洲接待国际旅游者的数量一直占世界总数的 1/5 左右，其国际旅游收入占世界总额的 1/4 左右。北美也是世界主要的客源产生地。

东亚太、南亚、中东和非洲诸国绝大多数属于发展中国家，在 20 世纪五六十年代，这些地区的旅游经济在世界旅游业中所占份额极小。经过五十余年的发展，世界经济格局发生了巨大变化。亚太地区已成为世界经济中一个新的增长极，正在发展成为继北美、欧洲后的又一世界经济重心。亚太地区，特别是东亚地区的旅游经济已成为世界经济中的一个新的强劲增长点。与此同时，东亚太旅游业在世界旅游经济中的份额不断增大，由 20 世纪 60 年代的 1% 左右提升到 20 世纪 90 年代的 10% 以上。

据世界旅游组织预测，2020 年全球国际旅游接待人数将达到 16 亿人次。到 2020 年，欧洲旅游在世界市场所占份额为 45.9%，仍将继续保持世界最大旅游目的地的地位。美洲地区的旅游市场份额为 18.1%，东亚太地区的旅游市场份额为 25.4%，超过美洲成为世界第二大目的地市场。2020 年非洲、中东、南亚的市场份额将分别为 5%、4.4%、1.2%。世界旅游市场正在向欧洲、东亚太和美洲三足鼎立的新格局演变。

三、发展前景预测

尽管目前世界经济增长遇到了很多挑战和受到不确定因素的影响，但旅游业却一直是增长速度最快的行业之一，而且成为推动经济和就业增长的主要力量。未来十年里，世界旅游业对全球国内生产总值（GDP）的贡献每年将达到 4.2%，总额为 9.2 万亿美元，并创造 6 500 万个就业机会。全球旅游业的发展趋势呈现出这样一些特点：第一个特点是加快发展旅游业现在成为很多国家的战略决策，中国把旅游业定位成了战略性的支柱产业和现代服务业来加以培育，出台了《中华人民共和国旅游法》；美国发布了国家旅游发展战略，提出了促进旅游业发展的一揽子措施，包括针对中国游客的签证便利化措施；俄罗斯政府也是批准了 2011—2018 年的发展旅游业目标计划。第二个特点就是旅游业在 GDP 中所占的比重持续提高。第三个特点是世界旅游业的发展重心在逐步东移，在 2012 年时，欧洲仍然是最大的入境旅游目的地，占全球的比重达到 51.6%。有关机构预测，亚洲的旅游市场国际游客接待量占全球比重到 2020 年会达到 30%，2030 年将超过 36%，而欧洲的比重将分别会降到 49% 和 41%。第四个特点是旅游业呈融合发展的趋势明显，在经济全球化的带动下，旅游跨国界、跨领域、跨行业、跨产业、跨部门融合发展的趋势日益明显。

四、未来世界旅游市场的发展特征

世界旅游市场的发展不仅受世界经济发展状况的制约，在其发展过程中也具有自身的发展特征。

（一）市场细分化趋势

随着旅游者收入水平和需求层次的提高，旅游者出国旅游次数的增加，人们已不再满足于城市观光游览这种传统的旅游方式，而趋于追求能够满足其特殊需求且富于刺激性的旅游方式。现代旅游市场出现了市场细分化趋势。每一种细分市场都具有其独特之处，能够满足某一类型旅游者的特殊需求。旅游组织者将注重从更深层次来开发人们的旅游需求，根据人们的年龄、职业、爱好等不同情况组织各具特色的旅游产品来面向不同的细分市场。特殊旅游、专题旅游也越加盛行。除了传统的观光旅游、度假旅游和商务旅游外，目前比较盛行的旅游方式有：宗教旅游、探险旅游、考古旅游、修学旅游、蜜月旅游、购物旅游、奖励旅游、民族风俗旅游等。每一种旅游方式又可以进一步细分。中国国家旅游局于 1991 年 5 月向国际旅游市场推出了首批 14 种国家级专项旅游产品，进一步丰富了中国旅游的产品类型。随着国际游客对特殊旅游需求的增加，人们期待着更多、更为丰富多彩的专题旅游路线的不断推出。

（二）从观光型旅游为主向度假型旅游为主转变

根据对日本出国游客的调查，近年来日本每年出国游客中有 2/3 是重复出国。而美、英、德、法等国重复出国游客所占的比例更高。由于每年出国旅游已成为一种生活方式，越来越多的游客已不满足于在各个旅游点之间长途跋涉、疲于奔命的旅游方式。旅游目的也从传统的开阔眼界、增长见识向通过旅游使身心得到放松和休息、陶冶生活情趣等转变。在未来的市场发展中，观光型旅游并不会完全失去市场，但在传统的旅游客源国家中度假旅游将更为盛行，将会逐步取代观光旅游，成为国际旅游的主体。世界上旅游度假胜地如地中海地区、加勒比海地区仍将是国际旅游者集中的地区。在东亚、太平洋地区，夏威夷及具有丰富海滩资源的泰国、印尼将会是旅游者热衷于选择的目的地。而主要吸引商务和购物客人的城市型旅游地如中国香港、新加坡、中国台湾、韩国将会在度假旅游浪潮中失去一部分市场。到本世纪末，泰国、夏威夷将会取代香港、新加坡成为东亚、太平洋地区第一和第二位的旅游接待地。中国的国际旅游客源以观光型为主，但中国具有丰富的山水风光和海滩资源，为了适应未来世界旅游市场发展趋势，必须改变中国旅游产品的单一结构，开发度假旅游资源，以吸引国际客源的主流。

（三）追求更为灵活多变的旅游方式

在追求个性化的浪潮下，旅游者不再青睐于旅行社固定包价的旅游方式。散客旅游和家庭旅游在旅游者人数中所占比例将逐渐增加。散客旅游盛行的原因，在于它比包价旅游更为自由随意，可以随时按照个人兴趣来调整旅游计划。随着世界各地旅游设施的建立健全，世界性预订服务网络的普及完善，散客旅游越来越方便，目前世界上散客旅游人数已超过包价旅游人数。1989年欧洲外出旅游人数中66.6%为散客旅游者。非包价式的家庭旅游兴起的主要原因在于私人交通工具的普及化。人们可以利用私人拥有的现代交通工具合家出游，尽享天伦之乐。目前家庭旅游还主要集中于中短距离和区域内。旅行社在组织团体包价旅游过程中也改变了过去单纯集中统一的做法，而采取能满足游客个性需求的灵活多变的组团方式。同时，小包价、个人委托代办服务也占有越来越大的市场份额。

（四）在旅游中追求更多的参与性和娱乐性

住千篇一律的连锁饭店，参观埃菲尔铁塔、金门大桥这些无生命的建筑已使那些经常出国旅游的人感到厌烦。而单调、机械、使人置身其外的旅游方式也使游客失去兴趣。旅游者转向追求那些富有活力、情趣，具有鲜明特性的旅游场所。在旅游过程中，旅游者渴求能亲身体验当地人民的生活，直接感受异国的民俗文化风情。旅游者希望通过参与和交流得到感情的慰藉和心灵的撞击。旅游者喜欢那些轻松活泼、丰富多彩、寓游于乐、游娱结合的旅游方式。因此各国在旅游产品设计开发中都注重安排丰富的娱乐活动，改变旅游方式，提高游客的参与度，那些具有浓郁的民俗风情和传统地方特色同时又和娱乐相结合的旅游产品尤其受游客喜爱。

（五）"银色市场"不断扩大

银色市场是指老年人客源市场。按照世界现行标准，一个国家老年人人口比例超过总人口比例的7%即为老年型国家。西方主要客源国大都成为老年型国家，其中英国、德国、瑞士等国老年人比例已超过总人口的14%，目前老年人占人口总数的比例仍在增加，所以银色市场有不断扩大的趋势。现代的老年人是一个有钱、有闲、健康活跃的阶层。老年人市场具有几大优势：首先，和其他年龄组相比，老年人更为富裕，支付能力更强；其次，老年人有充裕的闲暇时间，不必因时间的限制而缩短旅程；最后，老年人在退休后仍然身体健康，思想活跃，出游欲望强烈。很多人认为只有退休以后才有时间和精力来享受生活，开始人生的第二个春天。目前银色市场已成为各旅游接待国极为重视、积极开拓的市场面。老年人对异国的古老传统文化表现出比年轻人更大的兴趣，长期以来到中国旅游的外国游客中，50岁以上的游客占到30%左右。研究老年人的需求和特点，开发适合老年人的旅游产品，对中国旅游市场营销来讲具有更为突出的意义。

（六）对旅游安全更为重视

世界局势的根本缓和，使世界避免爆发全球性毁灭战争。但世界的局部战争和冲突时有发生。民族冲突、宗教冲突、国际恐怖主义将对国际旅游业的发展形成局部威胁。在具备闲暇时间和支付能力的条件下，唯一能使旅游者放弃旅游计划的因素就是旅游者对安全的顾虑。旅游者考虑的安全因素主要有：①局部战争和冲突；②恐怖主义活动；③旅游目的地政局不稳定；④传染性疾病流行；⑤恶性交通事故的发生；⑥社会治安状况恶化。旅游者只有在确定各方面均安全后才会启程。因此各旅游接待国都愈加重视安全因素对市场营销的影响，力求从每一个环节把好安全关。对一些不可预测的不安全因素，游客可预先办理旅游保险对其进行规避。这样做一方面可以减轻游客的后顾之忧，另一方面，一旦事故发生，其对市场的冲击力可以降低到最低程度。

（七）区域旅游仍将盛行

据世界旅游组织（WTO）统计，1989年区域旅游者占全世界旅游者总数的2/3。20世纪90年代这种趋势仍不会改变。对大部分国家来说，邻近市场仍将是本国旅游客源的主体市场。区域旅游盛行不衰的原因是多方面的：首先，邻近国家之间政治、经济、文化联系更为紧密。欧洲客源占世界客源的60%，由于欧洲各国间政治、经济和文化紧密相连，语言相通，相互往来手续简便，因此欧洲国际客源中的80%在区域内流动。其次，区域旅游时间短，花费少。进行长距离洲际旅游总要受到一定的时间限制，而短距离的区域旅游则可利用节假日或者周末就可进行。洲际旅游要支付昂贵的国际交通费用，其平均花费要比区域旅游高出一倍以上。这就加强了区域旅游对洲际旅游的替代性。同是海滨度假，欧洲人就会选择地中海沿岸国家而不去加勒比海地区。当然，随着世界旅游业的发展，跨区域旅游的绝对数量也会相应增加。世界航空业的发展也将给未来洲际旅游的扩展创造条件。以不变价格计算，每千米的交通费用将会逐年降低。随着交通工具的变革，未来的旅游将不仅局限于地球范围，宇宙间旅游时代将会到来。这些因素都会促进区域以外的旅游迅猛发展。但区域旅游由于其"地利、人和"的优势，总是会以更高的速度增长，在可以预见的将来，区域旅游仍将是世界旅游业的发展主流。

● 第二节　世界旅游区概况

按照世界旅游组织的统计标准，全球分为六个旅游区：欧洲地区、美洲地区、东亚及太平洋地区、中东地区、南亚地区、非洲地区。

一、欧洲地区

欧洲位于东半球的西北部，亚洲的西面，北临北冰洋，西濒大西洋，南隔地中海与非洲相望，东以乌拉尔山脉、乌拉尔河、大高加索山脉、博斯普鲁海峡、达达尼尔海峡同亚洲分界，西北隔格陵兰海、丹麦海峡与北美洲相对。面积1 016万平方千米，约占世界陆地总面积的6.8%，仅大于大洋洲，是世界第六大洲。欧洲有45个国家和地区，在地理上习惯分为南欧、西欧、中欧、北欧和东欧5个地区。欧洲是人口密度最大的洲，人口分布相对均匀，绝大多数国家人口密度为50人/平方千米，仅北欧地区相对稀疏。欧洲绝大部分居民是白种人（欧罗巴人种），多信奉天主教和基督教。欧洲经济发展水平居各大洲之首。欧洲绝大多数国家属于发达国家，其中北欧、西欧和中欧的一些国家经济发展水平最高，南欧一些国家经济水平相对较低。

依据世界旅游组织的划分方法，这里所指的欧洲地区包括一般地理概念上的欧洲，加上土耳其、塞浦路斯、中亚地区以及高加索地区等国家和地区，分别为：

北欧分区，包括丹麦、芬兰、冰岛、爱尔兰、挪威、瑞典和英国。

西欧分区，包括奥地利、比利时、法国、德国、列支敦士登、卢森堡、摩纳哥、荷兰和瑞士。

中东欧分区，包括亚美尼亚、阿塞拜疆、白俄罗斯、保加利亚、捷克、爱沙尼亚、格鲁吉亚、匈牙利、哈萨克斯坦、吉尔吉斯斯坦、拉脱维亚、立陶宛、波兰、摩尔多瓦、罗马尼亚、俄罗斯、斯洛伐克、塔吉克斯坦、土库曼斯坦、乌克兰和乌兹别克斯坦。

南欧分区，包括阿尔巴尼亚、安道尔、波黑、克罗地亚、马其顿、希腊、意大利、马耳他、葡萄牙、圣马力诺、塞尔维亚、黑山、斯洛文尼亚和西班牙。

1995—2010年，欧洲地区接待的国际旅游人数总体上呈上升趋势，1995—2010年欧洲地区接待的国际旅游人数年均增长率为3.05%，北欧分区为3.61%，西欧分区为1.75%，中东欧分区为5.29%，南欧和东地中海分区为3.2%。2009年欧洲各分区的国际旅游人数较2008年均有所下降，其中北欧分区下降了5.1%，西欧分区下降了3%，中东欧分区下降了9.8%，南欧和东地中海分区下降了3.6%。2010年各分区的国际旅游人数较2009年又有所上升。2004—2010年，法国始终是欧洲的第一大入境国，且在2007年入境旅游人数达到最高，为8 085.3万人次。2004—2010年，在欧洲入境旅游人数前十位的国家中，入境过夜旅游人数年均增长率最高的是土耳其（8.2%），其次是乌克兰（5.2%）和德国（4.9%）；2010年欧洲入境旅游人数前十位的国家分别是：法国、西班牙、意大利、英国、土耳其、德国、俄罗斯、奥地利、乌克兰、希腊。2004—2008年欧洲各分区的国际旅游收入总体上呈上升趋势，其中北欧分区上升了43.6%，西欧分区上升了37.9%，中东欧分区上升了99.3%，南欧和东地中海分区上升了38%。

2009年各分区的国际旅游收入较上年有所下降，下降幅度分别为北欧（-16.5%）、西欧（-11.3%）、中东欧（-18%）、南欧和东地中海分区（-12.1%）。2010年北欧分区和中东欧分区的国际旅游收入较2009年有一定程度的增长。2004—2008年，欧洲入境旅游收入前十位的国家都有不同程度的增长，其中瑞士年均增长率最高，为7.7%，其次是土耳其（4.6%）和德国（3.8%）。西班牙是欧洲入境旅游收入的第一大国，2008年西班牙的入境旅游收入超过600亿美元，达619.78亿美元。2010年欧洲入境旅游收入前十位的国家分别是：西班牙、法国、意大利、德国、英国、土耳其、奥地利、瑞士、荷兰、希腊。欧洲的主要出境旅游目的地有德国、英国、波兰、俄罗斯、意大利、法国、葡萄牙、荷兰等。德国是欧洲出境的第一大国。2004—2010年，欧洲出境旅游人数前十位的国家中，年均增长率最高的是西班牙（15.8%），也有国家出现了负增长，如英国（-2.4%）和瑞典（-1.1%）。2004—2010年，欧洲出境旅游花费前十位的国家中，年均增长率最高的是俄罗斯（9.6%），其次是挪威（8.7%）和西班牙（5.5%），英国的年均增长率为负（-2%）。2010年欧洲出境旅游花费前十位的国家分别是：德国、英国、法国、意大利、俄罗斯、荷兰、比利时、西班牙、挪威、瑞典。

二、美洲地区

美洲是"亚美利加洲"的简称，又称"新大陆"，位于西半球北部，东面是大西洋，西面是太平洋，北面是北冰洋，南面隔海与南极洲相望。美洲地区的经济发展程度很不平衡，除美国和加拿大是经济发达国家以外，其他都是发展中国家。世界旅游组织将美洲地区划分为四个分区，即北美洲分区、南美洲分区、中美洲分区和加勒比海分区。美洲地区内，以北美洲的美国、加拿大、墨西哥的旅游业最为发达。

1999—2010年，美洲地区国际旅游人数年均增长率为2.4%，北美洲分区为1.6%，加勒比海分区为2.9%，中美洲分区为7.4%，南美洲分区为5.7%。2010年美洲各分区国际旅游人数较2009年均有所增长。2010年因北美地区经济危机影响的减弱和甲型流感病毒（H1N1）疫情的缓解，美洲地区的旅游业发展出现了复苏。2010年美洲地区入境旅游人数排在第一位的国家是美国，接待的入境旅游人数为5 979.3万人次，其次是墨西哥和加拿大，接待的入境旅游人数分别为2 226万人次和1 609.7万人次。2010年排在前十位的国家分别是：美国、墨西哥、加拿大、阿根廷、巴西、多米尼加共和国、波多黎各、智利、古巴、哥伦比亚。2004—2010年美洲国际旅游收入的年均增长率为5.5%，各分区中南美洲分区的年增长率最高，为 11.7%，其次是中美洲分区（9.2%）、北美洲分区（4.9%）和加勒比海分区（3.5%）。2010 年美洲地区入境旅游收入前三位的国家分别是美国、加拿大和墨西哥，其中美国入境旅游收入高达 1 348.47 亿美元。美洲地区各国的出境旅游人数总和从 2001 年的 1.24 亿人次增加到 2010 年 1.29 亿人次，增长了 4.03%。2010 年美洲地区各国出境旅游花费总和为 1 546.1 亿美元。2004—2010 年，美洲地区出境旅游花费前十名的国家年均增长率最高的是巴西（33.7%），其次是秘鲁（12.1%）和智利（11.9%）。2010 年美洲地区出境旅游花费前十位的国家分别是：美国、加拿大、巴西、墨西哥、阿根廷、智利、哥伦比亚、委内瑞拉、秘鲁、波多黎各。

三、东亚及太平洋地区

东部亚洲、大洋洲旅游大区包括：①东亚旅游地区（中国、日本、韩国、朝鲜和蒙古）；②东南亚旅游地区（中南半岛和马来群岛的所有国家）；③大洋洲旅游地区（大洋洲的所有国家）。

东亚太地区按经济发展水平，可分为三个层次：一是经济发达国家，如日本、澳大利亚和新西兰；二是新兴工业国家，如新加坡、韩国等；三是发展中国家。近二十年来，东亚太地区一直是世界经济快速发展的地区。

东部亚洲、大洋洲旅游大区是一个地跨南北两半球，沿经线延伸的旅游区域。本大区最突出的特点表现在，这里是世界上旅游业增长速度最快的旅游大区，随着世界经济重心的东移，亚澳（澳大利亚）陆间海（包括我国沿海）将成为继地中海、加勒比海之后，新崛起的世界著名海滨旅游地。在地理环境、文化景观等方面，形成三个差异较大的旅游地区。东亚旅游地区位于亚洲大陆东岸，以温带、亚热带季风气候为主，以温带、亚热带森林景观占优势，属于东亚文化区，是世界上人口最多的文化区，宗教以佛教影响较大。东南亚旅游地区在自然地理上位于亚洲和大洋洲、太平洋和印度洋的"十字路口"，以热带季风气候和热带雨林气候为主，以热带森林景观占优势，属于东南亚文化区，绝大多数居民为黄种人。大洋洲旅游地区由澳大利亚大陆和分布于太平洋上的美拉尼西亚、密克罗尼西亚、玻利尼西亚三大群岛组成，岛屿最多且分布零散，总计有 2 万多个岛屿，人口密度小，平均每平方千米 3 人。这里是联系各大洲的海空航线和海底电缆的经过之地，在旅游交通与通信上具有重要意义。大洋洲多火山岛和珊瑚岛，以热带、亚热带海岛风光和"活化石博物馆"（古老奇特的动植物）而著称，属西方文化区，澳大利亚和新西兰的居民绝大部分是欧洲移民及其后裔，通用英语，其他国家和地区的居民以当地人为主体，属巴布亚语和马来—波利尼西亚语系，全洲约有

012

80%的人口信仰基督教。

　　亚太地区近几年成为世界上旅游业发展速度最快的地区，其发展速度高于世界平均发展速度。据联合国世界旅游组织预测，到2020年，亚太地区接待的区域内旅游者将占其接待总数的83%，亚太地区的出境旅游人数将达到4.62亿人次，在世界旅游市场所占份额将达到28.8%。

　　1995—2010年，亚太地区接待的国际旅游人数总体上呈上升趋势，年增长率为6.3%。2004—2010年，亚太地区入境旅游人数排名前十位的国家/地区入境旅游人数大都有一定程度的增长，年增长率最高的是中国香港，为8.7%，其次是马来西亚，为7.8%。2010年亚太地区入境过夜旅游人数排名前十位的国家/地区分别是：中国（5 566.4万人次）、中国香港（3 603.0万人次）、马来西亚（2 457.7万人次）、泰国（1 593.6万人次）、中国澳门（1 192.6万人次）、新加坡（1 164.2万人次）、韩国（879.8万人次）、日本（861.1万人次）、印度尼西亚（700.3万人次）、澳大利亚（588.5万人次）。2004—2010年，亚太地区入境旅游收入排名前十位的国家/地区入境旅游收入都有所增长，其中中国澳门的年均增长率最高，为24.8%，其次是新加坡和中国香港，分别为18.1%和16.0%。2010年，亚太地区入境旅游收入排名前十位的国家/地区是：中国（458.14亿美元）、澳大利亚（301.03亿美元）、中国澳门（277.90亿美元）、中国香港（217.75亿美元）、泰国（201.27亿美元）、马来西亚（183.15亿美元）、新加坡（141.81亿美元）、印度（141.6亿美元）、日本（132.24亿美元）、韩国（97.65亿美元）。由于亚洲经济的快速发展，特别是21世纪新经济大国的崛起，亚洲的出境旅游者大大增加。2004—2010年，亚太地区出境旅游人数排名前十位的国家/地区出境旅游人数总体上有一定程度的增长，年均增长率最高的是印度，为13.%，其次是泰国（12.4%）和中国（12.4%），日本出现了负增长，为-0.2%。2010年亚太地区出境旅游人数前十位的国家/地区分别是：中国香港（8 844.2万人次）、中国（5 738.6万人次）、日本（1 663.7万人次）、印度（1 298.8万人次）、韩国（1 248.8万人次）、中国台湾（941.5万人次）、新加坡（734.2万人次）、澳大利亚（711.2万人次）、印度尼西亚、（623.5万人次）、泰国（545.1万人次）。2009年亚太地区出境旅游花费前十位的国家/地区分别是：中国（437.02亿美元）、日本（251.99亿美元）、澳大利亚（175.75亿美元）、中国香港（159.6亿美元）、韩国（150.40亿美元）、新加坡（150.1亿美元）、印度（93.1亿美元）、中国台湾（78亿美元）、马来西亚（65.08亿美元）、印度尼西亚（53.16亿美元）。

四、中东地区

　　中东地区扼亚、非、欧三大洲的交通要道，西北面临地中海，通过苏伊士运河与红海、阿拉伯海连通，经印度洋向东可通向亚洲，向西可抵达欧洲，具有十分重要的战略及商业地位。这里曾经是世界文明的两大发源地之一，是基督教、伊斯兰教和犹太教的发源地和圣地。丰富而独特的民俗风情和宗教文化古迹、海滨、沙漠、死海等奇特的自然景观，构成了极为丰富的人文和自然旅游资源。除土耳其、黎巴嫩等国外，大多数国家国民经济以开采原油和炼油为主，是世界上最大的石油输出地。沙特阿拉伯、科威特、阿联酋、卡塔尔、巴林和阿曼等国是石油输出高收入国家，以色列属中等发达国家，其余大都是发展中国家。

中东地区的旅游业长期受该地区战争和恐怖活动的制约，起伏不定，发展缓慢。海湾战争结束后，中东地区旅游业一度顺利发展。但由于该地区的和平进程一波三折，再加上不断出现恐怖活动，旅游业的发展受到一定的影响。

1995—2010 年，中东地区接待的国际旅游人数持续上升，从 1995 年的 1 400 万人次上升到 2010 年的 6 000 万人次，年均增长率为 10.2%。2005 年，中东地区最重要的旅游目的地国家是埃及、沙特阿拉伯和阿联酋，分别接待了 824.4 万人次、803.7 万人次以及 712.6 万人次的入境游游客。1995—2010 年，中东地区的国际旅游收入呈上升趋势，从 1995 年的 100 亿美元上升到 2010 年的 500 亿美元，年均增长率为 11.3%。2006 年，埃及以 75.91 亿美元的入境旅游收入成为中东地区旅游收入最高的国家，紧随其后的是黎巴嫩和沙特阿拉伯，收入分别为 49.81 亿美元和 47.69 亿美元。2006 年入境旅游收入在 5 亿美元以上的国家有约旦、叙利亚、巴林、卡塔尔及阿曼，其余国家入境旅游收入在 1 亿美元左右。2006 年，中东地区最大的客源国是埃及，其出境旅游人数为 453.1 万人次，居于第二位的是叙利亚，404.2 万人次，居于第三位的是科威特，252.9 万人次。

五、南亚地区

南亚地区包括印度、巴基斯坦、孟加拉、斯里兰卡、马尔代夫、尼泊尔和不丹等国。该地区是世界文明发源地之一，是佛教和印度教的发源地。

这里有悠久的历史文化、珍奇的名胜古迹、独特的民俗风情、雄伟的"世界屋脊"与优美的海滨风光。18 世纪后该地区大多数国家相继沦为西方的殖民地或半殖民地，第二次世界大战后先后取得独立，民族经济得到不同程度的发展。该地区各国均属于发展中国家。由于受经济发展水平制约和一些国家政局动荡、民族和宗教纷争迭起的影响，该地区旅游业起步晚、发展慢、起伏大。

2004—2008 年，南亚各国家入境旅游人数总体上有所增长。2008 年南亚接待国际入境旅游人数前三位的国家是：印度（528.3 万人次）、巴基斯坦（82.3 万人次）、马尔代夫（68.3 万人次）。印度在南亚地区各国家入境旅游收入中保持第一的位置，2010 年为 141.6 万美元。2009 年南亚地区入境旅游收入排名前四位的是：印度（141.6 亿美元）、马尔代夫（7.14 亿美元）、斯里兰卡（5.76 亿美元）、尼泊尔（3.44 亿美元）。2004—2010 年，印度一直是南亚地区出境旅游的第一大国，印度出境旅游人数在 2008 年超过 1 000 万人次，2010 年达到 1 298.8 万人次。2009 年南亚地区出境旅游人数排名前三位的国家是：印度（1 106.7 万人次）、孟加拉国（225.4 万人次）、斯里兰卡（96.3 万人次），出境旅游花费排名前三位的国家是：印度（93.1 亿美元）、巴基斯坦（6.85 亿美元）、尼泊尔（4.34 亿美元）。

六、非洲地区

非洲全称阿非利加洲，总面积 3 030 万平方千米，约占世界陆地面积的 20.2%，人口约 7.48 亿，约占世界人口的 12.8%。

非洲的旅游业起步晚、基础差，正在加速发展。1960 年，非洲接待国际旅游者 75 万人次，占世界总数的 1.1%，国际旅游收入 1.78 亿美元，占世界总额的 2.6%。2001 年，非洲接待国际旅游者 2 820 万人次，占世界总数的 4%，国际旅游收入 131 亿美元，占世界总额的 2.5%。2005 年，非洲是所有区域中表现最好的地区，国际旅游人数增长率为 9%。产品的完善和多样化使得非洲作为旅游目的地的吸引力不断增强，基础设施的完善对旅游业也起到一定的促进作用。2009 年，在金融危机的影响下，非洲是唯一一个旅游业呈现积极发展的地区，与 2008 年相比，非洲的国际旅游人数增加了 160 万人次，增长率为 3.6%。2010 年，由于南非足球世界杯的带动及影响，非洲的国际旅游人数增至 4 940 万人次，较 2009 年增长了 7.4%。1990—2010 年，非洲国际旅游人数的年均增长率为 6.2%。

2010 年非洲地区入境过夜旅游人数居首位的是摩洛哥，达到 975.2 万人次；其次是南非共和国，人数为 807.4 万人次；居第三位的是突尼斯，人数为 771.5 万人次。2004—2010 年，非洲地区的国际旅游收入年均增长率为 8.7%。2009 年国际旅游收入较 2008 年有所减少，2010 年有所回升。

2010 年非洲地区国家入境旅游收入居首位的是南非共和国，达到 90.85 亿美元，紧跟其后的是摩洛哥和突尼斯，依次是 67.02 亿美元和 26.45 亿美元。

 思考题

1. 世界旅游市场未来的发展趋势是什么？
2. 分析世界各旅游分区发展所呈现的特点。

案例和实训

拓展阅读

全球最热门旅游城市排名出炉 上海发展较快

日前，万事达全球旅游目的地指数报告公布了 2014 年最受欢迎的城市。今年，伦敦超过曼谷和巴黎位居首位。中国香港和上海分别位列第九位和第十六位。

万事达全球旅游目的地指数报告提供了来自世界各地的 132 个最受欢迎的旅游城市的排名。位居前五名的城市/国家分别是伦敦、曼谷、巴黎、新加坡和迪拜。其中，伦敦预计将在 2014 年接纳 1 870 万的国际游客，比 2013 年全球头号旅游目的地城市曼谷还要多出 30 万游客。

分析指出，这些城市都得益于国际中产阶级旅游者的人数激增，豪华旅游的创新以及商务旅行需求的上升。

伦敦及欧洲市场回升

万事达国际市场总监安·凯恩斯说："对于伦敦来说，荣登榜首成为最受欢迎的旅游城市会进一步提高这个城市作为全球领军城市的综合力，无论是举办各种活动使这个城市熠熠生辉从而吸引更多的投资，还是激发区域内部的经济增长。"

他进一步指出："今年最受欢迎的国际旅游目的地的评选强化了作为商业、文化和经济中心城市的持续重要性。"在榜单的前二十名中，欧洲受欢迎的旅游城市比较突出。在欧洲，伦敦、巴黎和伊斯坦布尔照例进入了榜单前十。今年 67% 的伦敦国际游客来自欧洲其他城市，这种明显的迹象表明欧洲经济正在复苏。巴塞罗那和阿姆斯特丹依然是欧洲地区热门目的地，阿姆斯特丹在全球排名中上升至第十二位。

而在亚太地区，根据 2010—2014 年的数据变化，中国的香港和上海也登上了"发展最快旅游城市"的第二和第九名。2014 年亚太地区游客最多的前十位城市，包括了中国的香港、台北、上海和北京，分别位列第四、六、七、十名。

曼谷市场回落

今年，曼谷在亚洲的旅游城市前十中高居首位，但在全球排名中紧随伦敦之后，屈居第二位。曼谷曾在 2013 年超越伦敦排在榜首，不过今年伦敦凭借 8% 的游客增长率再次回到第一位，而曼谷则因泰国国内政治环境导致游客人数下降 11%。

万事达信用卡东南亚区总裁马修（Matthew Driver）对曼谷持乐观态度，认为曼谷很快就能回到榜首。

东南亚的其他城市也显示出可喜的增长率，雅加达游客人数增长 18.8%，河内增长 15.1%，马尼拉增长 14.3%。吉隆坡虽然增长率只有 13.1%，但还是凭借游客的绝对数量跻身前十位。

全球前二十个目的地城市的排名中，吉隆坡的游客增长率排名第二。

新加坡游客总消费达到 143 亿美元，较上年增长 7.6%，超过曼谷居于亚太地区第一位。新加坡每位访客人均消费（按照新加坡当地居民数分摊）达到 2 600 美元，超过伦敦的 2 378 美元，仅次于迪拜。

对于榜单前十位中受欢迎的东南亚市场，万事达全球旅游目的地指数报告表示："此排名可以为洞悉全球经济、了解全球范围内旅游拉动的相互交流和接待容量提供参考。亚太城市在榜单中的主导地位说明了这些城市的贸易和旅游业的重要性，而这些城市显然也受惠于对旅游业的大力投资及发展。"

（资料来源：马琳. 全球最热门旅游城市排名出炉 上海发展较快 ［OL］［2014 -07-21］ http://www.china_crb.cn/resource.jsp? id=22499.）

实训题

请在入选世界前五的旅游城市选取一个城市与中国主要旅游城市做比较分析，与世界热门旅游城市相比，中国的主要旅游城市主要存在哪些方面的问题？

第二章　中国入境旅游客源市场

学习目标

1. 了解中国入境旅游发展的历程
2. 掌握中国入境旅游客源市场构成
3. 掌握中国入境旅游客源市场的基本情况
4. 熟悉中国入境旅游客源市场的基本特征

重点和难点

1. 中国入境旅游客源市场构成
2. 中国入境旅游客源市场的基本情况

本章内容

1. 改革开放前中国入境旅游发展历程
2. 改革开放后中国入境旅游发展现状
3. 中国入境旅游客源市场构成
4. 中国入境旅游客源市场基本情况
5. 中国入境旅游客源市场特征

6. 中国入境旅游客源市场前景

第一节 中国入境旅游发展历程

一、新中国成立至改革开放前的入境旅游

我国的入境旅游是从 1949 年新中国成立开始逐渐发展起来的，最初的客源主要是华侨。新中国成立初期，为了适应大量华侨归国的需要，福建、广东先后成立了华侨服务社，免费或以较低费用为华侨出入境服务。1952 年 10 月，亚洲及太平洋区域和平会议在北京成功召开，日本、澳大利亚、美国、墨西哥、智利等 37 个国家的 378 名代表参加了会议，这对我国入境旅游的发展起到了一定的推动作用。1954 年 4 月 15 日国务院批准成立中国国际旅行社，主要负责访华外宾的食、住、行、游等事务，入境旅游接待逐渐走上正轨。中国国际旅行社开始同苏联和东欧一些国家的旅游机构签订旅游合同，同法国等一些西方国家的旅行社建立起业务联系，接待自费旅行者。1956—1957 年，中国国际旅行社接待的自费旅游者约 4 000 人次，其中来自西方国家的约占 15%。1958 年中国国际旅行社接待的自费旅游者达到 6 649 人次，其中 80% 以上来自苏联和东欧国家。为了进一步适应民间外交发展形势的需要，1957 年 3 月全国各华侨服务社合署办公，成立了中国旅行社。1964 年中国旅行游览事业管理局成立，新中国初步建立起接待海外旅游者、华侨、港澳台同胞的接待体系。1965 年全国接待外国旅游者达 12 877 人次，创当时的历史最高纪录，其中约 90% 的旅游者来自东方国家，这一年来自日本的旅游者为 1 656 人次，占总人数的 12.9%。

正当世界旅游业快速发展之际，中国却开始了史无前例的"文化大革命"，中国旅游业，尤其是入境旅游业遭到了严重的破坏，并由此拉开了与世界旅游业的距离。进入 20 世纪 70 年代后，时任总理周恩来力主重新开展外事旅游活动，使旅游市场略有好转。1971 年中国同罗马尼亚等东欧国家恢复了中断多年的旅游业务往来，还接待了 30 名美国自费旅游者，实现了中美旅游交往的零突破。1971 年全国接待国外旅游者达 1 599 人次。此后随着中国在联合国合法席位的恢复，国际影响的日益扩大以及国家制定了一系列政策，来华旅游人数持续回升。1976 年全国接待旅游者达到近 5 万人次。

在新中国成立初期到党的十一届三中全会的二十多年间，受国际政治经济环境及国内因素的影响，中国国际旅游业的发展非常缓慢，在有些年份甚至停滞不前。旅游接待工作属于外事活动接待和统战工作的一部分，即始终是"政治接待

型"的模式，旅游业没有被纳入国民经济体系，对国家的经济贡献微不足道，与世界上许多国家通过发展旅游业而促进经济社会协调发展的现实形成了强烈的反差。中国的入境旅游业从接待旅游人数上看，微不足道，旅游收入方面没有进行相应的经济核算，即没有对国际旅游的外汇收入进行统计。

二、改革开放以来的入境旅游

党的十一届三中全会以后，随着改革开放的深入进行，在邓小平理论及其旅游经济思想的指引下，在党中央、国务院的正确领导下，旅游业迅速发展，海外游客纷至沓来，使我国的旅游业在经济社会发展中的作用不断加强。

1978 年，来华旅游入境人数只有 180.9 万人次，其中外国人只有 22.96 万人次，华侨、港澳台同胞回乡探亲旅游人数达 157.94 万人次，旅游外汇收入只有 2.63 万美元，但均创造了 1949 年新中国成立以来的最高纪录，旅游人数超过以往二十多年的旅游接待人数的总和。1979 年，在我国饭店基本没有增加的情况下，旅游接待人数增长 137.36%，旅游外汇收入增长 70.7%，其中来自西方国家的游客迅速增加，美国旅游者首次达 6.8 万人次，仅次于日本。1983—1985 年，来华旅游人数又开始保持两位数的高速增长。1984 年，海外旅游者来华人数首次突破"千万"大关，旅游外汇收入增长速度达 10%以上。1989 年春夏之交的政治风波，使我国国际旅游业受到严重的影响，当年来华旅游人数比 1988 年下降了 22.7%，旅游外汇收入第一次出现负增长，为-17.2%。此后，我国国际旅游业迅速走出困境，1990 年旅游外汇收入和有组织接待海外旅游人数基本恢复到最高水平，这表明我国国际旅游业已具备一定规模，比以前更加成熟了。20 世纪 90 年代以来，我国旅游业持续发展，在国民经济中所占比重日益提高，取得了一定的经济效益、社会效益和生态效益，旅游产业定位日趋明确，国际旅游业保持稳定增长，其间，国际国内政治经济形势对我国国际旅游业产生了重要影响。1996 年，旅游外汇收入第一次突破 100 亿美元大关。1997 年 7 月 1 日，香港回归祖国，香港同胞回祖国大陆进行旅游商贸活动的人数进一步增加，1998 年高达 4 694.8 万人次。1999 年 12 月 20 日，澳门回归祖国，为旅游市场进一步发展提供了更为有利的条件。1988 年，随着两岸关系的发展，中国台湾旅游者成为了我国海外客源市场的重要组成部分。海外旅游者、港、澳、台和华侨游客是自新中国成立后中国海外客源市场的主体。

进入 21 世纪后，中国入境旅游进一步快速发展。2001 年，在世界旅游业受美国"9·11"恐怖事件影响，从而出现负增长的不利形势下，中国入境旅游市场仍保持继续全面增长局面，入境旅游人数达 8 901.29 万人次，比 2000 年增长 6.7%。

其中：外国人 1 122.64 万人次，比 2000 年增长 10.5%；香港同胞 5 856.85 万人次，与 2000 年持平；澳门同胞 1 577.61 万人次，比 2000 年增长 36.7%；台湾同胞 344.20 万人次，比 2000 年增长 10.7%；入境过夜旅游人数达 3 316.67 万人次，比 2000 年增长 6.2%，继续居世界第五位。在入境过夜旅游者中，外国人 894.35 万人次，比 2000 年增长 10.4%；港澳同胞 2 121.98 万人次，比 2000 年增长 4.3%；台湾同胞 300.34 万人次，比 2000 年增长 10.7%。国际旅游（外汇）收入达 177.92 亿美元，比 2000 年增长 9.7%，首次跃居世界第五位。2002 年，入境旅游人数达 9 791 万人次，比 2001 年增长 9.99%。其中：外国人 1 343.95 万人次，比 2001 年增长 19.71%；香港同胞 6 187.94 万人次，比 2001 年增长 5.65%；澳门同胞 1 892.88 万人次，比 2001 年增长 19.98%；台湾同胞 366.06 万人次，比 2001 年增长 6.35%。15 个主要客源国全部实现增长，其中有 14 个国家实现两位数增长，有 6 个（泰国、韩国、马来西亚、菲律宾、日本、印尼）国家的增幅超过 20%。入境过夜旅游者人数达 3 680 万人次，比 2001 年增长 10.96%。国际旅游（外汇）收入达 203.9 亿美元，比 2001 年增长 14.57%。2003 年因受"非典"影响，中国入境旅游人数下降到 3 297 万人次，在 2004—2010 年，除 2009 年因受全球金融危机的影响入境旅游人数和旅游收入下降，其他年份一直保持增长的态势，2010 年中国入境旅游人数为 1.337 62 亿人次，入境旅游收入为 458.14 亿美元。2011—2012 年入境过夜旅游人数与旅游收入逐渐回升，2012 年入境过夜旅游人数为 5 772.49 万人次，入境旅游收入为 500.28 亿美元。如表 2-1 所示。

表 2-1　　　　　　　　1999—2012 年中国入境过夜旅游人数与收入

单位：万人次；亿美元

年份	人数	收入	年份	人数	收入
1999	2 704.7	140.98	2006	4 991	339.49
2000	3 122.9	162.31	2007	5 472	372.33
2001	3 316.7	177.92	2008	5 304	408.43
2002	3 680.3	203.85	2009	5 087	396.75
2003	3 297	174.06	2010	5 566	458.14
2004	4 176.1	257.39	2011	5 758.07	484.64
2005	4 680	292.96	2012	5 772.49	500.28

资料来源：张凌云. 世界旅游市场分析与统计手册 [M]. 北京：旅游教育出版社，2008.

●第二节 中国入境旅游客源市场

一、中国入境旅游客源市场构成

中国入境旅游客源市场由两部分构成：一是来我国内地旅游的外国人（包括外籍华人）；二是来我国内地旅游的港澳台同胞和华侨。近十几年来，港澳台同胞和华侨一直是我国入境旅游客源市场的主体。2010 年，香港入境旅游游客为 7 932 万人次，澳门入境旅游游客为 2 317 万人次，台湾入境旅游游客为 514.1 万人次。在入境游客中，港、澳、台同胞和海外华侨约占 9/10，外国人约 1/10。三十年来，中国入境旅游客源市场基本上保持这种格局，近年来外国游客比例有所上升。

从区域来看，按近年来世界各地区的来华旅游人数进行排列，中国入境旅游的外国人市场依次为：亚洲市场、欧洲市场、美洲市场、大洋洲市场、非洲市场。与 20 世纪 80 年代时的情况相比，欧洲市场的排序已由过去的第三位升至第二位。出现这种变化的主要原因是，伴随着我国改革开放的深入和国际地位的提高，欧洲来华旅游者的数量出现了较快的增长。具体表现在，到了 20 世纪 90 年代，在传统的西欧来华旅游市场中，英、德、法来华旅游的年客流量皆已超过 10 万人次，进入 21 世纪后，年客流量皆已超过 30 万人次。外国人入境旅游市场中的另一显著变化是，自 20 世纪 90 年代起，随着苏联的解体和社会变化，俄罗斯也从过去的潜在市场转变为现实的来华旅游客源市场。

从国籍来看，20 世纪 70 年代以前，客源国主要是日本、苏联及东欧国家，而近在咫尺的我国港澳台地区居民及海外华侨华人都属于严格控制入境之列。20 世纪 80 年代以后，随着我国改革开放的不断深入，我国海外客源市场打破了过去狭窄的地域分布格局，我国客源国数量剧增，遍布世界各大洲，其中日本、美国、英国、法国、德国、菲律宾、泰国、马来西亚、新加坡、加拿大成为我国十大稳定的客源市场。进入 20 世纪 90 年代以后，我国主要国际客源国的构成和排序发生了一些明显的变化，主要表现在：①俄罗斯、韩国、马来西亚和蒙古 4 个周边国家的来华旅游人数迅速增加，这些国家皆进入了中国入境旅游十大国际客源国之列。②日本和美国虽然维持了其作为中国入境旅游的主要国际客源国地位，但在国际来华旅游市场中所占的市场份额开始下降，美国由第二位降至第四位，而日本近年由于受两国政治关系的影响，由第一位降至第二位。③欧洲来华入境游客数量虽然一直在不断增多，但增长速度缓慢，而且在来华旅游的外国人市场中所占的份额呈下降趋势。英国、德国和法国三个国家在 20 世纪 80 年代一直位居我国入境客源国的前十位之列，但自 20 世纪 90 年代以来，其地位逐渐下降，进入 21 世纪后，它们逐渐被淘汰出十大客源国之列。进入 21 世纪后，随着世界政治经济局势进一步发生变化，世界各国来华旅游数量和排序又发生了新的改变。2005 年时，列入前十位的主要客源国依次为：韩国、日本、俄罗斯、美国、马来西亚、新加坡、菲律宾、蒙古、泰国和英国。在这十大国际旅游客源国中，有 7 个是在亚洲，2 个在欧洲，1 个在美洲。也就是说，在中国入境旅游的十大主要客源国构成中，近距离的周边国家由过去的 5 个增加到了 8 个，而远距离的欧美国家则由原先的 5 个缩减为目前的 3 个。而在 2010 年列入前十位的客源国依次为：韩国、日本、俄罗斯、美国、马来西亚、新加坡、菲律宾、蒙古、加拿大、澳大利亚。在这十大国际旅游客源国中，亚洲国家由原来的 8 个降至 6 个，欧美国家保持在 3 个，只是英国被加拿大取代，大洋洲有 1 个。

二、中国入境客源市场的基本情况

21 世纪初，中国入境客源市场形成港、澳、台同胞市场、洲内国际市场和洲际国际市场三个层次，逐步向多元格局发展。中国入境客源市场的总体格局是：亚洲和东太平洋区域市场是主体，以欧洲和北美远程洲际市场为两翼。亚洲地区主要客源地区和国家是中国香港、澳门和台湾地区，日本、韩国和俄罗斯东部以及蒙古等东北亚国家，马来西亚、新加坡、菲律宾、泰国、印度尼西亚和越南等东南亚国家，以及印度等南亚国家。大洋洲的主要客源国是澳大利亚等国家。欧洲的主要客源国是英国、德国、法国、意大利、荷兰、瑞典、葡萄牙、瑞士等国家。美洲的主要客源国是美国和加拿大。

2012 年中国入境旅游人数 13 240.53 万人次，比 2011 年下降 2.2%。其中：外国人 2 719.16 万人次，增长 0.3%；香港同胞 7 871.30 万人次，下降 0.8%；澳门同胞 2 116.06 万人次，下降 10.7%；台湾同胞 534.02 万人次，增长 1.5%。入境过夜游客人数 5 772.49 万人次，比 2011 年增长 0.3%。其中：外国人 2 194.87 万人次，与 2011 年持平；香港同胞 2 671.00 万人次，下降 0.8%；澳门同胞 4 31.57 万人次，增长 0.9%；台湾同胞 475.04 万人次，增长 6.9%。国际旅游（外汇）收入 500.28 亿美元，比 2011 年增长 3.2%。

按接待的入境旅游人数分，2012 年中国接待 4 万人次以上的入境旅游客源国依次为：

300 万人次以上：韩国、日本。

100 万~200 万人次：俄罗斯、美国、马来西亚、新加坡、蒙古。

50万～100万人次：菲律宾、澳大利亚、加拿大、德国、泰国、印度尼西亚、英国、印度、法国。

10万～50万人次：哈萨克斯坦、意大利、荷兰、朝鲜、瑞典、西班牙、新西兰。

4万～10万人次：巴基斯坦、瑞士、比利时、奥地利、墨西哥、挪威、葡萄牙、吉尔吉斯斯坦、斯里兰卡、尼泊尔。

从国家旅游局对2012年入境游客抽样调查综合分析报告中得到的2012年入境旅游者的基本情况如下：

1. 旅游目的

在接受调查的入境游客中：观光游览的有15 628人，占31.8%；休闲度假的有9 025人，占18.4%；探亲访友的有3 617人，占7.4%；进行商务活动的有11 219人，占22.9%；参加会议的有3 459人，占7.0%；宗教朝拜的有468人，占1.0%；进行文体科技交流的有1 692人，占3.4%；购物的有1 845人，占3.8%；医疗保健的有342人，占0.7%；其他目的有1 790人，占3.6%。

2. 职业

在接受调查的入境游客中：政府工作人员有2 681人，占5.5%；专业技术人员有7 775人，占15.8%；职员有9 549人，占19.5%；技工/工人有2 111人，占4.3%；商贸人员有10 707人，占21.8%；服务员/推销员有1 914人，占3.9%；退休人员有3 832人，占7.8%；家庭妇女有3 123人，占6.4%；军人有238人，占0.5%；学生有3 491人，占7.1%；其他人员有3 664人，占7.5%。

3. 年龄

在接受调查的入境游客中：14岁及以下的游客有316人，占0.6%；15～24岁的有4 621人，占9.4%；25～44岁的有24 028人，占49.0%；45～64岁的有16 847人，占34.3%；65岁及以上的有3 273人，占6.7%。

4. 入境游客在境内花费及构成情况

入境过夜游客在华人均天花费195.53美元，比2011年增长0.1%。其中：外国人212.75美元/人天，增长1.7%；香港同胞148.90美元/人天，下降0.2%；澳门同胞116.07美元/人天，增长0.1%；台湾同胞193.06美元/人天，增长2.1%。入境过夜游客在境内人均花费1 290.50美元，比2011年下降0.7%。其中：外国过夜游客人均花费1 595.63美元，增长4.9%；香港同胞人均花费536.04美元，下降0.2%；澳门同胞人均花费417.85美元，增长8.9%；台湾同胞人均花费1 351.42美元，下降3.7%。

入境一日游游客在境内人均花费59.44美元，比2011年增长5.6%。其中：

外国游客人均花费 68.06 美元，增长 4.5%；香港同胞人均花费 49.22 美元，下降 1.8%；澳门同胞人均花费 53.89 美元，增长 0.1%；台湾同胞人均花费 81.93 美元，增长 6.3%。

入境过夜游客的花费构成情况是：长途交通费占总花费的 37.8%，住宿费占 11.4%，餐饮费占 6.8%，游览费占 4.4%，娱乐费占 6.6%，购物费占 21.2%，市内交通费占 2.2%，邮电通信费占 1.4%，其他费用占 8.2%。与 2011 年相比，过夜游客在长途交通和娱乐等方面的支出比例有所提高，在住宿、游览、购物、市内交通、邮电通信和其他费用等方面的支出比例有所降低，餐饮花费比例基本持平。

5. 入境过夜游客在我国省（区、市）之间的流向

在 2012 年全国各省（区、市）旅游住宿单位（含游船）抽样调查的 32 893 名入境过夜游客中，有 11 049 人不立即出境，还将前往我国其他地区游览。这些游客主要的流向有三个：第一，在所在的省（区、市）内继续游览，这部分游客占在境内继续游览人数的 32.8%，比 2011 年增加 2.0 个百分点；第二，前往北京、上海旅游，在各省（区、市）接待的入境游客中，选择这一流向的占 36.6%，比 2011 年减少 5.9 个百分点，目的地选择趋于分散；第三，到中国经济比较发达和旅游资源较丰富的省（区、市），如继续前往江苏、浙江、广东、四川和陕西等地区的游客比例相对较高，占在境内游览总人数的 15.7%。

6. 入境游客在境内的行程

入境游客仍以短程为主，游览 1~3 座城市的游客占被调查者的 88.1%，比 2011 年下降 1.3 个百分点；游览 4~6 座城市和一次游览 7 座以上城市的游客分别占 8.8% 和 3.1%；团体游客的平均行程普遍长于散客，团体游客游览 4 座以上城市的占 24.2%，散客占 7.6%；在入境游客中，外国人和台湾同胞的行程相对较长，一次游览 4 座以上城市的均超过 10%；香港同胞和澳门同胞的行程相对较短，分别有 95.5% 和 97.1% 的游客一次只游览 1~3 座城市。

三、中国入境客源市场特征

（一）客源地分布广泛，少数重要客源国居主导地位

中国入境客源市场广泛分布于亚洲、欧洲、美洲、大洋洲、非洲各地，但从客源国所占中国旅游市场的份额来看，少数重要的客源国提供了大部分客源，居主导地位。这些国家以亚洲国家居多，欧洲与美洲国家次之，且主要客源国输出量累计占外国客源总数的 70% 左右，其中前五名的客源国占 50% 以上，且近年来这一比例不断上升，这说明主要客源国的作用十分明显。

（二）亚洲客源市场扮演重要角色，邻国市场占突出地位

近十几年，在我国入境旅游客源市场上，亚洲国家始终扮演着重要角色，比重超过50%，呈快速上升趋势，特别是邻国，如日本、韩国、俄罗斯、蒙古、东南亚各国均为主要客源国。

（三）入境游客主要以观光度假和进行商务活动为主

根据国家旅游局境外游客抽样调查显示：我国境外游客职业构成中，商人所占比重最高，其次为专业技术人员与职员，这三类职业的游客占到总数的一半以上；另外，退休人员、家庭主妇、工人和学生所占比例比重也比较高，这些境外游客的旅游目的主要以观光度假和进行商务活动为主。2012年在接受调查的入境外国游客中，观光游览的有15 628人，占31.8%；进行商务活动的有11 219人，占22.9%；休闲度假的有9 025人，占18.4%；探亲访友的有3 617人，占7.4%；参加会议的有3 459人，占7.0%；宗教朝拜的有468人，占1.0%；进行文体科技交流的有1 692人，占3.4%；购物的有1 845人，占3.8%；医疗保健的有342人，占0.7%；其他目的有1 790人，占3.6%。

四、中国入境客源市场前景展望

我国旅游业的总的指导方针是：大力发展入境旅游，积极发展国内旅游，适度发展出境旅游。在总体方针的指导下，2000年全国旅游工作会议提出了我国旅游业今后二十年发展的战略目标：到2020年，把我国由亚洲旅游大国建设成为世界旅游强国。2009年12月1日，国务院出台了《关于加快旅游业发展的意见》，文件中明确提出"把旅游业培育成为国民经济战略性支柱产业和人民群众更加满意的现代服务业"的目标，这是自1978年改革开放以来，国家对旅游业的最高定位。《关于加快旅游业发展的意见》对中国旅游业转变发展方式、优化旅游环境、提高服务质量等一系列重大问题提出了明确的要求，这不仅有利于提高中国旅游产业的整体素质，对中国入境旅游也产生了积极的影响。近几年，中国一系列的重大活动也使中国形象在国际旅游市场上更加具有吸引力，如2008年北京奥运会、2010年上海世博会、2010年广州亚运会、2010年第十届世界旅游旅行大会、自2007年起一年一度的博鳌国际旅游论坛、自2008年起永久性在河南郑州每两年举办一届的世界旅游城市市长论坛，这些活动的开展对提升中国国际旅游形象起到了一定的促进作用。

随着中国政治体制改革的不断深入，经济结构的转型，旅游服务、接待条件的改善，中国的入境客源市场将向横广方向和纵深层次扩展，规模更加宏大，群体更加多样，素质不断提高，逐步进入成熟阶段，中国的入境客源市场将在"一体两翼"格局的基础上，进一步扩展到世界五大洲更多的国家和地区，趋向全方位、多元化的格局。

在亚太地区，亚洲作为世界第一大洲，面积、人口均居首位，经济发展已有一定基础，很多国家和地区又与我国有着历史、文化、地缘等方面的密切联系，市场潜力很大。特别是周边的东南亚、东北亚各国，于20世纪八九十年代相继成为我国主要的旅游海外客源市场后，入境人数多、增长幅度大一直是显著的优势，但同时也表现出增幅波动不稳的特点。今后，东南亚、东北亚地区仍将是决定未来中国旅游海外客源市场规模的重要区域。随着中国—东盟自由贸易区的建立，中国与东南亚各国的外交、经贸和文化关系进一步加深，旅游合作将进一步扩大，东南亚作为我国的一个传统市场必将得到更大的发展。随着改革开放的深入和国民经济的发展，越南将成为中国在东南亚地区的又一新兴客源市场。

在南亚地区，具有近十亿人口的印度是一个很有潜力的客源市场。印度的中产阶级正在迅速崛起，印度出境旅游一直稳步增长。中印两国是近邻，印度市场有望成为我国入境市场的一大新兴市场。

在大洋洲地区，澳大利亚和新西兰的国民经济稳步增长，商务旅游和观光度假等出境旅游在21世纪将以较快速度增长。随着中国与澳大利亚旅游交往的新进展、中澳航班的增加，澳大利亚将成为中国居民的旅游目的地，澳大利亚赴中国的客源市场也会得到同步扩大。

在欧洲市场上，由于中国与欧洲各国经济合作的扩大和中国旅游产品的更新升级，英国、德国和法国等传统客源市场将有新的扩展。南欧的意大利、希腊等国，西欧的西班牙、葡萄牙、荷兰等国，中欧的瑞士、比利时和卢森堡等国，北欧的丹麦、挪威和瑞典等国，来华旅游者数量将会有显著的增长。东欧各国来华旅游者数量会有较大幅度增长，消费的质量和水平也将有所提高。旅华客源市场将逐步覆盖整个欧洲。俄罗斯近年来已成为中国排名第三的客源国，俄罗斯人来华已从边境贸易发展为到内地进行商贸与观光度假，俄罗斯有望成为中国入境客源市场的一个新的增长点。

在美洲地区，美国将仍然是中国的一个重点客源市场，来华旅游者将从目前主要集中在纽约和加利福尼亚等几大城市，扩展到美国的其他地区，客源层次将由目前的中下层居多向高中层扩展。加拿大市场亦会有较大的增长。南美洲是中国国际客源市场中一个有待开发的处女地。随着我国与南美洲经贸文化交流的开展、新航线的开通，南美将会成为中国的一个新兴客源地。

中东和非洲历来是中国入境客源市场中的薄弱环节。中国将陆续开拓这个富有潜力的国际客源市场。南非国民经济持续发展，出境旅游在 20 世纪 90 年代迅猛发展。随着两国外交和经贸关系的发展，南非在 21 世纪必将成为中国的又一新兴海外客源市场。

 思考题

1. 中国的海外入境客源市场中的局限性有哪些？
2. 对中东和非洲这两个薄弱市场可以采取哪些措施来进一步拓展？

 案例和实训

拓展阅读

四川旅游借势"博鳌"营销 推介旅游新线路

博鳌亚洲论坛 2014 年年会于 4 月 8 日至 11 日在中国海南博鳌举行，主题确定为"亚洲的新未来：寻找和释放新的发展动力"。在博鳌亚洲论坛 2014 年年会上，四川省旅游局以全新的创意和形式，推出"2014 博鳌·四川之夜"活动，这是博鳌亚洲论坛历史上第一次省级旅游部门的跨区域国内外营销。

N 种维度解读 "Tsichuan" 炫彩亮相

四川省旅游局全新的旅游资讯网"www. tsichuan. com"，炫彩亮相"博鳌四川之夜"。四川旅游资讯网由四川省旅游信息中心创意开发，为中外游客提供实时而又海量的四川旅游资讯。

对于"T"的含义，四川省旅游局局长郝康理说，"T"可以从很多维度解读，它是英文单词中旅游 Tourism、Travel 的首字母，它也代表了品味、品尝（Taste），还有触摸（Touch）。"旅游不仅仅是观光游览，更需要深度的接触和品味。'T'字从不同的维度传递出旅游的内涵，不管是 Taste，还是 Touch，我们都希望中外游客除了欣赏美景，还能深入地感受到更加丰富和多元的四川。这次我们把 Tsichuan 带到博鳌，就是想借助博鳌论坛，推出四川旅游的'国际表达'。"

聚合特色资源 推介旅游新线路

在博鳌亚洲论坛上，四川省旅游局专门设立了"梦四川"展馆，一天推出一条线路并集中于"2014 博鳌四川之夜"活动上引爆。于博鳌亚洲论坛期间推出的旅游新线路包括：藏区十线和最后的香格里拉——稻城亚丁之旅，南丝绸之路之旅，大熊猫之旅和四川美食之旅。

南丝绸之路是一条以成都为起点、经过云南、到达印度的古老国际通道。四川省旅游局重点邀请了参加博鳌亚洲论坛、且属于南丝绸之路沿线国家的驻华使节，共同讲述南丝绸之路的神秘和光彩，并为南丝绸之路旅游线路揭幕。

读"最四川"图书 品读四川文化

四川稻城亚丁，被誉为最后的香格里拉。去年由国家旅游局副局长王志发撰写的《稻城亚丁告诉你》一书中文版问世。"博鳌四川之夜"上，该书的英文版举行了首发，王志发也现场讲述了此书的创作过程和感受。

四川省旅游局与美国最大网络电子商务公司在中国最大的网上书店亚马逊（中国）联合举办了"最爱四川旅游图书"评选活动，通过读者和网友票选，从300余本亚马孙（中国）网站在售的四川旅游图书中评出10本"最受读者喜爱的图书"。此次评选的结果，借助博鳌亚洲论坛四川之夜活动公布。

（资料来源：李京枝. 四川旅游借势"博鳌"营销 推介旅游新线路［OL］［2014-04-03］http：//scnews. newssc. org/system/20140403/000244278. html.）

实训题

请思考中国旅游行业在海外旅游客源市场营销中存在的问题。应如何借助自身的资源优势进行市场营销来拓展中国的海外客源市场？

第三章　东亚太地区主要客源国

学习目标

1. 了解东亚太地区我国主要客源国的基本国情概况
2. 掌握东亚太地区主要客源国的民俗禁忌
3. 掌握东亚太地区中日本、韩国、蒙古、澳大利亚成为我国主要客源国的主要原因

重点和难点

1. 日本的礼仪和民俗禁忌
2. 韩国的礼仪和民俗禁忌
3. 蒙古的礼仪和民俗禁忌
4. 澳大利亚的礼仪和民俗禁忌
5. 东亚太地区主要客源国的旅华市场现状

本章内容

1. 韩国

基本概况 人文习俗 旅游业概况 中韩关系

2. 日本

基本概况 人文习俗 旅游业概况 中日关系

3. 蒙古

基本概况 人文习俗 旅游业概况 中蒙关系

4. 澳大利亚

基本概况 人文习俗 旅游业概况 中澳关系

第一节 韩国

一、基本概况

(一) 自然地理概况

韩国，全称"大韩民国"，位于亚洲大陆东北朝鲜半岛的南半部，东濒日本海，东南隔朝鲜海峡和对马海峡与日本相望，西与中国山东省隔黄海相望，北部以北纬38°线与朝鲜民主主义人民共和国相邻。全国面积99 600平方千米，约占朝鲜半岛总面积的45%。

韩国地形多为丘陵和平原，半岛北部地势低。太白山脉是韩国最长的山脉，长约500千米，平均海拔1 000米。平原主要分布在西海岸的河川流域及海岸地带，西南部的平原是韩国主要农业区。半岛南面的济州岛是韩国最大的岛屿。

韩国的河流大都经过半岛的西部和南部，分别流入黄海和太平洋，主要河流有37条，较大的河流有汉江、洛东江等，洛东江最长，全长525千米。

韩国属温带季风气候，四季分明，北部为大陆性气候，南部具有海洋性气候特点。6、7、8月为雨季，冬季干燥寒冷，秋季为最佳旅游季节。韩国年平均降水量约为1 500毫米。

首尔时间比格林尼治时间早9个小时，比北京时间早1个小时。

(二) 基本国情

1. 首都、国旗、国花

首都首尔（Seoul，原名为汉城），是韩国最大的城市。2005年1月19日，时任韩国首都汉城市市长李明博在新闻发布会上宣布，汉城市的中文名称正式更改为"首尔"，昔日的"汉城"名称不再使用。首尔的正式名称为首尔特别市。首尔面积为605.77平方千米，其中江北面积为298.04平方千米，占整个面积的49.2%，江南面积为307.73平方千米，占整个面积的50.8%。首尔人口有10 232 281人（2012年6月），人口密度为17 460人/平方千米。多年的"不均衡发展战略"导致首尔的"城市病"日益严重，人口密集、地价飞涨、交通拥挤、环境污染成为这一东亚国际化都市未来发展的障碍。在这种情况下，韩国政府迫切希望在中部地区建立新的行政首都，以便辐射周边，实现各地区均衡发展。2012年7月1日，韩国"行政中心城市"世宗市正式诞生。韩国世宗市全称"世宗特别自治市"，由原属忠清南道的燕歧郡、公州市和忠清北道清原郡的一部分合并而成。世宗市的产生，源于韩国已故前总统卢武铉2002年竞选时提出在忠清道建立"新行政首都"的计划，但迁都计划因2004年被裁定违反宪法而搁浅，其后世宗市演变成"行政中心城市"。2012年年底，韩国国务总理室将作为首个政府部门率先迁往世宗市，计划在世宗市办公的韩国17个政府部门将分三个阶段于2014年年内完成移址。根据世宗市方案，到2030年，世宗市将被打造为一座50万人口的行政中心城市。

韩国国旗为太极旗，是1882年8月由派往日本的使臣朴泳孝和金玉均在船上第一次绘制的，1883年被高宗皇帝正式采纳为朝鲜王朝的国旗。1949年3月25日，韩国文教部审议委员会在确定它为大韩民国国旗时作了明确解释：太极旗的横竖比例为3∶2，白色代表土地，中间为太极两仪，四角有黑色四卦。太极的圆代表人民，圆内上下弯鱼形两仪，上红下蓝，分别代表阳和阴，象征宇宙。四卦中，左上角的乾即三条阳爻代表天、春季、东方、仁；右下角的坤即六条阴爻代表地、夏季、西方、义；右上角的坎即四条阴爻夹一条阳爻代表水、秋季、南方、礼；左下角的离即两条阳爻夹两条阴爻代表火、冬季、北方、智。整体图案意味着一切都在一个无限的范围内永恒运动、均衡和协调，象征东方思想、哲理和神秘。

韩国国花为木槿花，称为"无穷花"，象征朝鲜民族的坚毅和充满朝气。

2. 简史

公元1世纪朝鲜半岛上形成高句丽、新罗、百济三个不同政权形式的国家，史称"三韩"。公元7世纪中叶，新罗通过与中国唐朝结盟，于668年统一了朝鲜半岛，高句丽、百济灭亡。10世纪初，高丽王朝取代了新罗。高丽王朝（918—1392）由王建所建，王建原是新罗一个反叛王子弓裔手下的一名将军，他选择自己的家乡松岳（现今朝鲜的开城）作为首都，他将王国定名为高丽，韩国现在的英文名称"Korea"即来源于此。14世纪末，李氏王朝取代高丽，定国号为朝鲜。1897年李氏王朝结束，改国名为大韩帝国。大韩帝国1910年8月沦为日本殖民地，直到1945年8月14日日本投降，同年，苏美两国军队以北纬38°为界分别进驻北半部和南半部。1948年8月15日大韩民国宣告成立。

3. 文化

韩国是个具有悠久历史和灿烂文化的国家，在文学艺术等方面都有自己的特色。韩国的美术主要包括绘画、书法、版画、工艺、装饰等，既继承了民族传统，又吸收了外国美术的特长。韩国的绘画分东洋画和西洋画，东洋画类似中国的国画，用笔、墨、纸、砚表现各种话题。此外还有各类华丽的风俗画。与中国、日本一样，书法在韩国是一种高雅的艺术形式。

韩国人素以喜爱音乐和舞蹈而著称。韩国现代音乐大致可分为"民族音乐"和"西洋音乐"两种。民族音乐又可分为"雅乐"和"民俗乐"两种。雅乐是韩国历代封建王朝在宫廷举行祭祀、宴会等各种仪式时由专业乐队演奏的音乐，通称"正乐"或"宫廷乐"。民俗乐中有杂歌、民谣、农乐等。乐器常用玄琴、伽耶琴、杖鼓、笛等。韩国民俗乐的特色之一是配上舞蹈。韩国舞蹈非常重视舞者肩膀、胳膊的韵律，道具有扇、花冠、鼓。

韩国的舞蹈以民族舞和宫廷舞为中心，多姿多彩。韩国的戏剧起源于史前时期的宗教仪式，主要包括假面具、木偶剧、曲艺、唱剧、话剧等五类。其中假面具又称"假面舞"，为韩国文化象征，在韩国传统戏剧中占有极为重要的地位。

1995 年，韩国选定了韩国服装、韩国文字、泡菜、烤牛肉、石窟岩、佛国寺和跆拳道作为韩国文化的象征。

（三）经济

二战后，韩国政局混乱，经济瘫痪，民生凋敝，后来又发生历时三年的战争，国家遭受严重破坏，工农业生产规模急剧下降。停战后依靠美国的援助，工农业生产得到了恢复。20 世纪 60 年代中期，韩国提出"贸易立国"的口号，推行出口主导型经济战略，执行"先轻后重"的发展方针，以出口带动经济增长，并实行"国家创业制度"，建立政府主导下的宏观经济运行机制。20 世纪 70 年代，韩国开始着力促进重化工业的发展。1973 年韩国公布并开始实施"重化工业发展计划"，大量投资向重化工行业倾斜。这一时期是韩国造船、钢铁、汽车、电子、石化等工业的萌芽期，也是韩国城市化进程开始加速的时期。重化工业的发展对经济拉动效果十分明显，1972—1978 年韩国 GDP 年均增长 10.8%，重化工产品在出口中的比例亦由 1972 年的 21% 上升至 1978 年的 35%。同期，韩国发起了著名的"新农村运动"，大大提高了农村地区的生产和生活水平。韩国经济迅速崛起，发展速度居世界前列，成为举世瞩目的亚洲经济"四小龙"之一。20 世纪 80 年代以来，韩国经济向"民间主导型"过渡。官方民间双管齐下，大力发展对外经济贸易，健全外向型经济管理体制，促使经济继续迅速发展，从 1953—1989 年，韩国经济平均增长率为 8%。20 世纪 80 年代韩国经济开始自由化并开始着手进行结构调整。20 世纪 70 年代的过度发展带来一系列问题，韩国政府要求大企业进行合并重组，结构调整主要集中在汽车、重机械制造、冶炼、造船和海外工程建设领域。这一措施促使韩国产生了一批大财阀，加深了这些大企业集团的市场垄断。

1997 年 10 月，韩国爆发严重危机，经济严重受到冲击。在国际货币基金组织及美国、日本等国的紧急奖金援助下，韩国渡过危急关头，并对金融、企业、公共部门和劳动力市场等领域实行改革，对经济结构作出较大调整，取得明显成效。1998 年韩国经济增长率为-6.7%。1998 年年底，韩国经济开始恢复增长，2000 年经济增长 8.8%。

近年来韩国经济增长有所放缓，但 GDP 年均增长 8.6% 曾保持了三十年。经过四十多年的努力，韩国已经从一个极为贫穷的农业国一跃成为 GDP 居世界第十一位，外贸总额居世界第十二位，拥有发达的造船、汽车、化工、电子、通信工业、网络基础设施名列世界前茅的新兴先进工业国。1996 年韩国加入了经合组织（OECD），成为 OECD 的第二十九个成员。2004 年韩国又提出 2010 年人均收入达 2 万美元的目标。据韩方统计，1962 年韩国 GDP 和人均收入分别仅为 23 亿美元和 87 美元，2004 年已分别增至 6 801 亿美元和 1 4 162 美元；2007 年 GDP 增长率为 4.9%，人均国民收入超过 2 万美元。外贸总额亦从 1962 年的 0.96 亿美元增长到 2008 年的 8 572.8 亿美元。

2009 年韩国经济增长 0.2%。进出口总额 6 866.1 亿美元，其中，出口 3 635.3 亿美元，同比下降 13.9%，进口 3 230.8 亿美元，同比下降 25.8%。

当前，受国际金融危机影响，韩国经济面临严峻挑战，金融市场动荡不安，股市汇市波动剧烈，实体经济困难重重，出口、投资、消费全面低迷，汽车、房地产等热点消费迅速降温。

（四）政治

1. 宪法

韩国现行宪法是 1987 年 10 月全民投票通过的新宪法，1988 年 2 月 25 日起生效。新宪法规定，韩国实行三权鼎立、依法治国的体制。总统是国家元首和全国武装力量司令，在政府系统和对外关系中代表整个国家，总统任期 5 年，不得连任。总统是内外政策的制定者，可向国会提出立法议案等；同时，总统也是国家最高行政长官，负责各项法律法规的实施。总统通过由 15~30 人组成并由其主持的国务会议行使行政职能。作为总统主要行政助手的国务总理由总统任命，但须经国会批准。国务总理有权参与制定重要的国家政策。总统无权解散国会，但国会可用启动弹劾程序的方式对总统进行制约，使其最终对国家宪法负责。

2. 议会

议会称国会，是立法机构。韩国实行一院制，国会是国家立法机构，共 299 个议席，每届任期四年，国会议长任期两年。宪法赋予国会的职能除制定法律外，还包括批准国家预算、外交政策、对外宣战等国家事务以及弹劾总统的权力。根据韩国法律，四年一届的国会分前后两个半期，两名议长分别任职两年。韩国法律规定国会议长应脱离党籍。

3. 司法机构

韩国法院共分三级：大法院、高等法院和地方法院。大法院是最高法庭，负责审理对下级法院和军事法庭作出的裁决表示不服的上诉案件。大法官由总统任命，国会批准。大法官的任期为六年，不得连任，年满 70 岁必须退位。

检察机构有大检察厅、高等检察厅和地方检察厅，隶属法务部。大检察厅是最高检察机关。

二、人文习俗

（一）人口、民族、语言与宗教

韩国总人口 5 008.7 万（截至 2013 年 1 月底），主要民族为韩民族（或称：朝鲜族），属黄色人种东亚类型，占全国总人口的 99%。韩国是一个单一民族的国家，通用韩语。自古以来，朝鲜半岛通行汉字，文字与语言不一致。现在的文字形式是 1443 年创制的，已基本不用汉字，现在只在少数场合使用汉字（如名片）。韩国人有信仰的自由，50% 左右的人口信奉基督教、佛教、萨满教、儒教、伊斯兰教等。

（二）民间节庆

元旦节：1 月 1 日。

春节：农历正月初一，放假 3 天，是韩国最重大的节日之一。

三一节：3 月 1 日，是 1919 年 3 月 1 日大规模反抗日本统治的三一独立运动周年纪念日。

上元节：农历正月十五。

植树日：4 月 5 日，是全民植树绿化日。

端午节：农历五月初五，是韩国最重大的节日之一，放假一天。

佛诞日：农历四月初八，庆祝释迦牟尼诞辰日，佛寺中举行庄严仪式，放假一天。

显忠日：6 月 6 日，全国在这一天向阵亡将士献祭，在首尔国立公墓举行纪念仪式。

光复节：8月15日，纪念1945年8月15日摆脱日本帝国主义统治，取得独立。

中秋节：农历八月十五，又称"秋夕节"，放假三天。

重阳节：农历九月初九，喝菊花酒，吃菊花煎。

开天节：10月3日，是传说中古朝鲜的建国日。

文字节：10月9日，纪念创建韩国文字。

冬至节：一般在12月21日或22日，吃赤豆粥、糯米糕。

（三）服饰

"韩服"是韩国传统服装，以白色或浅色为主。男装主要有袄、裤、坎肩、长袍等。袄多为白色，称"则高里"，袄的右襟在里，左襟在外，用袄带在右胸前系以一定式样的活扣。裤称"巴基"，裤的裆、腿和裤脚都较肥大。坎肩套在袄外，颜色花纹较丰富。女式韩服包括一条长裙和一件短上衣。女装的最大特点是袄短，紧贴身。裙子分长裙和筒裙，长裙长及脚跟，是婚后妇女穿的，婚前妇女穿筒裙，长及小腿，腰间有许多细槽。妇女做饭洗衣时还穿围裙，称"幸州裙"。

（四）饮食

韩国人主食以米饭、冷面为主，菜肴以泡菜、烤牛肉、烧狗肉、人参鸡等为主，喜欢吃辣和酸口味的食物，通常会在食物中放大蒜。韩国还是世界上最爱吃泡菜的国家。韩国饮食注重五色，无论是宴会上的九色盘、神仙炉，还是日常料理的泡菜、酱汤，无不追求五色俱全。

（五）礼仪与民俗禁忌

1. 饮食礼仪

韩国人非常讲究饮食礼仪。例如：吃饭时，不喜欢高谈阔论，认为吃东西时嘴里响声太大是非常丢人的事情；如果汤匙和筷子一起使用，不要把它们同时抓在手中，使用筷子时不要将汤匙放在桌上或搭放在碗上，而是架在专门放筷子的小架子上；不要端着饭碗和汤碗吃饭，而要用汤匙先喝汤或泡菜汤之后，再吃别的食物；只有泡菜汤、酱汤用汤匙吃，其他菜用筷子夹；也不要让匙和筷碰到碗而发出声音，不要用匙和筷翻腾饭菜，不要让食物粘在匙和筷上；对不能下咽的骨头或鱼刺，要避开旁人悄悄地包在纸上扔掉，不要扔在桌子上或地上。此外，在韩国人的家宴中，宾主一般都是围坐在一张矮腿方桌周围，盘腿席地而坐。在这种情况下，切勿用手摸脚，伸直双腿，或是双腿叉开。

2. 饮酒礼仪

韩国人喝酒时非常注重礼仪。他们的传统观念是"右尊左卑"，因而用左手执杯或取酒被认为是不礼貌的。酒席上，他们会按身份、地位和辈分高低依次斟酒，位高者先举杯，其他人依次跟随。级别与辈分悬殊太大者不能同桌共饮。特殊情况下，晚辈和下级可背脸而饮。饮酒时要注意，身份高低不同者一起饮酒碰杯时，身份低者要将杯举得低，用杯沿碰对方的杯身，不能平碰，更不能将杯举得比对方高，否则是失礼。酒席上，女性可以为男性斟酒，但不能给其他女性斟酒。

3. 社交礼仪

韩国人在言语和行为中会表现得非常谦逊有礼。他们见面时的传统礼节是鞠躬，晚辈、下级走路时遇到长辈或上级，应鞠躬、问候，站在一旁，让其先行，以示敬意。韩国女性不和男子握手，以点头或是鞠躬作为常见礼仪。

在商业伙伴间互相赠送礼物比较普遍，初次见面尤其如此。在赠送礼品时，最好选择鲜花、酒类和工艺品，而且最好选择韩国货，因为韩国人的民族自尊心很强，反对崇洋媚外，倡导使用国货。送礼时，用双手奉上或接过礼物，不要当场打开礼物。

4. 禁忌礼仪

韩国人禁忌颇多。他们逢年过节相互见面时，不能说不吉利的话，更不能生气、吵架；忌到别人家里剪指甲，否则两家死后结怨；吃饭时忌戴帽子，否则终身受穷。

他们普遍忌数字"4"。因韩语中"4"与"死"同音，传统上认为是不吉利的，宴会厅里没有4桌，敬酒不能敬4杯。

在韩国，男子不要问女子的年龄、婚姻状况；打喷嚏时要表示歉意；剔牙要用手或餐巾盖住嘴。

照相在韩国受到严格限制，军事设施、机场、水库、地铁、国立博物馆以及娱乐场所都是禁照的对象，在空中和高层建筑拍照也都在被禁之列。另外，政府规定，韩国公民对国旗、国歌、国花必须敬重。不但电台定时播出国歌，而且影剧院放映演出前也放国歌，观众须起立。

三、旅游业概况

（一）主要旅游城市与著名景点

1. 主要旅游城市

首尔：首尔是朝鲜半岛古老的城市之一，历史上有不少朝代在此建都，留下甚多古迹，以"皇宫之城"著称。市中心一带有景福宫、德寿宫、昌德宫等历代宫殿。1398年建成的汉城南大门称为崇礼门，是首尔的象征。城北的板门店，是1953年朝鲜战争停战签字仪式所在地。江华岛是韩民族始祖檀君王王俭建国神话的发源地。

釜山：釜山是韩国最大的海港，是仅次于首尔的第二大城市。通度寺是韩国三大名刹之一，公元646年由唐朝携回佛祖舍利子的慈藏所建。海云台海水浴场有长达2千米的扇形沙滩，每年定期举行游泳大赛和放风筝大赛。釜山温泉，水温70℃，大型观光宾馆、各种休闲设施齐备。固城恐龙脚印化石，沉积岩层间保留着3 000余个恐龙脚印，与巴西和加拿大遗址并称为世界三大恐龙脚印化石遗址。

庆州：庆州是公元前57年到公元935年新罗的首都，已被联合国教科文组织指定为世界十大文化遗址。庆州共有古坟676座，王陵36座，是名副其实的古陵之城。瞻星台，建于公元7世纪，是由366块大石块堆砌而成的亚洲最早的天文台。佛国寺，是世界文化遗产，从公元751年始建直至774年完成，紫霞门的石桥青云桥、白动桥，历经1500年仍显示出精巧的石造技术。石窟庵，也是世界文化遗产，是公元751年宰相金大城为追悼父母而建。感恩寺，源于新罗的文武王在东海边建"镇国寺"，未及竣工就死去，继位的神文王接着建造，于682年完工，为感谢父王命名为"感恩寺"。五陵，是新罗王朝传说中的始祖朴赫居世与王妃，以及第二、三、四代国王的王陵共五座集中而成，从不同角度观看，陵墓数与形状各有变化。

光州：国立博物馆，陈列先史时代的棺墓等文物约1 000件，其中有中国贸易船上的文物打捞品。松广寺，是韩国规模最大的寺院，与通度寺、海印寺并称韩国三大寺院，12世纪禅宗即出于此，目前仍保存有大量历史文物。据传统一新罗时代的道先国师曾在云住寺建千佛塔。智异山国立公园，与金刚山、汉拿山并称为三神山，这里云海翻滚，山脉绵亘，乱石幽谷，溪水潺潺，绚丽多姿。

2. 著名景点

济州岛：济州岛是韩国第一大岛，又名耽罗岛、蜜月之岛、浪漫之岛，位于朝鲜半岛的南端，有"韩国夏威夷"之称，隔济州海峡与半岛相望，北距韩南部海岸90多千米，地扼朝鲜海峡门户，地理位置十分重要。济州岛总面积1 826平方千米，包括牛岛、卧岛、兄弟岛、遮归岛、蚊岛、虎岛等34个属岛，东北距全罗南道100千米，是理想的旅游和垂钓胜地。在这里可以观赏名胜古迹，欣赏自然景观，岛上屹立着韩国最高山峰——海拔1 950米的汉拿山，还可以登山、骑马、兜风、狩猎、冲浪和打高尔夫球等。这里人烟稀少，土地广阔，不是高山森林，就是农田村舍。农家种的主要是稻米、蔬菜、水果。最多最壮观要属油菜花，春天，遍地一片金黄，非常好看。翰林公园，由16个植物园组成，有2万余棵济州野生植物和亚热带植物，附近有以白色贝壳闻名的挟才海水浴场和美丽的飞扬岛。汉拿山国立公园位于汉拿山，汉拿山是韩国最高峰，山上生长着亚热带、寒带植物 1 800 余种。龙头岩，是汉拿山火山口喷出的熔岩在海上凝结而成的，状如龙头。汉拿山西南部有南国风味十足的观光游乐区，城册日出峰是世界上最大的突出于海岸的火山口，在这里观看日出美不胜收。

韩国民俗村：韩国民俗村位于京畿道首府水原市附近，占地 163 英亩，它将韩国各地的农家民宅、寺院、贵族宅邸及官府等各式建筑聚集于此，再现朝鲜半岛 500 多年前李朝时期的人文景观和地域风情。村内有 240 座传统的建筑物，有李王朝时的"衙门"、监狱、达官贵族的宅邸、百姓的简陋房屋、店铺作坊、儿童乐园等。民俗村内的店铺和露天集市上的商品大都是当地传统手工制品及别具风味的食品，有木质雕刻、彩绘纸扇、民族服装、彩色瓷器等。瓷器是这里的特产，有 60 余种，均有较高的保存价值。民俗村内的食品种类繁多，最受游客喜欢的是菜饼和米酒。露天场上每日定时都有精彩节目表演，如民俗舞蹈、杂技和乡村鼓乐，热闹非凡。这里的村民穿着古代李朝时的衣着，演绎着古代村民的风俗，迎娶新娘、送亡人入土等礼仪都真实地仿照李朝时代的模样。

（二）旅游市场

韩国对旅游业重要性的认识始于 20 世纪 60 年代，政府将旅游业定为战略产业，先后颁布了《旅游事业振兴法》和《旅游振兴开发基金法》等法令。为了便于统一领导，韩国先后成立了韩国观光公社、观光振兴院和观光事业审议委员会等。

1. 入境旅游

1962 年全国旅游公司的成立，标志着韩国国际旅游业已开始成为韩国的一种产业，起着重大的作用，韩国当年接待国际游客 1.5 万人次，旅游收入 463.2 万美元。1968 年接待国际游客达 10 万人次。20 世纪 70 年代是韩国旅游业发展较迅速的十年，1978 年接待国际游客突破 100 万人次，国际旅游业初具规模。20 世纪 80 年代初受国内政局动荡和世界经济衰退的影响，国际旅游业发展迟缓。20 世纪 80 年代中期韩国国际旅游业出现转机，特别是 1988 年成功举办的汉城奥运会，使韩国国际地位和知名度大大提高，吸引了大量国际游客，国际旅游业登上了一个新的台阶。韩国国际旅游业近年来一直以较快的速度增长，已具有相当规模，促进了韩国经济的发展。

由于政府重视、措施具体，韩国的旅游业发展很快。1960 年只有海外游客 1.5 万人次，外汇收入 43.6 万美元，1978 年接待国际游客首次突破 100 万人次大关。1988 年借汉城奥运会，韩国接待国际游客超过了 200 万人次，1991 年又突破了 300 万人次，1999 年海外游客达 466 万人次，外汇收入 68.41 亿美元。

2004—2010 年，韩国入境旅游人数持续不断增长，从 2004 年的 581.8 万人次增长到 2010 年的 879.8 万人次，增长率 51%。如表 3-1 所示。

表 3-1　　　　　　　　　　2004—2010 年韩国入境旅游人数

年份	人次（万）	增长率（%）
2004	581.8	11.6
2005	602.3	3.5
2006	615.5	2.1
2007	644.8	4.7
2008	689.1	6.8
2009	781.8	13.4
2010	879.8	12.5

2005—2006 年，韩国入境旅游收入有少许下降，从 2005 的 58.06 亿美元下降到 2006 年 57.88 亿美元，2007 年入境旅游收入为 61.38 亿美元，2008 年较 2007 年增加 59.2%，增长到 97.74 亿美元，2009 年增长到 98.19 亿美元，2010 年有所下降，为 97.65 亿美元。如表 3-2 所示。

表 3-2　　　　　　　　　　2004—2010 年韩国入境旅游收入

年份	收入（亿美元）	增长率（%）
2004	60.69	13.0
2005	58.06	-4.0
2006	57.88	-0.3
2007	61.38	6.0
2008	97.74	59.2
2009	98.19	4.6
2010	97.65	0.5

韩国入境游客中，亚太地区游客的比例一直保持在 76%~78%。韩国入境游客中，亚太游客占 76.9%，美洲地区游客占 9.2%，欧洲地区游客占 8.5%。由此可以看出，韩国的入境旅游者和亚太地区其他国家的入境旅游者一样，大都来自亚太地区，表现出较强的区域内流动特征。韩国最大的客源国家/地区是日本，其次是中国、美国、中国台湾、菲律宾、泰国、中国香港和俄罗斯。

韩国入境旅游者中，出于娱乐、休闲和度假目的的旅游者占很大一部分。2009 年韩国入境旅游者中，出于娱乐、休闲和度假目的的旅游者占所有游客的 72.7%，参与商务和专业活动的旅游者仅占 4.0%；2010 年韩国入境旅游者中，出于娱乐、休闲和度假目的的旅游者占所有游客的 72.4%，参与商务和专业活动的旅游者仅占 3.5%。如表 3-3 所示。

表 3-3　　　　2007—2010 年韩国入境旅游人数（按游客所在国家/地区分）

排名（2010）	国家/地区	入境旅游人数（万人次）			
		2007 年	2008 年	2009 年	2010 年
1	日本	223.60	237.81	305.33	302.30
2	中国	106.89	116.79	134.23	187.52
3	美国	58.73	61.01	61.13	65.29
4	中国台湾	33.52	32.02	38.06	40.64
5	菲律宾	26.38	27.67	27.20	29.75
6	泰国	14.68	16.07	19.10	26.07
7	中国香港	14.01	16.03	21.58	22.86
8	俄罗斯	14.04	13.63	13.71	15.07
9	加拿大	9.81	10.40	10.92	12.12
10	马来西亚	8.3	8.38	8.01	11.37

2. 出境旅游

（1）韩国出境旅游市场发展现状

随着韩国经济的高速增长，韩国政府逐渐开放了国民出境旅游的市场，进入 20 世纪 90 年代，韩国出境人数每年保持着两位数的高速增长趋势。1998 年受金融危机的影响，韩国出境人数出现了萎缩，减幅达 32.5%，但随着 1999 年韩国迅速摆脱危机后，出境人数又出现了两位数的高速增长，平均每年增长 100 万人左右。

2002 年 4 月 1 日起，韩国开始推行每周五天工作制。休假制度的变化，给了民众更多的空余时间，大大促进了短线出境旅游的发展，当年出境人数突破了 700 万人次。2004—2007 年，出境人数四年增长近 30%，2007 年达到 1 332 万人次。2008 年受全球金融危机影响，出境游下降了 10% 左右。2009 年继续下降到 949.4 万人次，2010 年较 2009 年有显著增长，增长到 1 248.8 万人次。

尽管 2008 年韩国遭遇了金融危机，但韩国民众仍然对出境游保持了极大的兴趣，出境旅游人数位居亚太地区的第四位，仅次于马来西亚、中国和日本。访问文化、体验饮食、购物、休闲、娱乐等是韩国民众的主要旅游需求。韩国游客出境旅游第一大目的地是中国，其次是日本、美国和泰国。2010 年韩国出境游客中前往中国和日本旅游的人数分别达到 407.6 万人次和 244.0 万人次。亚太地区以外的国家中，美国是韩国出境游客的最大旅游目的地。

（2）韩国旅华市场现状

自 1992 年，中韩两国正式建立外交关系以来，韩国旅华市场每年以两位数的速度不断增长（期间仅 1998 年金融危机时出现过负增长），1999 年开始这一增幅平均达 38.7%。

根据韩国出入境管理局的调查统计资料显示，自 1975 年以来，除去中东开发热潮的 1978—1981 年以外，日本一直都是韩国第一大目的地国家，但从 2001 年开始，中国超过日本，成为韩国第一大旅游目的地国家。一直到现在，韩国出境人数增长的国家中，中国排在第一位，成为韩国出境人数高速增长的最大受惠国。2001—2012 年韩国赴华旅游情况如表 3-4 所示。

表 3-4　　　　　　　　2001—2012 年韩国赴华旅游人次统计

年份	人次（万）	增长率（%）	年份	人次（万）	增长率（%）
2001	168	24.8	2007	477.68	21.73
2002	212	26.5	2008	396.04	-17.09
2003	194	-8.4	2009	319.75	-19.26
2004	284	46.2	2010	407.64	27.49
2005	354.53	24.62	2011	418.54	2.67
2006	392.40	10.68	2012	406.99	-2.76

（3）韩国旅华市场发展迅速的主要原因

中国作为韩国近邻，旅游资源丰富，与韩国的旅游资源有较大的差异性，且价格便宜，对韩国游客具有极大的吸引力。中韩两国历史渊源有着历史文化的共通性，加之近年来在中韩掀起的华流、韩流文化热，韩国公众对中国产生了强烈的兴趣，韩国媒体也加大了对中国的报道，北京承办 2008 年奥运会则进一步增强了韩国公众和媒体对中国的兴趣。中韩两国经济上的互补性是加强交流的强大动力。中国市场的不断开放，两国之间商贸关系的逐渐加深，交流领域的不断拓展，促使更多的韩国人以商业目的访华，如今，商务来华客人成为韩国旅华市场的一个强有力的支柱。中韩之间航空、轮渡等交通非常便捷，目前，中韩两国每周有830 多个航班，穿梭于两国的 40 个大中城市，新航线和新的直航城市的不断增加将为韩国旅华人数的增长提供重要保障。中国各地业界都在努力开发韩国市场，加大对韩国的宣传促销，扩大了中国的影响，在韩国公众中形成了良好的感知。

四、中韩关系

1. 中韩外交关系

中韩于 1992 年 8 月 24 日建立大使级外交关系。建交后两国各方面关系发展迅速。两国建立战略合作伙伴关系，双边关系不断向前发展。双方在政治、经贸、人文等领域的交流合作不断扩大，在国际和地区事务中也保持着良好的沟通和协调。韩国政府坚持一个中国政策。两国已经提前实现双边贸易额达到 2 000 亿美元的目标。截至 2011 年 10 月，双方已经建立了 130 对友好省市关系，每周有 800 多个航班穿梭往来于各城市。双方友好团体有中韩友好协会、韩中友好协会、韩中文化协会、21 世纪韩中交流协会、韩中经营人协会、韩中亲善协会等。除互在对方首都设大使馆外，中国在韩国釜山设有总领馆，在光州设有领事办公室。韩国在中国上海、青岛、广州、沈阳、成都、西安、武汉和香港设有总领馆。中国在韩留学生接近 8 万人，韩国在华留学生也达到 6.8 万人，双方已互为最大留学生来源国。孔子学院在韩国已开设 17 所，韩国许多中学和大学都开设了中文课。韩国参加汉语水平考试的人数占全球考生人数一半以上。

2. 中韩经贸关系

从建交初至 2012 年，中韩双边贸易额激增 40 多倍，达到 2 400 多亿美元，中国已超过日、美，成为韩国第一大贸易伙伴、最大出口市场和进口来源国，韩国已是中国第三大贸易伙伴国和第二大进口国。

第二节　日本

一、基本概况

(一) 自然地理概况

日本是东北亚的一个岛国，位于日本海和太平洋之间，是一个由东北向西南延伸的弧形岛国。西隔东海、黄海、朝鲜海峡、日本海与中国、朝鲜、韩国和俄罗斯相望。领土由北海道、本州、四国、九州 4 个大岛和其他 6 800 多个小岛屿组成，因此也被称为"千岛之国"。日本陆地面积约 37.79 万平方千米，蜿蜒曲折的海岸线总长 3.4 万千米。

日本群岛位于环太平洋火山、地震带上，地震频发，每年发生有感地震 1 000 多次，是世界上地震最多的国家，全球 10% 的地震均发生在日本及其周边地区。

日本约有火山 200 座，占世界火山总数的 1/10

日本地处温带，气候温和、四季分明。日本境内多山，山地面积约占总面积的 70%，大多数山为火山，其中著名的活火山富士山海拔 3 776 米，是日本最高的山，也是日本的象征。

东京时间比格林尼治时间早 9 个小时，比北京时间早 1 个小时

（二）基本国情

1. 首都、国旗、国花

（1）首都

日本首都是东京（Tokyo），位于本州中部，包括关东地区南部和伊豆、小笠原诸岛，面积 2 162 平方千米，是一座有 1 300 万人口的现代化大都市。东京 1 月平均气温 3℃，8 月平均气温为 25℃。日本十分之一的人口聚集于东京。

（2）国旗

日本的国旗是太阳旗，呈长方形，长与宽之比为 3∶2。旗面为白色，正中有一轮红日。白色象征正直和纯洁，红色象征真诚和热忱。

日本国一词意即"日出之国"，传说日本是太阳神创造，天皇是太阳神的儿子，太阳旗来源于此。

（3）国花

樱花是日本的国花，每到春季，青山绿水间樱花烂漫，蔚为壮观。

2. 简史

公元 4 世纪中叶，日本开始成为统一的国家，称为大和国。公元 645 年"大化革新"后，日本建立了以天皇为绝对君主的中央集权制国家。12 世纪末，日本进入由武士阶层掌管实权的"幕府时代"。19 世纪中叶，英、美、俄等国家迫使日本签订许多不平等条约，民族矛盾和社会矛盾激化，实行封建锁国政策的德川幕府统治动摇，具有资本主义改革思想的地方实力派萨摩和长州两藩，在"尊王攘夷""富国强兵"的口号下倒幕。

日本 1868 年实行"明治维新"，废除封建割据的幕藩体制，建立统一的中央集权国家，恢复了天皇至高无上的统治。明治维新后，日本资本主义发展迅速，对外逐步走上侵略扩张的道路。1894 年，日本发动甲午战争；1904 年挑起日俄战争；1910 年侵吞朝鲜。1926 年，裕仁天皇登基，日本进入昭和时代。第二次世界大战中，日本对外发动侵略战争，1945 年 8 月 15 日，日本宣布无条件投降，成为战败国。二战后初期，美军对日本实行单独占领。1947 年 5 月，日本实施新宪法，由绝对天皇制国家变为以天皇为象征的议会内阁制国家，天皇为日本和日本国民总体的"象征"。

3. 文化

日本独特的地理条件和悠久的历史，孕育了别具一格的日本文化。樱花、和服、俳句与武士、清酒、神道教构成了传统日本的两个方面——菊与剑。在日本有著名的"三道"，即日本民间的茶道、花道、书道。

（1）茶道

茶道，也叫作茶汤（品茗会），自古以来就作为一种美感仪式受到上流阶层的无比喜爱。现在，茶道被用作训练集中精神，或者用于培养礼仪举止，为一般民众所广泛接受。日本国内有许多传授茶道各流派技法的学校，不少宾馆也设有茶室，人们可以轻松地欣赏到茶道的表演。

（2）花道

花道作为一种在茶室内再现野外盛开的鲜花的技法而诞生。因展示的规则和方法有所不同，花道可分成二十多种流派，日本国内也有许多传授花道各流派技法的学校。另外，在宾馆、百货商店、公共设施的大厅等各种场所，人们可以欣赏到装饰优美的插花艺术。

（3）书道

古代日本人称书法叫"入木道"或"笔道"，直到江户时代（17世纪），才出现"书道"这个名词。在日本，用毛笔写汉字而盛行书法，应当是在佛教传入之后。僧侣和佛教教徒模仿中国人，用毛笔抄录经书，中国的书法也随之在日本流传开来。日本天台宗始祖最澄和尚从中国返国时，带回了东晋王羲之的书法作品，并将之推广。

（4）相扑

相扑来源于日本神道的宗教仪式。人们在神殿为丰收之神举行比赛，盼望能带来好的收成。在奈良和平安时期，相扑是一种宫廷观赏运动，而到了镰仓战国时期，相扑成为武士训练的一部分。18世纪日本兴起了职业相扑运动，它与现在的相扑比赛极为相似。神道仪式强调相扑运动，比赛前的跺脚仪式（四顾）的目的是将场地中的恶鬼驱走，同时还起到放松肌肉的作用，场地上还要撒盐以达到净化的目的，因为神道教义认为盐能驱赶鬼魅。相扑比赛在台子上进行。整个台子为正方形，中部为圆圈，其直径为4.55米。比赛时，两位力士束发梳髻，下身系一条兜带，近乎赤身裸体上台比赛。比赛中，力士除脚掌外任何部分不得触及台子表面，同时也不得超出圆圈。比赛在一两分钟甚至几秒钟内便能决出胜负。相扑的裁判共由六人组成。主裁判由手持折扇的"行司"登台担任，其余五人分别在正面、东面、西面及裁判席上。力士的最高等级是"横纲"；然后是大关、关胁、小结、前颈，这四个等级被称为"幕内"，属于力士中的上层；再次是十两、幕下；除此之外还有更低级的三段目、序三段；最低一级叫序口。一个普通力士要想获得较高的等级是需要花费很大气力的，不经过艰苦努力，要想获得最低的等级，也是不可能的。

(5) 柔道

日本的柔道在全世界有广泛声誉。柔道的基本原理不是攻击，而是一种利用对方力量的护身之术，柔道家的级别用腰带的颜色（初级：白；高级：黑）来表示。

(6) 剑道

剑道是指从武士的重要武艺剑术中派生而出的日本击剑运动。比赛者按照严格的规则，身着专用防护具，用一把竹刀互刺对方的头、躯体以及手指尖。

(7) 空手道

空手道是经琉球王国（现在的冲绳）从中国传入日本的格斗运动。空手道不使用任何武器、仅使用拳和脚，与其他格斗运动相比，是一种相当具有实战意义的运动形式。

(8) 合气道

合气道原来只是一种用于练习"形式"的运动，其基本理念是对于力量不采用力量进行对抗。与柔道和空手道等运动相比，没有粗野感的合气道作为一种精神锻炼方式和健身运动，很受老年人和女性的欢迎。

(9) 能剧

能剧是日本的传统戏剧，也是世界上现存的最古老的戏剧之一。能剧源于古代舞蹈戏剧形式和 12 世纪或 13 世纪在日本的神社和寺院举行的各种节庆戏剧。"能"具有才能或技能的意义。演员通过面部表情和形体动作暗示故事的本质，而不是把它表现出来。现在这一剧种在日本仍具有顽强的生命力。

(三) 经济

日本国土狭小，资源贫乏，但二战后的日本奉行"重经济、轻军备"的路线，重点发展经济，在 20 世纪 60 年代末成为世界第二大经济体，经济实力仅次于美国。2008 年其国内生产总值（GDP）约合 4.91 万亿美元。

日本外汇储备包括日本持有的外国有价证券、外汇存款、黄金储备以及日本在国际货币基金组织的特别提款权等。至 2012 年 5 月底，日本外汇储备达 12 777.16 亿美元。截至 2012 年年底，日本对外净资产创历史新高，连续二十二年成为世界最大债权国。

(1) 资源

日本矿产资源贫乏，除煤、锌有一定储量外，90%以上依赖进口，其中石油完全依靠进口。主要资源依赖进口的程度为：煤 95.2%，石油 99.7%，天然气 96.4%，铁矿石 100%，铜 99.8%，铝矾土 100%，铅矿石 94.9%，镍矿石 100%，磷矿石 100%，锌矿石 85.2%。为此，日本政府积极开发核能等新能源，截至 2006 年 7 月，日本拥有 55 所核能发电站，总发电装机容量为 4 822 万 KW（千瓦），位居世界第三。

日本森林面积 2 526 万公顷，占国土总面积的 66.6%，是世界上森林覆盖率最高的国家之一。而木材自给率仅为 20% 左右，55.1% 依赖进口，是世界上进口木材最多的国家。

日本山地与河流较多，水利资源丰富，水利发电量约占总发电量的 12% 左右。日本近海渔业资源丰富。

（2）工业

日本工业高度发达，是国民经济的主要支柱，工业总产值约占国内生产总值的 40%，工业区主要集中在太平洋沿岸地区，京滨、阪神、中京和北九州为四大传统工业区，后又出现北关东、千叶、濑户内海及骏河湾等新兴工业地带。

（3）对外贸易

外贸在国民经济中占重要地位。日本从 20 世纪 50 年代开始确立了贸易立国的发展方针。"入关"后，日本开始取得和其他缔约方同样的平等地位。日本按照关贸总协定最惠国待遇的基本原则，同大多数国家和地区进行自由贸易，为日本对外贸易规模的不断扩大创造了有利的国际市场条件。此后，日本对外贸易迅速发展，主要贸易对象为美国、亚洲国家和欧盟国家。日本主要进口商品有：原油、天然气等一次能源，食品，原材料等。主要出口商品有：汽车、电器、一般机械、化学制品等。日本的主要贸易对象是中国、美国、东盟、韩国、中国台湾、中国香港、德国等。

（四）政治

日本实行以立法、司法、行政三权分立为基础的议会内阁制。天皇为国家象征，无权参与国政。国会是最高权力和唯一立法机关，分众、参两院。内阁为最高行政机关，对国会负责，首相（亦称内阁总理大臣）由国会选举产生，天皇任命。2013 年 7 月，安倍晋三首次正式表态欲修改日本宪法第九条。现行的《日本国宪法》自 1947 年 5 月 3 日起实施，其第九条规定，永远放弃以国权发动的战争、武力威胁或武力行使作为解决国际争端的手段。为达到前项目的，不保持陆海空军及其他战争力量，不承认国家的交战权。

二、人文习俗

（一）人口、民族、语言与宗教

日本人口约 1.277 2 亿（截至 2011 年 10 月 1 日），现在日本人口出现负增长。日本政府自 20 世纪 50 年代开始公布日本人口结构数据。截至 2012 年 9 月，日本 65 岁以上的老年人口首次突破 3 000 万人。日本的主要民族为大和族，北海道地区约有 2.4 万阿伊努族人。日本通用日语，北海道地区有少量人会阿伊努语。日本主要宗教为神道教和佛教，信仰人口分别占宗教人口的 49.6% 和 44.8%。

（二）主要节日

元旦：1 月 1 日。按照日本的风俗，除夕前要大扫除，并在门口挂草绳，插上橘子（称"注连绳"），门前摆松、竹、梅（称"门松"，现已改用画片代替），取意吉利。除夕晚上全家团聚吃过年面，半夜听"除夕钟声"守岁。元旦早上吃年糕（称"杂煮"）。

成人节：每年 1 月第 2 个星期一。日本的成人节源于古代的成人仪礼，而日本古代的成人仪礼是受中国"冠礼"的影响。所谓"冠礼"，指男子成年时举行的一种加冠的礼仪。从加冠这天起，冠者便被社会承认为已经成年。日本仿我国旧礼制，始行加冠制度在天武天皇十一年（公元 683 年）。按中国古代阴阳学说，冠日多选甲子、丙寅吉日，特别以正月为大吉。1948 年，日本政府根据民俗规定满 20 岁的人要过"成人式"，目的是要让青年意识到自己已成为社会的正式成员。凡年满 20 岁的男女青年在成人节这天要身穿传统服装，参加官方或民间团体为他们举办的成人仪式，内容包括年轻人宣誓、长者的祝贺和参拜神社以及参加各种传统的文娱活动等。

建国纪念日：2 月 11 日。据日本神话，神武天皇于公元前 660 年 2 月 11 日统一日本，建立日本国。"建国纪念日"的前身是第二次世界大战以前日本的"纪元节"。第二次世界大战前和二战期间，当时的执政者为了在人民中间培植崇拜天皇的军国主义思想，将这一天作为纪念日本天皇祖先"建立"日本的功绩的纪念日。1948 年在制定国民节日法时，执政者否定了这个节日。1952 年修改节日法时，执政者又把 2 月 11 日更名为"建国纪念日"。从那时起，日本社会上就存在着赞成和反对两种不同的观点。

男孩节（端午节）：5 月 5 日。在这一天，有儿子的家庭门前均悬挂着祝男孩子健康成长的"鲤鱼旗"。日本以阳历 5 月 5 日作为端午节。端午节与男孩节同日，所以这天家家户户门上还摆菖蒲叶，屋内挂钟馗驱鬼图，吃去邪的糕团（称"柏饼"）或粽子。"菖蒲"和"尚武"谐音，"鲤鱼旗"表示鲤鱼跳龙门。鲤鱼旗是用布或绸做成的空心鲤鱼，分为黑、红和青蓝三种颜色，黑代表父亲、红代表母亲、青蓝代表男孩，青蓝旗的个数代表男孩人数。日本人认为鲤鱼是力量和勇气的象征，表达了父母期望子孙成为勇敢坚强的武士的愿望。根据"尊重儿童的人格，谋求儿童的幸福，同时感谢母亲"的原则，日本规定这一天为全国公休日。

男孩节同时也是日本的儿童节，所以不管男孩女孩，都可以在这一天享受到父母特别的祝福和关爱。

女孩节（偶人节，"上巳"或"桃节"）：3月3日。这是日本女孩子的节日。这个节日起源很早，要上溯到700年前的平安时代。如今的庆祝方式是从江户时代传下来的。有女孩子的家庭都要供出小巧的偶人（也叫"雏人形"），祝愿家中女孩成长与吉祥。这种小偶人价格昂贵，女孩的父母，尤其是外祖父母，差不多都要为她买一套精美的小偶人。少的摆一层，多的用"偶人架"摆上好几层，最多的可摆七八层，而最上的一层，大多是一个皇帝和一个皇后。女孩从一岁时得到这些小偶人，以后每年3月3日都要拿出来陈列，直到出嫁时带走。

七夕节（乞巧节）：农历七月初七。被隔在银河东西两岸的牵牛星与织女星，只能在每年的这一天相会。这是中国的传说与日本古老的习俗的融合。7月7日这天，人们在庭院前供上玉米和茄子，把写有歌词、心愿的五彩诗笺系在竹竿上，祈祷女孩子的手艺像织女一样灵巧。据说在日本，七夕节始于圣武天皇天平六年。每到"七夕"，妇女们便在一起玩各种游戏，其中最为常见的是"乞巧"。

盂兰盆节：8月15日左右。盂兰盆节是日本民间最大的传统节日，又称"魂祭""灯笼节""佛教万灵会"等，原是追祭祖先、祈祷冥福的日子，现已是家庭团圆、合村欢乐的节日。每到盂兰盆节时，日本各企业均放假7~15天，人们赶回故乡团聚。在小镇和农村生活的人还要穿着夏季的单和服跳盂兰盆舞。

赏月节：农历八月十五和九月十三夜晚月圆之时，人们用麦芒装饰门窗，以酒和团子供奉月神，祈祷度过顺利、美好的秋天。

敬老节：9月15日。日本人42岁才可以称"寿"做生日，通常被称为"初老"；60岁称为"还历"；77岁为"喜寿"；88岁为"米寿"；99岁为"白寿"，即百字少一，活到百岁就是"百寿"了。每年9月15日，日本各地都要开展敬老活动，为老人体检、整理修缮房屋、敬赠纪念品、组织慰问等。老人则根据自己的爱好，开展有益身心的活动。日本厚生省在这一天还要发布"长寿者名单"，登载在各地报纸上，只有百岁以上高龄者才能入围。

"七五三"节：11月15日。"七五三"是日本独特的一个节日。每逢11月15日，3岁和5岁的男孩、3岁和7岁女孩穿上鲜艳的和服去参拜神社，祈愿神灵保佑他们在成长道路上一帆风顺。据说这种习俗始于江户世代中期。这一天，孩子们都要吃"赤豆饭"，还要吃专为庆贺"七五三"而做的红色或白色的棒形糖果"千岁糖"，希望孩子吃了可以活泼健壮、长生不老。古时日本人视奇数为吉祥之数，其中"七五三"又是最无忌讳的数字（与之相反，四和九是日本人最忌讳的数字）。

除夕节：12 月 31 日夜晚，人们一边倾听寺院里传来的 108 响除夕钟声，一边吃荞麦面条，它象征着人们对幸福的祈祷。

（三）服饰

和服是对日本传统民族服装的称呼。它在日本也称"着物"。和服是仿照我国隋唐服式改制的。公元 8 世纪至 9 世纪，日本一度盛行过"唐风"服装。以后虽有改变形成日本独特的风格，但仍含有我国古代服装的某些特色。妇女和服的款式和花色的差别是区别年龄和结婚与否的标志。例如，未婚的姑娘穿紧袖外服，已婚妇女穿宽袖外服；梳"岛田"式发型（日本式发型之一，呈钵状），穿红领衬衣的是姑娘，梳圆发髻，穿素色衬衣的是主妇。和服不用纽扣，只用一条打结的腰带。腰带的种类很多，其打结的方法也各有不同。比较广泛使用的一种打结方法叫"太鼓结"，在后腰打结处的腰带内垫有一个纸或布做的芯子，看上去像个方盒，这就是我们常看到的和服背后的装饰品。由于打结很费事，"二战"后又出现了备有现成结的"改良带"和"文化带"。虽然今天日本人的日常服装早已为西服所替代，但在婚礼、庆典、传统花道、茶道以及其他隆重的社交场合，和服仍是公认的必穿礼服。

（四）饮食

特殊的地理位置和环境决定了日本的饮食习惯，他们烹调注重五色（春绿、夏朱、秋白、冬玄，配黄），要求色彩和线条搭配，他们的饮食有"眼睛菜"之誉。他们重五法（生、烧、炸、煮、蒸），强调用视觉与触觉去感知食物。他们注重五味（春苦、夏酸、秋滋、冬甜、调涩），要求单纯和明净。他们注重筵席，菜谱和席谱规范如同药典一般；菜肴特点是清淡少油，味鲜带甜。日本人还非常喜欢酱和酱汤，因为其含有大量的蛋白质和铁质，且容易消化，是日本人家庭中不可缺少的食物原料之一。

日本人自称为"彻底的食鱼民族"。其鱼有生、熟、干、腌等各种吃法，而以生鱼片最为名贵。国宴或平民请客招待也以生鱼片为最高礼节。日本人称生鱼片为"沙西米"。一般的生鱼片以鲣鱼、鲈鱼、鲷鱼配制，最高档的生鱼片是金枪鱼生鱼片。

寿司是以生鱼片、生虾、生鱼粉等为原料，配以精白米饭、醋、海鲜、辣根等，捏成饭团后食用的一种食物。寿司的种类很多，不下数百种，各地区的寿司也有不同的特点。大多数是先用米饭加醋调制，再包卷鱼、肉、蛋类，加以紫菜或豆皮。吃生鱼寿司时，饮日本绿茶或清酒，别有一番风味。

（五）礼仪与民俗禁忌

1. 饮食礼仪

生活中日本人也使用筷子，但是他们在使用筷子时是有所忌讳的：忌把筷子直插饭中，认为这有供奉死者的含义；忌用舌头舔筷子，认为这样极不雅观；忌用筷子穿、插食物吃；忌用筷子从菜中扒弄着吃；忌用筷子动了一个菜不吃，又动另一个菜；忌把筷子跨放在碗碟上面；忌以筷子代牙签剔牙；忌用同一筷子让大家依次夹拨食物；忌将饭盛得过满过多，也不可一勺就盛好一碗；忌客人吃饭一碗就够，第二碗象征性也应再添点，因为只吃一碗象征无缘；忌用餐过程中整理自己的衣服或用手抚摸、整理头发，因为这是不卫生和不礼貌的举止。

2. 社交礼仪

人们在社交活动中很喜欢用自谦的语言，经常说"请多关照""粗茶淡饭""照顾不周"等客套话，而且社交中的等级观念很强，上、下级之间，长、晚辈之间的界限分得很清楚。日本较常见的礼节是鞠躬，并以鞠躬的时间长短区别对待不同的人。对于比较熟悉的人，他们互相鞠躬 2~3 秒；对于好友，他们腰弯的时间要稍长些；而遇见社会地位比较高的人或长辈的时候，他们要等对方抬头以后，才把头抬起来，有时候甚至要鞠躬几次。

日本人一般很少在自己的家里招待客人。如果去当地人家里做客的话，一般要在进入日本人家中时，首先脱鞋，但若是西方式的住房就不必脱鞋，然后互相问候，通常见面礼节是深深地弯腰鞠躬，不握手。按习惯，客人最好给女主人带上盒糕点或糖果，送礼物时一定要用色彩柔和的纸包装好，所送礼品的包装不能草率，哪怕是一盒茶叶也应精心打理，在包装时不用环状装饰结。日本人将送礼看作向对方表示心意的物质体现。礼不在厚，赠送得当便会给对方留下深刻印象，像中国的文房四宝、名人字画、工艺品等最受欢迎，但字画的尺寸不宜过大。中国人送礼成双，日本人则避偶就奇，通常用 1、3、5、7 等奇数，但又忌讳其中的"9"，因为在日语中"9"的读音与"苦"相同。按日本习俗，向个人赠礼须在私下进行，不宜当众送出。如果日本人送你礼物，你要对他表示感谢，但要他再三坚持相赠后再接受，收受礼物时要用双手接收。

3. 禁忌礼仪

日本人不喜欢紫色，认为这是一种象征悲伤的色调，忌讳绿色，觉得这是一种不吉祥的颜色。在数字上，日本人很忌讳"4"，因为日文中的"4"字发音与

"死"字相同，所以送礼物一定不要送 4 件。他们也不喜欢"9"，如果送 9 件，他们会觉得你将主人看成了强盗。他们忌讳三个人在一起合影，认为中间的人被左右两人夹着，是不幸的预兆。

在送花方面，日本人忌讳赠送或摆设荷花。在探望病人时忌用山茶花、仙客来及淡黄色和白颜色的花。日本人觉得山茶花凋谢时整个花头落地，不吉利；仙客来花在日文读音中有"死"字的发音；淡黄色与白颜色花，是日本人传统观念中就不喜欢的花，日本人对菊花或类似装饰图案的东西有戒心，因为它是皇室家庭的标志。日本人喜欢樱花。

日本人对装饰有狐狸和獾图案的东西很反感，认为狐狸"贪婪"和"狡猾"，獾"狡诈"。同时，他们也讨厌金眼、银眼的猫，认为见到这样的猫很丧气，他们喜欢乌龟和鸭子

日本人忌讳触及别人的身体，认为这是失礼的举动；忌讳把盛过东西的容器再给他们重复使用；忌讳晚上剪指甲；忌讳洗过的东西晚上晾晒；忌讳睡觉或躺卧时头朝北。

三、旅游业概况

（一）主要旅游城市与著名景点

1. 主要旅游城市

东京：东京是日本的首都，有许多游览胜地。东京的著名观光景点有东京铁塔、皇居、东京国会议事堂、浅草寺、浜离宫、上野公园、动物园、葛西临海公园、台场与彩虹大桥、东京迪士尼乐园、代代木公园、日比谷公园、新宿御苑、幕张奥特莱斯（Outlets）、奥多摩湖、Hello Kitty 乐园、明治神宫、忍野八海、池袋、东映动漫 Gallery、涩谷、升仙峡、丰田汽车会馆、筑地市场、千鸟之渊、秋叶原、二重桥、隅田公园、滨离宫庭园 Tsukiji 鱼市等。上野公园是东京较大的公园，面积有 52.5 万平方米。这里原来是德川幕府的家庙和一些诸侯的私邸，1873年改为公园。

京都：京都是日本从 8 世纪末起约有 1 000 余年历史的皇宫所在地，有"千年古都"之称。京都有清水寺、三十二间堂、金阁寺、银阁寺、平安神宫、二条城、桂离宫等众多寺院及历史古迹，其建筑、庭园富有日本特色。岚山以日本樱花和红叶闻名于世，有周恩来的纪念诗碑，碑上刻着廖承志手书的周恩来于 1919年游岚山时写下的诗歌《雨中岚山》。

奈良：奈良是日本三大古都之一，公元 710—794 年的日本首都，1950 年被定为国际文化城，是神社、佛像、雕刻、绘画等国家重要文物所在地。奈良有著名

的东大寺、兴福寺、法隆寺等众多寺院。公元759年唐代高僧鉴真兴建的唐招提寺也在奈良。

长崎：长崎1571年开港，是一座充满异国情趣的港口城市。旅游者可参观"长崎和平公园"以及长崎原子弹中心陈列馆。市内主要名胜古迹有兴福寺、浦上天主教堂、大浦天主堂等。

2. 著名旅游景点

富士山：富士山位于本州中南部，海拔3 776米，是日本最高峰，被日本人奉为"圣山"，是日本民族的象征，距东京约80千米，跨静冈、山梨两县，面积为90.76平方千米。整个山体呈圆锥状，山顶终年积雪。富士山四周有剑峰、白山岳、久须志岳、大日岳、伊豆岳、成就岳、驹岳和三岳等"富士八峰"。富士山区还设有幻想旅行馆、昆虫博物馆、自然科学厅、奇石博物馆、富士博物馆、大型科学馆、植物园、野鸟园、野猴公园和各种体育、游艺场所等。坐落在顶峰上的圣庙——久须志神社和浅间神社是富士箱根伊豆国立公园的主要风景区。

东京塔：东京塔位于东京市内，建成于1958年，塔高333米，这座日本最高的独立铁塔上部装有7个电视台、21个电视中转台和广播台等的无线电发射天线。在东京塔100米高的地方，建有一个二层楼高的展望台；在东京塔250米高的地方，也设有一个特别展望台。展望台四边都是落地的大玻璃窗，窗向外倾斜。站在展望台上可俯瞰东京市容，全市景观尽收眼底。塔的下部为铁塔大楼，一楼为休息厅，二楼有商场，三楼是规模居日本及远东第一的蜡像馆，四楼是近代科学馆和电视摄影棚，五楼是电台发射台。

唐招提寺：位于奈良市的唐招提寺是由中国唐代高僧鉴真和尚亲手兴建的，是日本佛教律宗的总寺院，这座具有中国盛唐建筑风格的建筑物被确定为日本国宝。唐招提寺是唐代高僧鉴真（公元688—763年）第六次东渡日本后，于天平宝字三年（公元759年）开始建造，大约于公元770年竣工。寺院大门上红色横额"唐招提寺"是日本孝谦女皇仿王羲之、王献之的字体所书。寺内，松林苍翠，庭院幽静，殿宇重重，有天平时代的讲堂、戒坛，奈良时代（公元710—789年）后期的金堂，镰仓时代（公元1185—1333年）的鼓楼、礼堂及天平以后的佛像、法器和经卷。御影堂前东面有鉴真墓，院中植有来自中国的松树、桂花、牡丹、芍药、"孙文莲""唐招提寺莲""唐招提寺青莲""舞妃莲""日中友谊莲"和扬州的琼花等名花异卉。

北海道明珠——洞爷湖：洞爷湖位于日本北海道西南部，属于支笏洞爷国立公园的一部分，面积70.7平方千米，是日本仅次于屈斜路湖和支笏湖的第三大火山口湖。洞爷湖在土著居民阿伊努族人的语言中意为"山之湖"，大约形成于十万年前的几次火山喷发。因处于火山活动频繁地区，洞爷湖成为日本纬度最高的不冻湖，四面群山环绕，郁郁葱葱，温泉遍布，是休闲养生的胜地，享有"北海道明珠"的美誉。

（二）旅游市场

1. 入境旅游

1963年，到访日本的外国游客只有31万人次。1998年入境游客达410万人次，居世界第32位，旅游外汇收入41.54亿美元，居世界第25位。1999—2010年，除2003年、2009年外，日本入境旅游人数一直持续增长，从1999年的443.8万人次增长到2008年的825.1万人次，2009年较2008年有明显下降，下降了18.7%，为679万人次，2010年较2009年有所增长，为861.1万人次。2004—2010年日本入境旅游人数情况如表3-5所示。

表3-5　　　　　　　　　　2004—2010年日本入境旅游人数

年份	人次（万）	增长率（%）
2004	613.8	17.8
2005	672.8	9.6
2006	733.4	9.0
2007	834.7	15.1
2008	835.1	0.04
2009	679	-18.69
2010	861.1	26.8

2000年日本入境旅游收入为33.73亿美元，2001年减少到33.06亿美元，负增长2.0%，2002—2005年，入境旅游收入一直呈增长态势，2005年入境旅游收入为124.3亿美元，2006年为84.7亿美元，较2005年降低了31.9%，2007年为93.45亿美元，2008年为108.2亿美元，2009年下降到103.29亿美元，2010年又增长到132.24亿美元。2004—2010年日本入境旅游收入情况如表3-6所示。

表3-6　　　　　　　　　　2004—2010年日本入境旅游收入

年份	收入（亿美元）	增长率（%）
2004	112.65	27.39
2005	124.3	10.34
2006	84.7	-31.86
2007	93.45	10.33

表3-6(续)

年份	收入（亿美元）	增长率（%）
2008	108.2	15.78
2009	103.29	-4.5
2010	132.24	28.02

日本入境游客中，亚太地区游客最多，其次是美洲游客。2004—2010年，来自亚太地区的游客比例一直在70%~78%。与亚太地区其他国家/地区相比，日本亚太地区以外的客源相对较多。2010年日本入境游客中，亚太游客占77.3%，美洲游客占11.0%，欧洲游客占10.2%。日本主要客源国家/地区有：韩国、中国、中国台湾、美国、中国香港、澳大利亚。日本的客源国家/地区相对比较集中，2010年韩国、中国、中国台湾和美国这四个国家/地区来日游客占所有日本入境游客的比例高达67.92%。2010年韩国以243.99万人次成为日本的第一大客源国。具体如表3-7所示。

表3-7 　　　　2007—2012年日本入境旅游人数（按游客所在国家/地区）

单位：万人次；%

排 名（2010年）	国家/地区	入境旅游人数（万人次）			
		2007年	2008年	2009年	2010年
1	韩国	260.07	238.24	158.68	243.99
2	中国	94.24	100.04	100.61	141.29
3	中国台湾	138.53	139.02	102.43	126.83
4	美国	81.59	76.83	69.99	72.72
5	中国香港	43.2	55.02	44.96	50.87
6	澳大利亚	22.25	24.20	21.17	22.58
7	泰国	16.75	19.19	17.75	21.49
8	英国	22.19	20.66	18.15	18.40
9	新加坡	15.19	16.79	14.52	18.10
10	加拿大	16.60	16.83	15.28	15.33

来日游客中以娱乐、休闲和度假为目的的旅游者一直是主要的旅游群体，2004—2010年的市场份额一直在62%~74%，进行商务和专业活动的旅游者比例在16%~23%。2010年入境旅游者中，娱乐、休闲和度假旅游者占73.9%，进行商务和专业活动的旅游者占16.2%。

2. 出境旅游

（1）日本出境旅游市场发展现状

自 1964 年日本实行海外旅行自由化以来，出境旅游人数迅速增加。日本 1965 年出境旅游人数仅有 40 万人次，1972 年为 100 万人次，1985 年达到 500 万人次，1990 年突破了 1 000 万人次。日本 1999 年出境旅游支出为 328 亿美元，居世界第四位。2000 年出境旅游人数达到了 1 781.9 万人次。2001—2010 年，日本出境旅游人数总体上是下降的，2001 年出境旅游人数为 1 621.6 万人次，2003 年受"非典"影响，为 1 329.6 万人次，2005 年为 1 749 万人次，2007 年为 1 730 万人次，2009 年下降到 1 544.6 万人次，2010 年有所增长，为 1 663.7 万人次。日本出境旅游主要旅游目的地国家/地区有中国、美国、韩国、中国台湾和泰国等。2010 年日本出境游客中有近 373.1 万人次去了中国，338.6 万人次去了美国，302.3 万人次去了韩国。

（2）日本旅华市场现状

根据中国国家旅游局的调查，从 1980 年开始至今，日本一直是访华游客最多的国家。日本航空新闻发表的综合调查显示：2002 年，日本各主要旅游批发商所经营的中国旅游产品的预售状况良好，且远远超出同期欧美各国。自"9·11"事件以来，2002 年日本各主要旅游批发商纷纷将销售重点转移到了中国方面。日本在近三十年来，一直位居中国入境旅游前两位之列。2008 年横扫全球的经济危机给日本经济、社会带来了沉重的影响，受经济停滞和政局不稳定等多种因素的综合影响，日本人的出境旅游热情大不如前了。随着日本政府数次下调经济发展预期，日本的海外旅游市场一度出现严峻形势，2008—2009 年日本旅华人数连续下降高达两位数。2010 年随着金融危机的影响在消退，日本汇率持续走高，使海外旅行及购物成本降低，刺激了日本国民赴华旅游、购物的消费意愿；加上中国国家旅游局适时地宣传推广，对提高日本民众对中国的认知，对提升中国旅游整体形象，对增强旅游业界组织旅华产品的信心，都起到了重要的推动作用。中日两国间的旅游交流，历来受两大因素的影响：政治和经济，受 2012 年钓鱼岛事件及 2013 年日本首相安倍晋三参拜靖国神社事件的影响，这两年较 2010 年比较旅华人数有所下降。2001—2012 年日本赴华旅游人数情况如表 3-8 所示。

表 3-8　　　　　　　　　2001—2012 年日本赴华旅游人数统计

年份	人数（万人次）	增长率（%）	年份	人数（万人次）	增长率（%）
2001	238.6	8.3	2007	397.75	6.18
2002	292.6	22.6	2008	344.61	-13.36

表3-8(续)

年份	人数 （万人次）	增长率（%）	年份	人数 （万人次）	增长率（%）
2003	222.5	-23.96	2009	331.8	-3.73
2004	333.4	49.84	2010	373.12	12.47
2005	339.00	1.67	2011	365.82	-1.96
2006	374.59	10.50	2012	351.82	-3.83

3. 日本旅华市场发展迅速的主要原因

日本旅华客源市场的蓬勃发展，主要是因为日本与我国有地理交通之便。其次是因为中日两国之间有着深远的历史交往。日本社会在众多领域受到中国文化的影响，中国文化的精华部分在当今日本社会依旧得到了很好的传承。目前，大部分日本访华游客是中老年客源层，这一客源层的特点是对学习非常热心，近年来，通过各种媒体渠道，日本接触、了解中国诗歌、电影、音乐、戏剧等的机会大大增多。

四、中日关系

1. 中日外交关系

中日两国是一衣带水的近邻，自古以来交往频繁。1972年9月29日，中日两国签署《中日联合声明》，实现邦交正常化，翌年1月互设大使馆。中国在大阪、福冈、札幌、长崎，日本在上海、广州、沈阳和香港分别开设总领事馆。日本在大连设有驻沈阳总领馆办事处，在重庆设有驻华使馆领事部办事处。1978年8月12日，两国签署《中日和平友好条约》，同年10月邓小平访日，双方互换《中日和平友好条约》批准书。

1998年11月，时任中国国家主席江泽民对日本进行国事访问。这是中国国家元首首次正式访日，中日两国发表了《关于建立致力于和平与发展的友好合作伙伴关系的联合宣言》。

2006年10月8日至9日，时任日本首相安倍晋三对中国进行正式访问，中日双方发表联合新闻公报，双方同意努力构筑基于共同战略利益的互惠关系。2007年4月，时任中国总理温家宝对日本进行正式访问，双方发表了《中日联合新闻公报》，就构筑"基于共同战略利益的互惠关系"达成了共识。2007年8月底，时任中国国防部长曹刚川对日本进行正式友好访问。同年9月，时任中国政协主席贾庆林对日本进行正式友好访问。2007年12月27日至30日，时任日本首相福田康夫对中国进行正式访问。2008 年 5 月 6 日至 10 日，时任中国国家主席胡锦涛对日本进行国事访问，胡锦涛和福田康夫签署了《中日关于全面推进战略互惠关系的联合声明》，中日两国发表关于加强交流与合作的联合新闻公报。2008 年 6 月 18 日，中日两国政府同时宣布，双方就东海问题达成原则共识。2009 年 4 月 29 日至 30 日，时任日本首相麻生太郎对中国进行正式访问。2009 年 9 月 21 日，时任中国国家主席胡锦涛在美国纽约出席联合国系列会议期间会见时任日本首相鸠山由纪夫，就中日关系和共同关心的问题交换意见。2009 年 11 月，时任中国国务委员兼国防部长梁光烈与时任日本防卫大臣北泽俊美举行会谈并发表《中日防务部门联合新闻公报》，并就今后的主要交流达成九项共识。2010 年 5 月，时任中国总理温家宝对日本进行正式访问，双方同意重建两国总理热线，正式启动落实东海问题原则共识的政府间换文谈判。2011 年 12 月 25 日至 26 日，时任日本首相野田佳彦对中国进行正式访问。2012 年安倍晋三再度当选日本首相后，因其执政后参拜靖国神社以及钓鱼岛问题，两国外交再度陷入僵局。

2. 中日经贸关系

日本是中国第二大外资来源国/地区。2008 年，双边贸易额达 2 667.9 亿美元，同比增长 13%。中国已经超过美国成为日本的最大出口市场。据统计，2010 年 1 月至 4 月，中日两国的贸易额已达 886.64 亿美元，同比增长 37.5%。2011 年，中日贸易额达 3 428.9 亿美元，同比增长 15.1%，再创历史新高。截至 2012 年 6 月底，日本对华投资累计实际到位金额 839.7 亿美元，在中国利用外资国别中排名第一。2013 年 1 月至 10 月，中日双边贸易总值为 2 559.8 亿美元，下降 7%。

第三节　蒙古

一、基本概况

（一）自然地理概况

蒙古国面积约 156.65 万平方千米，是一个内陆国家，地处亚洲中部的蒙古高原，东、南、西与中国接壤，北与俄罗斯的西伯利亚为邻。蒙古国西部、北部和中部多为山地，东部为丘陵平原，南部是戈壁沙漠。山地间多河流、湖泊，主要河流为色楞格河及其支流鄂尔浑河。境内有大小湖泊 3 000 多个，总面积达 1.5 万余平方千米。库苏古尔湖位于蒙古国北部，是蒙古国最大的湖泊，其水域总面积为 2 760 平方千米，素有"东方的蓝色珍珠"之美誉。库苏古尔湖的动植物群落与位于其东部 200 千米外的俄罗斯贝加尔湖有相近的起源。蒙古国属典型的大陆型气候。冬季最低气温可至-40℃，夏季最高气温达 35℃。

蒙古国是水资源短缺国家。水资源问题越来越成为蒙古国发展的制约因素，在拥有丰富矿产资源的南部戈壁地区尤其缺水。蒙古国 70%以上的土地面积存在不同程度的荒漠化，而且荒漠化面积正以惊人的速度在全国范围内扩展。

乌兰巴托时间比格林尼治时间早 8 个小时，与北京时间相同。

（二）基本国情

1. 首都、国旗

（1）首都

蒙古国首都乌兰巴托（Ulan Bator）位于全国中部地区，于 1924 年改为现名，意为"红色英雄"。乌兰巴托人口约 100 万（截至 2006 年年底），平均气温为-2.9℃。

（2）国旗

蒙古国国旗呈横长方形，长与宽之比为 2：1，旗面由三个垂直相等的竖长方形组成，两边为红色，中间为蓝色。左边的红色长方形中有黄色的火、太阳、月亮、长方形、三角形和阴阳图案。旗面上的红色和蓝色是蒙古人民喜爱的传统颜色，红色象征快乐和胜利，蓝色象征忠于祖国，黄色是民族自由和独立的象征。火、太阳、月亮表示人民世代兴隆永生；三角形、长方形代表人民的智慧、正直和忠于职责；阴阳图案象征和谐与协作；两个垂直的长方形象征国家坚固的屏障。

2. 历史

蒙古国原称外蒙古或喀尔喀蒙古。蒙古民族有数千年的历史。公元 13 世纪初，成吉思汗统一大漠南北各部落，建立统一的蒙古汗国。1279—1368 年元朝建立。1911 年 12 月蒙古王公在沙俄支持下宣布"自治"，1919 年放弃"自治"。1921 年蒙古人民革命成功，同年 7 月 11 日成立了君主立宪政府。1924 年 11 月 26 日蒙古废除君主立宪，成立蒙古人民共和国（the people´s republic of mongolia）。1945 年 2 月，英、美、苏三国首脑雅尔塔会议规定，"外蒙古（蒙古人民共和国）的现状须予维持"，并以此作为苏参加对日作战的条件之一。1946 年 1 月 5 日，当时的中国政府承认外蒙古独立。1992 年 2 月外蒙古改名为"蒙古国"

3. 文化

蒙古国的鼻烟壶文化：鼻烟是一种烟草制品，是用富有高级油分和香味的干烟叶加入名贵药材，磨成粉末装入密封容器陈化而成，再用手指送少量到鼻孔。吸闻鼻烟一直是蒙古国人不可或缺的习惯，从而形成特有的鼻烟文化。在蒙古国参加各种会议的人，总可以见到一些人拿出鼻烟壶放在桌上，不时取出少量鼻烟吸闻，甚是享受。蒙古国人的鼻烟壶种类繁多，并成为一种装饰品。他们尊崇凤凰石、玛瑙、珊瑚、玉石、水晶、琥珀等材料制成的鼻烟壶，其中凤凰石、珊瑚、玉石制成的鼻烟壶都极为贵重。有的蒙古国人则相信鼻烟壶可以为主人防病或者祛除顽疾，如白玉鼻烟壶可以保佑主人身体不受外伤，珊瑚鼻烟壶将为主人带来好运，会使孕妇健康和平安。在蒙古国，鼻烟壶一般被装进荷包里，揣在怀里或挂在腰间。荷包做工十分讲究，蒙古国喀尔喀地区的鼻烟壶荷包一般用绸缎做成，上面绣上福寿、花等吉祥图案。荷包有很多种颜色，青色代表长生天，黄色代表爱情和感激，红色代表喜庆，白色代表纯洁。

蒙古国的马文化：蒙古国拥有220多万匹马。蒙古国人养马，也爱马，牧人自幼就在马背上成长，马就是他们成长的摇篮，马文化深深地融入到人的精神世界之中。蒙古马体形矮小，头大颈短，体魄强健，胸宽鬃长，皮厚毛粗，能抵御来自西伯利亚的疾风暴雪。蒙古国的人熟识马性，采用粗放式牧马，将马群放归自然，使其处于半野生生存状态。蒙古马性烈、剽悍，对主人却十分忠诚，只要把受伤或醉酒的主人放到马背上，马就会十分温顺地驮着主人回家；在赛场上，马会按照主人的意愿拼死向终点奔跑，为了主人的荣誉，它会拼尽最后力气，宁愿倒地绝命也不会半途放弃比赛。在蒙古国，大到国家庆典，小到民间节庆，赛马几乎都是保留节目。每年在蒙古国国庆节那达慕大会上除赛马之外，还有马上骑射、马上杂技等马术表演项目，充分体现了马在蒙古国人民生活中的重要性。蒙古国有许多以马为主题的诗歌、故事、警句格言、音乐、美术、雕塑等。马头琴是草原艺术的一朵奇葩，也是最具代表性的与马有关的乐器。相传一位牧人因为怀念死去的小马，按它的模样雕刻成了马头琴，牧人取小马的腿骨为琴柱，头骨为筒，尾毛为弓弦。马头琴演奏时声音圆润，低回婉转，时而如万马奔腾，时而如马嘶阵阵。马头琴是草原之美和音乐之美的统一，其低回婉转的旋律能够完美地表现出草原的古老、雄浑和神奇，更能尽情倾诉牧民心中的喜悦与忧伤、向往与遐想。

（三）经济

蒙古国经济以畜牧业和采矿业为主，曾长期实行计划经济，1991年开始向市场经济过渡。1997年7月，政府通过《1997—2000年国有资产私有化方案》，其目标是使私营经济成分在国家经济中占主导地位。2007年，蒙经济发展态势良好，宏观经济指标稳步增长，财政收入增加，汇率基本保持稳定。2008年，蒙古国国内生产总值为28.56亿美元，人均国内生产总值为1 064美元。

蒙古国地下资源丰富，现已探明的地下资源有铜、钼、金、银、铀、铅、锌、稀土、铁、萤石、磷、煤、石油等八十多种矿产。额尔登特铜钼矿已列入世界十大铜钼矿之一，居亚洲之首。蒙古国森林面积为 1 830 万公顷，全国森林覆盖率为 8.2%。蒙古国水资源日趋短缺。

采矿类企业、燃料动力类企业和加工类企业是蒙古国主要的工业企业。

畜牧业是蒙古国传统的经济，也是蒙古国国民经济的基础，蒙古国素有"畜牧业王国"之称。2007 年，蒙古国牲畜存栏总数达 4 030 万头，比 2006 年增长 15.7%，创历史最高纪录。

蒙古国主要旅游景点有哈尔和林古都、库苏古尔湖、特列尔吉旅游度假胜地、南戈壁、东戈壁和阿尔泰狩猎区等。

（四）政治

1992 年蒙古国宪法规定，蒙古国实行有总统的议会制。总统是国家元首兼武装力量总司令，任期四年，最多可连任一届。国家大呼拉尔（议会）是国家最高权力机构，拥有立法权。国家大呼拉尔可提议讨论内外政策的任何问题，并将以下问题置于自己特别权力之内予以解决：批准、增补和修改法律；确定内外政策的基础；宣布总统和国家大呼拉尔及其成员的选举日期；决定和更换国家大呼拉尔常设委员会；颁布认为总统已经当选并承认其权力的法律；罢免总统职务；任免总理、政府成员；决定国家安全委员会的结构、成员及权力；决定赦免等。国家大呼拉尔为一院制议会，由 76 名议员组成，每届任期四年，凡 25 岁以上拥有选举权的公民均有资格参选。国家大呼拉尔每半年召开一次例会，每次例会不少于 75 个工作日。政府为国家权力最高执行机关，政府成员由国家大呼拉尔任命。

蒙古人民党成立于 1921 年，1925 年改称蒙古人民革命党，2010 年恢复原党名蒙古人民党。恩赫巴亚尔在 2011 年另起炉灶，重新注册成立了蒙古人民革命党，并当选党主席。

蒙古国总统查希亚·额勒贝格道尔吉，于 2009 年 5 月当选，6 月就职，2013 年 6 月连任，7 月就职；总理诺罗布·阿勒坦呼亚格（Norov Altankhuyag），于 2012 年 8 月被任命；国家大呼拉尔主席（议长）赞达呼·恩赫包勒德，于 2012 年 7 月当选。

二、人文习俗

（一）人口、民族、语言与宗教

蒙古国有 275 万人口，喀尔喀蒙古族的人口约占全国人口的 80%，此外还有哈萨克等少数民族。蒙古国主要语言为喀尔喀蒙古语；居民主要信奉喇嘛教。

蒙古民族是一个游牧民族，善于骑马，因此也被称为"马背民族"。蒙古人爱马，并将其视如珍宝，在蒙古国的国徽上就画有一匹骏马。蒙古包是蒙古人祖祖辈辈住惯了的移动房屋，是牧民在草原上逐水草而居的家。蒙古国首都乌兰巴托曾被称为"毡包之城"。今天，这座现代化的城市还有蒙古包。

（二）主要节日

独立日：3 月 13 日。

国庆日：7 月 11 日。

宪法纪念日：1 月 13 日。

国旗日：7 月 10 日。蒙古国议会 2008 年通过法案规定，每年 7 月 10 日为蒙古国国旗日，蒙古国设立国旗日的宗旨是让全体公民更加热爱和尊重国旗。

春节：蒙语称"白月"，日期与我国藏历新年相同，是蒙古民间最隆重的节日。春节以前被称为"牧民节"，只在牧区庆祝。1988 年 12 月，蒙古大人民呼拉尔主席团决定，春节为全民的节日。

国庆节—那达慕：7 月 11 日。1921 年蒙古人民革命党领导的人民革命取得胜利，7 月 10 日，在库伦（今乌兰巴托）成立君主立宪政府。蒙古国后来定其次日为国庆日。1997 年 6 月 13 日，蒙古国庆中央委员会第三次会议决定将蒙国庆易名为"国庆节—那达慕"。那达慕，蒙语意为"游戏"或者"娱乐"，原指蒙古民族历史悠久的"男子三竞技"（摔跤、赛马和射箭），现指一种按着古老的传统方式举行的集体娱乐活动，富有浓郁的民族特点。从 1922 年起，这种娱乐活动定期在每年的 7 月 11 日举行，成为蒙古国庆活动的一个主要组成部分。

（三）服饰

蒙古国人通常穿蒙古袍、束腰带、穿蒙古靴、戴护耳帽。蒙古袍肥大，男女均掩着衣襟。妇女穿的蒙古袍比男子穿的蒙古袍领口、袖口、衣边上的绸缎装饰多，两侧有开口。人们夏季穿单袍，颜色比较淡，冬季除蒙古袍还穿白茬羊皮外衣。男子腰带上挂蒙古刀和烟袋，女子腰带上则挂银饰、针线包等。

（四）饮食

蒙古国人在饮食上讲究实惠，注重菜肴的鲜嫩，一般口味都偏咸，喜欢用烤、涮、蒸、烩等烹调方法制作的菜肴。蒙古国人一般以牛羊肉为主食，乳食是他们一天中不可缺少的食品，如奶食、奶茶、奶油、奶糕等。蒙古国人喜欢饮马奶酒。"手扒肉""烤全羊""石烤肉"等都是他们常用的民族传统佳肴，其中以"手扒肉"最为有名，四季都可以食用，而烤全羊则是宴请远方宾客的最佳食品。"全羊"有两种做法：一是煮食，即把全羊分解为数段煮熟，在大木盘中按全羊形摆放好即可食用；二是"烤全羊"，即把收拾干净的整羊入炉微火熏烤，最后刀解上席，蘸板盐食用。

（五）礼仪与民俗禁忌

1. 饮食礼仪

在用餐礼仪方面，他们用餐习惯以手抓饭，时而也用刀叉，吃肉则乐于把整块肉下锅煮，待六成熟时捞出，然后用手撕或以小刀切着吃。

2. 日常礼仪

蒙古国人对不同色彩有着不同的爱好。他们崇尚蓝色，认为蓝色象征着永恒、坚贞和忠诚，因此他们习惯把自己的国家称为"蓝色蒙古国"；他们珍视黄色，认为黄色是黄金与珠宝的颜色，是荣华富贵的象征；他们偏爱红色，认为红色象征幸福、胜利和亲热；他们喜爱白色，认为白色寓意着洁净、质朴和公正。蒙古国人很尊敬老人，也很讲究男女之间的相互平等。

3. 社交礼仪

蒙古国人在社交场合与宾客相见时，一般施握手礼。献哈达是蒙古民族最正统的礼节方式，用于敬神佛、拜年、喜庆或隆重的迎送场合。不过蒙古国人敬献的哈达不同于中国一些民族的白色哈达，它是由丝绸制成的天蓝色的哈达。蒙古国人在献哈达前要把哈达叠成双层，开口一方朝向客人，献哈达时，要一脚跨前一步，身体微躬，双手献哈达于贵客，在献哈达的同时，还要向客人献上一碗鲜奶，以表达对嘉宾的深深敬意。

当地人与客人见面时，还有个特别的待客习惯。他们喜欢拿出自己珍爱的鼻烟壶让客人嗅闻，客人若遇到这种情况，应该诚心实意地嗅闻，然后把壶盖好还给主人。

蒙古国人性格豪放，热情好客。游人过往，常会被邀入蒙古包作客，最常见的待客之道是敬奶茶。客人进入后，主人就斟上这种奶香四溢的饮料请客人品尝，即使是互不相识者，也会受到主人的热情招待。他们尊崇马奶酒，祭祀祖先和天地神佛时要献马奶酒，有朋自远方来也要献马奶酒。

4. 禁忌礼仪

蒙古国人最厌恶黑色，把黑色视为不祥的色彩。他们忌讳别人用烟袋或手指点他的头部；忌讳生人倚坐在他的蒙古包上，认为这种举止有失礼貌。

蒙古国人在饮食上不吃虾、蟹、海味及"三鸟"（鸡、鸭、鹅）的内脏；也忌讳吃鱼，因为有些地区的蒙古国人视鱼为神的化身；因为蒙古人喜欢马，故不吃马肉。他们不爱吃糖和带辣味的调味品；不爱吃带汁的、油炸的菜肴；不太爱吃米、面食和青菜；还不爱吃猪肉及糖醋类菜肴。

蒙古国人送礼物忌送帽子。人们进入蒙古包时不能踩门槛。人们接递物品时，以双手接递为敬。他们忌往火里扔脏东西，不能从火上跨越，不能在火旁放刀斧等锐器。河里不能洗澡、洗脏东西，更不能倒垃圾、大小便。

三、旅游业概况

（一）主要旅游城市与著名景点

1. 主要旅游城市

乌兰巴托：乌兰巴托原名"库伦"，蒙语意为"寺院"。该市有著名的庆宁佛寺、和林口刺嘛庙、甘登寺等。城市四周有博格多、桑根、青格尔泰等山峰环抱。其中博格多山被称为圣山，山上松林茂密，多野生动物，是蒙古国建立最早的自然风景保护区之一。

哈尔和林：哈尔和林是蒙古国的历史名城。自 1220 年成吉思汗定都于此，直至忽必烈即位后于 1264 年首都南迁至大都（今中国北京），哈尔和林一直是蒙古国的政治中心。明代蒙古北退后，也曾以此为都，后毁败。1948—1949 年蒙古国在其废墟上进行大规模发掘，出土众多宫殿、市街、房屋和土墙的遗址。

2. 著名旅游景点

博格达汗冬宫：这是蒙古国最后一位国王——博格达汗冬季居住的王宫，内有蒙古王公贵族华丽的服饰及生活用品，还有邻国王公贵族送的礼品。

草原和自然风：蒙古的高原草原夏季牧草丰茂，鲜花盛开，如同无边的美丽地毯，旅游者除草原观光外，还可以开展骑马、射猎等活动。

呼德阿日勒：呼德阿日勒在乌兰巴托以东 240 千米处，是克日伦河流域的大草原，是成吉思汗的故乡。这里牧草丰盛，牛羊遍地，自古以来就是优良的天然牧场，曾经也是成吉思汗蒙古帝国的首都。成吉思汗的八白室矗立在这片草原上，里面供奉着成吉思汗和几位夫人的灵柩及成吉思汗曾用过的马鞍、弓箭、奶桶等遗物。

（二）旅游市场

1. 入境旅游

1999—2007 年，蒙古国入境旅游人数一直呈上升趋势。蒙古国 1999 年接待外国旅游者 13.8 万人次；2007 年增长到 45.2 万人次，较 2006 年增长 17.1%；2008 年较 2007 年有所下降，降低到 44.6 万人次；2009 年继续降低到 41.1 万人次，较 2008 年下降了 7.8%；2010 年国较 2009 年有所增长，增长到 45.7 万人次。入境旅游收入方面，1999—2004 年，蒙古国入境旅游收入一直不断增长，从 1999 年的 0.36 亿美元增加到 2004 年的 1.85 亿美元。2004—2010 年，入境旅游收入呈现波动的情况，从 2004 年的 1.85 亿美元减少到 2005 年的 1.77 亿美元。2005—2007 年入境旅游收入呈上升趋势，从 2006 年的 2.25 亿美元增长到 2007 年的 3.12 亿美元，增长了 38.7%。2008 年和 2009 年入境旅游收入均有所下降，2009 年为 2.35 亿美元，2010 年又增长到 2.44 亿美元。

蒙古国的主要客源地是亚太地区。除亚太地区以外，欧洲是蒙古国最大的客源地，其次是美洲。2008 年，蒙古国入境旅游者中，亚太地区游客占 60.1%，欧洲游客占 35.9%，美洲游客占 3.6%；2010 年亚太地区游客的比例减少到 57.8%，欧洲游客比例增加到 37.9%，美洲游客比例下降到 3.5%。

2010 年蒙古国排名前十位的客源国依次是中国、俄罗斯、韩国、日本、美国、德国、法国、英国、哈萨克斯坦和澳大利亚，其中中国和俄罗斯两国游客占所有入境旅游者 69.1%的份额。2002—2010 年，各主要客源国前往蒙古国的入境旅游人数年均增长率最高的是哈萨克斯坦（21.8%），其次是澳大利亚（17.4%）、韩国（16.6%）和中国（13.4%）。为了促进旅游业的繁荣与发展，蒙古国政府和相关旅游部门采取了一系列措施，如举办多项国际性的文体活动及富有游牧文化特色的节日活动以吸引世界各地的游客等，又如蒙古国以成吉思汗为主题的旅游策划取得良好效果，很多欧美游客来到蒙古国就是为了参观成吉思汗的出生地、蒙古帝国的第一座首都古城哈拉各林以及新建的成吉思汗雕像旅游综合区等。另外，每年举办的蒙古国庆那达慕，也是吸引外国游客的重要活动。近年来，为促进西部地区旅游业的发展，蒙古国政府还决定在科布多省开通口岸，为中国、俄罗斯、哈萨克斯坦等周边国家的游客提供来往上的方便。2007—2010 年蒙古国入境旅游人数如表 3-9 所示。

表 3-9　2007—2010 年蒙古国入境旅游人数（按游客所在国家/地区分）

排名 （2010 年）	国家/地区	入境旅游人数（万人次）			
		2007 年	2008 年	2009 年	2010 年
1	中国	21.0	19.68	18.15	19.43
2	俄罗斯	9.88	11.00	10.79	12.17
3	韩国	4.39	4.34	3.83	4.22
4	日本	1.72	1.49	1.14	1.41
5	美国	1.22	1.25	1.13	1.28
6	德国	0.83	0.80	0.69	0.81
7	法国	0.63	0.67	0.67	0.75
8	英国	0.67	0.68	0.58	0.66
9	哈萨克斯坦	0.49	0.55	0.51	0.58
10	澳大利亚	0.45	0.45	0.37	0.54

2. 出境旅游

（1）蒙古国出境旅游市场发展现状

1999—2004 年，蒙古国的出境旅游花费一直不断增长，从 1999 年的 0.41 亿美元增长到 2004 的 1.93 亿美元，增长 3.7 倍。2002 年以前，蒙古国的出境旅游花费一直低于 1 亿美元，2002 年开始超过 1 亿美元，2004 年增长到历史最高水平，2005 年降至 1.57 亿美元，2006—2008 年有所增长，2008 年增至 2.17 亿美元，2009 年为 2.1 亿美元，2010 年为 2.65 亿美元。

蒙古国游客出境的主要旅游目的地国家有中国、韩国、日本、新加坡、泰国和马来西亚等。

（2）蒙古国旅华市场现状

20 世纪 90 年代以来，蒙古国来华旅游发展迅速，蒙古国来华旅游人数，1992 年为 11.19 万人次，2000 年增至 39.91 万人次，居来华入境旅游国中第七位；进入 21 世纪后，除了 2001 年、2006 年、2009 年出现负增长外，其余年份都呈上升趋势，2012 年突破了百万人次，为 101.05 万人次。

蒙古国来华旅游的最大特点是边贸旅游和边境旅游，这部分客源占来华总客源的 30% 以上。一方面，蒙古国经济相对落后，轻工、日用品短缺，对我国边境贸易需求较大；另一方面，蒙古国正处于经济调整期，国内贫富分化明显，富者对旅游需求较大，而蒙古国内旅游产品少，设施更少，中国作为蒙古国的近邻，有着丰富的旅游资源、良好的旅游接待设施，这些都对蒙古国游客有着比较大的吸引力。2001—2012 年蒙古国赴华旅游人数如表 3-10 所示。

表 3-10 　　　　　　　　2001—2012 年蒙古国赴华旅游人数统计

年份	人数（万人次）	增长率（%）	年份	人数（万人次）	增长率（%）
2001	38.71	-3.0	2007	68.2	8.04
2002	45.3	17.0	2008	70.53	3.42
2003	55.38	22.25	2009	57.67	-18.23
2004	64.19	15.93	2010	79.44	37.75
2005	64.19	0	2011	99.42	25.15
2006	63.12	-1.68	2012	101.05	1.64

四、中蒙关系

1. 中蒙外交关系

1949 年 10 月 16 日，蒙古国与中国建交。1960 年 5 月 31 日，中蒙在乌兰巴托签订友好互助条约，同年 10 月 12 日生效。1962 年中蒙签订边界条约。20 世纪 60 年代中后期受中苏关系恶化的影响，两国关系经历曲折。1989 年两国关系实现正常化以来，两国睦邻友好合作关系发展顺利。1994 年 4 月两国签署《中蒙友好合作关系条约》。1998 年 12 月，巴嘎班迪总统对中国进行国事访问，双方发表了阐明 21 世纪两国关系发展方针的《中蒙联合声明》。2003 年 6 月，时任中国国家主席胡锦涛对蒙古国进行国事访问，两国发表联合声明，中蒙两国宣布建立睦邻互信伙伴关系，双方在政治、经济、资源开发、环保和文化等领域的交流与合作不断扩大和深化。2011 年 6 月，时任蒙古国总理巴特包勒德对中国进行正式访问，双方决定将两国关系提升为战略伙伴关系。2012 年 6 月，蒙古国总统额勒贝格道尔吉来华出席上海合作组织峰会。2013 年 1 月，吴邦国委员长对蒙古国进行正式友好访问，10 月，阿勒坦呼亚格总理对中国进行正式访问，两国签署《中蒙战略伙伴关系中长期发展纲要》。

2. 中蒙经贸关系

2012 年，中蒙贸易总额为 66 亿美元，其中蒙方对华出口 39 亿美元，占蒙古国出口总额 70% 以上。中国 2012 年对蒙投资总额超过 20 亿美元，已连续多年成为蒙最大贸易伙伴和投资来源国。

● 第四节 澳大利亚

一、基本概况

（一）自然地理概况

澳大利亚位于南太平洋和印度洋之间，由澳大利亚大陆和塔斯马尼亚岛等岛屿和海外领土组成。它东濒太平洋的珊瑚海和塔斯曼海，西、北、南三面临印度洋及其边缘海，海岸线长约 3.67 万千米。澳大利亚面积 769.2 万平方千米，占大洋洲的绝大部分，虽四面环水，沙漠和半沙漠却占全国面积的 35%。全国分为东部山地、中部平原和西部高原三个地区。全国最高峰科修斯科山海拔 2 230 米，最长河流墨尔本河长 1 745 千米。中部的埃尔湖是澳大利亚的最低点，湖面低于海平面 12 米。在东部沿海有全世界最大的珊瑚礁——大堡礁。北部属热带，大部分属温带。年平均气温北部 27℃，南部 14℃，内陆地区干旱少雨，年降水量不足 200 毫米，东部山区 500~1 200 毫米。

堪培拉时间比格林尼治时间早 10 个小时，比北京时间早 2 个小时。

（二）基本国情

1. 国名、首都、国旗、国花

（1）国名

"澳大利亚"来自拉丁文，意为"南方之地"。欧洲人很早就意识到南半球应有一块陆地，便将想象中的大陆称为"未知的南方大陆"。这块土地十分古老，但是作为一个国家的历史却很短，加之羊毛和矿产资源极为丰富，故又有"古老土地上的年轻国家""骑在羊背上的国家""坐在矿车上的国家"之称。

（2）首都

首都是堪培拉（Canberra），人口约 31 万（截至 2000 年 6 月），年平均气温 20℃。澳大利亚全国分为六个州和两个地区。各州有自己的议会、政府、州督和州总理。六个州是：新南威尔士、维多利亚、昆士兰、南澳大利亚、西澳大利亚、塔斯马尼亚。两个地区是：北部地方、首都直辖区。

（3）国旗

国旗呈横长方形，长与宽之比为 2∶1。旗面为深蓝色，左上方是红、白"米"字，"米"字下面为一颗较大的白色七角星。旗面右边为五颗白色的星，其中一颗小星为五角，其余均为七角。澳大利亚为英联邦成员国，英国女王为澳大利亚的国家元首。国旗的左上角为英国国旗图案，表明澳大利亚与英国的传统关系。一颗最大的七角星象征组成澳大利亚联邦的六个州和联邦区（北部地区和首都直辖区）。五颗小星代表南十字星座（是南天小星座之一，星座虽小，但明亮的星很多），为"南方大陆"之意，表明该国处于南半球。

（4）国花

国花是金合欢，它以金黄色的头状花序博得了澳大利亚人的喜爱。在这个国家的街道、庭院、广场、建筑物的周围，到处都有用金合欢栽成的行道树或绿篱，显得十分幽静、美丽。

2. 历史

澳大利亚最早的居民为土著人，即在四万多年以前，居住在塔斯马尼亚岛上的塔斯马尼亚人和分布于整个大陆的澳大利亚人。在 18 世纪欧洲人到来之前，澳大利亚土著居民约有 30 万人，分布在 500 多个部落。17 世纪初，西班牙人、葡萄牙人和荷兰人便陆续抵达澳大利亚大陆。1770 年，英国航海家詹姆斯·库克抵达澳大利亚东海岸，宣布英国占有这片土地。1788 年 1 月 26 日，英国流放到澳的第一批犯人抵悉尼湾，英开始在澳建立殖民地，后来这一天被定为澳大利亚国庆日。

18 世纪的后半叶和 19 世纪上半叶，是世界历史的一个大变动时期。随着欧洲各国罪犯输送政策（指将本国的罪犯放逐到遥远的澳大利亚孤岛去垦荒）的废止，加之在第一次移民潮中，移民们在澳大利亚领土上发现并开采了大量的金矿，澳大利亚历史上的第二次移民浪潮形成。第二次移民浪潮的主要对象为自由移民，有的是为了短期的游览和贸易，有的以传播基督教为名，不仅有英国人，而且还有世界各地不同国家的人，其中也有相当一部分为华人。这些自由移民在这里定居下来，繁衍生息。19 世纪 60 年代，西方各列强的企业家们大批涌进澳大利亚各岛，搜罗劳工，在太平洋和澳大利亚各地兴办种植园，致使岛屿的各色人等弱肉强食。19 世纪末，黄轩先后在此建立了六个殖民区，1900 年 7 月，英国议会通过《澳大利亚联邦宪法》和《不列颠自治领条例》。1901 年 1 月 1 日，澳各殖民区改为州，成立澳大利亚联邦。1931 年，澳成为英联邦内的独立国家。1986 年，英议会通过《与澳大利亚关系法》，澳获得完全立法权和司法终审权。

3. 文化

澳大利亚文化休闲活动丰富多彩，有八个大型专业管弦乐团，人们喜好欣赏音乐会，观看歌剧、芭蕾舞。1833 年落成的悉尼歌剧院是悉尼的标志性建筑。墨尔本的国立艺术馆是澳最宏伟的博物馆，馆内收藏有 1873 年以来澳著名风景画家的作品。成立于 1962 年的澳大利亚芭蕾舞剧团以高水准闻名于世。20 世纪 70 年代以后，澳电影业有了长足的发展。著名影片有《悬崖上的野餐》《雪河来的人》《鳄鱼丹迪》。著名作家帕里克·怀特获 1973 年诺贝尔文学奖，其主要作品有《老人树》《沃斯》《活体解剖者》《风暴眼》等。

澳大利亚人酷爱运动，冲浪、帆板、赛马、滑雪、钓鱼都有众多的爱好者。澳式橄榄球、网球、滚球、游泳、钓鱼都是热门项目。澳大利亚与英、法、美并称世界网球王国。澳大利亚人喜欢赛马，赛事频繁，赌马之风盛行。

（三）经济

澳大利亚是一个后起的工业化国家，是世界重要的矿产品生产和出口国。澳大利亚的传统产业是农牧业、采矿业，其是世界最大的羊毛和牛肉出口国，最大的铝矾土、氧化铝、钻石、铅、钽生产国，最大的烟煤、铝矾土、氧化铝、铅、钻石、锌及精矿出口国。近年来，澳大利亚的制造业和高科技产业发展较快，服务业已成为国民经济主导产业。

（1）资源

澳大利亚矿产资源丰富，铝矾土、铅、镍、银、铀、锌、钽的探明经济储量居世界首位。澳是世界上最大的铝矾土、氧化铝、钻石、铅、钽生产国，黄金、铁矿石、煤、锂、锰矿石、镍、银、铀、锌等的产量也居世界前列。澳还是世界上最大的烟煤、铝矾土、氧化铝、铅、钻石、锌及精矿出口国，第二大氧化铝、铁矿石、铀矿出口国，第三大铝和黄金出口国。已探明的有经济开采价值的矿产蕴藏量为：铝矾土约 53 亿吨，铁矿砂 146 亿吨，黑煤 403 亿吨，褐煤 300 亿吨，铅 2 290 万吨，镍 2 260 万吨，银 4.14 万吨，钽 40 835 吨，锌 4 100 万吨，黄金 5 570 吨。澳原油储量 2 270 亿升，天然气储量 2.2 万亿立方米。

澳森林覆盖率 21%，天然森林面积约 1.63 亿公顷（2/3 为桉树）。澳渔业资源丰富，捕鱼区面积比国土面积多 16%，是世界上第三大捕鱼区，有 3 000 多种海水鱼和淡水鱼以及 3 000 多种甲壳及软体类水产品，其中已进行商业捕捞的约 600 种。澳最主要的水产品有对虾、龙虾、鲍鱼、金枪鱼、扇贝、牡蛎等。

（2）工业

工业以矿业、制造业和建筑业为主。制造业产值 1 047 亿澳元，占国内生产总值的 10.1%。建筑业产值 702.48 亿澳元，占国内生产总值的 6.8%。

（3）农牧业

澳大利亚农牧业发达，素有"骑在羊背上的国家"之称。农牧业产品的生产和出口在国民经济中占有重要位置，是世界上最大的羊毛和牛肉出口国。农牧业用地 4.4 亿公顷，占全国土地面积的 57%。澳大利亚主要农作物有小麦、大麦、油籽、棉花、蔗糖和水果。

（4）服务业

服务业是澳经济最重要和发展最快的部门。经过三十年的经济结构调整，服务业已成为国民经济支柱产业，占国内生产总值 80% 以上。产值最高的行业是房地产业及商务服务业、金融保险业。

（5）旅游业

旅游业是澳大利亚发展最快的行业之一。著名的旅游城市和景点遍布澳大利亚全国。澳旅游资源丰富，著名的旅游城市和景点有悉尼、墨尔本、布里斯班、阿得雷德、珀斯、大堡礁、黄金海岸和达尔文等。澳大利亚拥有霍巴特的原始森林国家公园、墨尔本艺术馆、悉尼歌剧院、大堡礁奇观、土著人发祥地卡卡杜国家公园、土著文化区威兰吉湖区及独特的东海岸温带和亚热带森林公园等景点，这些景点每年都吸引大批国内外游客。

（6）对外贸易

澳对国际贸易依赖较大。澳与130多个国家和地区有贸易关系。目前，澳主要贸易伙伴依次为中国、日本、美国、新加坡、英国、韩国、新西兰、泰国、德国和马来西亚。2007—2008年，澳出口以能矿资源和农牧业产品为主，包括煤、黄金、铁矿石、原油、天然气、铝矾土、牛肉、羊毛、小麦、糖、饮料等；进口以制造品为主，主要包括计算机、航空器材、药物、通信器材、轿车、原油及精炼油和汽车配件等。

（四）政治

英国女王是澳大利亚的国家元首，由女王任命的总督为法定的最高行政长官，总督由总理提名，由女王任命。

澳大利亚总督代表英国女王行使在澳大利亚联邦内的职权。总督有权任免官员、统辖军队、召开和解散议会以及审批议会议案等，但在行使这些权利时须征得联邦总理同意。总督在联邦行政会议的咨询下执掌联邦政府的行政权，为法定的最高行政长官。

（1）议会

联邦议会是澳的最高立法机构，成立于1901年，由女王（澳总督为其代表）、众议院和参议院组成。1992年12月17日，澳大利亚联邦政府内阁会议决定，澳大利亚的新公民不再向英国女王及其继承人宣誓效忠。

议会实行普选。众院有150名议员，按人口比例选举产生，任期三年。参院有76名议员，六个州每州12名，两个地区各2名。各州参议员任期六年，每三年改选一半，各地区参议员任期三年。2007年11月24日，澳举行联邦大选，产生新一届众议院，工党占83席，自由党占55席，国家党占10席，独立人士占2席。

（2）政府

联邦政府由众议院多数党或政党联盟组成，该党领袖任总理，各部部长由总理任命。政府一般任期三年。

（3）司法机构

澳大利亚最高司法机构是联邦高等法院。它对其他各级法院具有上诉管辖权，并对涉及宪法解释的案件做出决定，由1名首席大法官和6名大法官组成。各州设最高法院、区法院和地方法院。首都地区和北部地区只设最高法院和地方法院。

二、人文习俗

（一）人口、民族、语言与宗教

澳大利亚有人口2 305万（截至2013年6月）。其中英国及爱尔兰后裔占

74%，亚裔占 5%，土著居民占 2.7%，其他民族占 18.8%。英语为澳大利亚官方语言。约 63.9% 的居民信仰基督教，5.9% 的居民信仰佛教、伊斯兰教、印度教等其他宗教，无宗教信仰或宗教信仰不明人口占 30.2%。澳大利亚是典型的移民国家，被社会学家喻为"民族的拼盘"。自英国移民踏上这片美丽的土地之日起，已先后有来自世界 120 个国家、140 个民族的移民到澳大利亚谋生和发展。多民族形成的多元文化是澳大利亚社会一个显著的特征。

（二）主要节日

国庆日：1 月 26 日，又称"澳大利亚日"。

澳新军团日：4 月 25 日，又称"安札克日"，安札克是澳大利亚新西兰军团的英文缩写音译。第一次世界大战中，澳新军团于 1915 年 4 月 1 日在土耳其加利波利半岛登陆。

英女王寿辰：6 月 4 日，是庆祝英国女王伊丽莎白二世诞辰的节日。

耶稣受难日：复活节前的星期五。

复活节：春分第一次月圆之后的第一个星期日。

圣诞节：12 月 25 日。

墨尔本赛马节：每年 11 月第一个星期二在墨尔本城西举行全国性的赛马锦标赛，这一天成为约定俗成的全国性假日。

堪培拉花卉节：9 月。

（三）服饰

澳大利亚人在一般场合穿着比较随意，以 T 恤、短裤、牛仔装和夹克衫为主，通常还喜欢戴一顶棒球帽遮挡强烈的阳光。若参加典礼、仪式、宴会、婚礼或到剧院听歌剧等，男子必须穿西装、打黑色领结，妇女则应穿裙子，并套上西装上衣。其中达尔文居民的穿着自成风格，他们在正式场合一定要穿衬衫、短裤和长袜，即"达尔文装"。至于澳大利亚的土著居民，多喜欢赤身裸体，或在腰间扎上一片遮羞饰物和一些粗糙的装饰品，但是他们对装饰物额外讲究，喜欢佩戴前额箍、臂环、腰带、项圈和骨制穿鼻针等用动植物的某些部分加工而成的饰品。有时，他们还会在身上扎一些涂了各种颜色的羽毛。

（四）饮食

澳大利亚人讲究菜肴的色彩，注重菜品质量，口味一般不太咸，偏爱甜酸味，尤其喜爱用煎、炒、炸、烤等烹调方法制作的菜肴。他们通常以肉、奶、蛋、龟与蔬菜、水果为主食，以谷物类食物为辅食，而且喜食西餐，包括吃各式煎蛋、炒蛋、各种冷盘、咸鱼、火腿、炸大虾、番茄牛肉、牛肉汤等。就餐时，他们喜欢在餐桌上放各种调料，随用餐者根据个人口味调节。很多澳大利亚人视袋鼠为美味，而且喜欢吃烧得很老的袋鼠肉。墨尔本居民十分喜爱野餐，并视烤肉为一道美味。一些岛屿上的人视黏土为美味佳肴，用各色黏土招待远方来客，表达对客人的敬意。当地土著人则嗜好嚼猪笼草。猪笼草是当地一种含麻醉剂的食物，每当好友往来或举行聚会时，他们都以此来款待客人，共同咀嚼。此外，他们还有食"蜜蚁"昆虫的习惯，食用时，他们用手捏住昆虫的头部，然后直接用嘴将其腹中的"蜜汁"吮吸而食。

（五）礼仪与民俗禁忌

1. 饮食礼仪

澳大利亚人宴请客人都比较简单。通常的程序是：先请客人喝一碗汤，再上一盘主菜，接着上一道甜食水果，然后来一杯波特甜酒，最后喝一杯咖啡，全过程就结束了，但是为了对客人表示欢迎，他们总是会在饭后的水果布丁中放一些钱币，谁吃到的钱币多，就预示着谁的运气好。

2. 日常礼仪

澳大利亚人既有西方人的爽朗，又有东方人的矜持。他们喜欢体育运动，冲浪、帆板、赛马、钓鱼、地滚球运动、澳式橄榄球及游泳等都有众多的热衷者。他们喜欢喝啤酒，常呼朋唤友到酒吧饮酒聊天，欣赏音乐。

澳大利亚人还有一个特殊的礼貌习俗，即乘出租车时，总习惯与司机并排而坐，即使夫妇同时乘车，丈夫也要坐在前面，妻子则独自坐后排，因为他们认为这样才是对司机的尊重。

澳大利亚的土著人仍然以狩猎为生，他们大部分居住在用树枝和泥土搭成的窝棚里，围一块布或袋鼠皮蔽体，喜欢纹身或在身上涂抹各种颜色。他们平时仅在颊、肩和胸部涂上一些黄白色，参战时在身上涂红色，死后涂白色，节庆仪式或节日歌舞时彩绘全身。纹身不仅是成年土著人的装饰，而且他们还以此来吸引异性。

3. 社交礼仪

澳大利亚人特别重视人与人之间的平等，讲究礼尚往来、互不歧视，而且喜欢和陌生人交谈。

澳大利亚人讲究礼貌，在公共场合从不大声喧哗，因此，他们与朋友偶会于途中或相逢在其他场合，只习惯轻声地说个"哈罗"的"哈"字，有时干脆连"哈"字也不讲，眨一下左眼就算打招呼了。公共场所妇女优先，秩序井然，他们见面习惯握手，女友相逢时常亲吻对方的脸。

4. 民俗禁忌

澳大利亚是一个讲求平等的社会，澳大利亚人不喜欢以命令的口气指使别人，约会必须事先安排，拜访者必须准时赴约。他们通常在饭店宴请宾客，私人集会则在家中招待。他们重视交换名片，名片多少是地位高低的象征。他们到别人家做客，最合适的礼物是给女主人献上一束鲜花，也可以给男主人送一瓶葡萄酒。人们和男士相处，感情不能过于外露，澳大利亚人不喜欢紧紧拥抱或握住双肩之类的动作。在社交场合，他们忌讳打哈欠、伸懒腰等小动作。他们对兔子特别忌讳，认为兔子是不吉利的动物。他们到商店里买东西不能讨价还价。澳大利亚人没有收取小费的习惯。

三、旅游业概况

（一）主要旅游城市与著名景点

1. 主要旅游城市

堪培拉：堪培拉是澳大利亚联邦的首都，是 1913 年联邦政府定都于此后建起的一座新城，现有人口约 40 万，是一个纯粹的政治中心。这里除了旅游业、赌博业以及满足联邦政府机构、科研单位、大专院校及文化娱乐等部门需要的服务行业以外，没有其他经济部门，整个城市绿地面积占 60% 以上，是世界著名的花园城市。

悉尼：悉尼是澳大利亚第一大城市，第一大海港，全国经济、文化中心。悉尼的港湾大桥和歌剧院是澳大利亚的象征，在澳大利亚旅游热点排行榜上名列第一。悉尼曾连续三年被《旅游和娱乐》杂志评为世界最佳旅游城市，被国际会展协会列为世界最佳会议城市。

墨尔本：墨尔本是澳大利亚第二大城市，1901—1927 年曾是澳大利亚首都。墨尔本藏金量超过美国旧金山，故有"新金山"之名。这里春季天气晴朗，夏季阳光充沛，秋季适合郊游，冬季适合滑雪，文化和艺术活动多姿多彩，被称为"花园之州"。

布里斯班：布里斯班是澳大利亚第三大城市，也是澳大利亚发展最快的城市，曾成功主办世界博览会。这里有许多树袋熊保护区，有"树袋熊之都"的美誉。这里气候宜人，平均日照 7.5 小时，被称为"阳光之州"。

2. 著名旅游景点

大堡礁：大堡礁是全世界最大的珊瑚礁区，纵贯蜿蜒于澳洲东海岸，全长约 2 000 千米，最宽处有 161 千米。在礁群与海岸之间有一条交通海路，游船在此间通过，船底下多姿多彩的珊瑚景色连绵不断，成为海底奇观。

黄金海岸：黄金海岸位于布里斯班东南方，因有长达 32 千米的金色海岸得名。这里终年阳光明媚，景色宜人。人们可以在黄金海岸冲浪；去天堂农庄体验澳洲最原始的生活；在户外喝着茶，欣赏当地人剪羊毛的表演；还可观赏大大小小的座头鲸。

艾尔斯巨石：艾尔斯巨石位于炎热的北澳大利亚大漠之中，高384米，周长9.4千米。据称该巨石还有三分之二以上埋藏在沙地之下，是目前世界上发现的最大的单体巨石。在阳光照耀下，整体火红的巨石随光线照耀的角度不同而反射出不同颜色的光芒，如万星闪烁，神秘万分。

（二）旅游市场

1. 入境旅游

1998年，澳大利亚接待入境过夜游客401.2万人次，居世界第三十三位，旅游外汇收入达85.75亿美元，居世界第十位；1999年接待入境游客445.9万人次，入境旅游收入80.14亿美元；2000年接待入境游客493.1万人次。2001—2003年，澳大利亚的入境旅游人数持续下降，2001年澳大利亚的入境旅游人数为485.6万人次，2002年入境旅游人数较2001年下降到484.1万人次，在亚太地区排名第十位，2003年入境旅游人数为474.6万人次。2000年澳大利亚的入境旅游收入为84.69亿美元，2001年减少到80.49亿美元，2002年入境旅游收入较上年有所增长，达到85.77亿美元，2003年增加到103.12亿美元，较2002年增长了20.2%。2004—2007年，澳大利亚的入境旅游人数呈上升趋势，从2004年的521.5万人次增长到2007年的564.4万人次，增长率为8.2%，2008年开始下降，较2007年减少5.8万人次，2009年较2008年减少0.2万人次，为558.4万人次，2010年开始回升，较2009年增长5.4%。2004—2010年，澳大利亚入境旅游收入持续上升，从2004年的152.14亿美元上升到2010年的301.03亿美元，增长率高达97.9%。其中，2007年澳大利亚入境旅游收入较上年增长25%，首次突破200亿美元，达222.3亿美元，2010年入境旅游收入为301亿美元，较2009年增长18.6%。

亚太地区是澳大利亚的主要客源地，2010年澳大利亚入境游客中62.9%来自亚太地区，22.9%来自欧洲地区，11.2%来自美洲地区，3%来自中东和非洲地区。新西兰是澳大利亚的第一大客源国，其次是英国，2009年和2010年美国和中国超过日本，分别成为澳大利亚的第三和第四大客源国。其中2010年中国入境澳大利亚旅游的人数较2009年增长24%，达到45.5万人次。2010年新西兰、英国、美国、中国、日本游客占澳大利亚所有入境游客的53.2%。2002—2010年，澳大利亚入境旅游的前十位客源国家中，年均增长率最高的是中国，为11.5%，其次是马来西亚，年均增长率为5.12%，日本的年均增长率为-7.07%。

澳大利亚入境旅游者中出于娱乐、休闲和度假目的的旅游者较多，占所有入境游客的比例达45.9%~53.7%，出于商务和专业活动目的的入境旅游者占入境旅游者的比例达 19.2~24%。澳大利亚的乡村旅游居世界一流水平，每年都吸引了大批的娱乐、休闲和度假旅游者。

2007—2010 年澳大利亚入境旅游人数如表 3-11 所示。

表 3-11　2007—2010 年澳大利亚入境旅游人数（按游客所在国家/地区分）

排名 （2010 年）	国家/地区	入境旅游人数（万人次）			
		2007 年	2008 年	2009 年	2010 年
1	新西兰	113.8	111.3	111.0	116.2
2	英国	68.8	67.1	66.1	64.5
3	美国	46.0	45.4	48.0	47.2
4	中国	35.8	35.6	36.6	45.4
5	日本	57.3	45.7	35.5	39.8
6	新加坡	26.4	27.1	28.5	30.8
7	马来西亚	15.9	17.1	21.2	23.7
8	韩国	25.3	21.8	18.1	21.4
9	中国香港	14.7	14.4	15.7	16.4
10	德国	15.2	16.1	16.1	16.0

2. 出境旅游

（1）澳大利亚出境旅游市场发展现状

目前，澳大利亚是世界上人均出国率最高的国家，平均每 5~6 人中就有一人出国旅行。1998 年，澳大利亚出境人数达 313.8 万人次，旅游花费 60.46 亿美元，2000 年出国旅游 349.8 万人次，旅游花费 61.03 亿美元，2001 年澳大利亚的出境旅游人数为 344.3 万人次，较 2000 年减少 1.6%，2002 年达到 346.1 万人次，较 2001 年增长 0.5%，在亚太地区排名第八。澳大利亚 2004 年出境旅游人数创历史新高，首次突破 400 万人次，达到 436.9 万人次，较 2003 年增长 29%。2004—2010 年，澳大利亚出境人数持续上升，从 2004 年的 436.9 万人次增长到 2010 年的 711.2 万人次，增长率高达 62.8%，2005 年为 475.6 万人次，较 2004 年增长 8.86%，2006 年较 2005 年增长 3.89%，2007 年首次突破 500 万人次，2009 年突破 600 万人次，达到 628.5 万人次，2010 年突破 700 万人次，创历史新高。2004—2008 年，澳大利亚的出境旅游花费持续上升，从 2004 年的 102.42 亿美元增长到 2008 年的 184.48 亿美元，增长率高达 80.1%，2009 年出现下降，较 2008 年负增长 4.7%，2010 年大幅度上升，达 223.68 亿美元，较 2009 年增加了 27.3%。

澳大利亚游客出境旅游第一大旅游目的地是新西兰，其次是英国、美国、新加坡、印度尼西亚、泰国、中国。与亚太地区的其他国家/地区相比，澳大利亚的游客的出境旅游目的地范围更广，不仅仅局限在亚太地区。

（2）澳大利亚旅华市场现状

澳大利亚一直是中国的传统旅游客源市场，二十多年来旅华人数稳步增长。1990 年，澳大利亚旅华游客全年只有 5.02 万人次，不足我国入境游客的 3%，2000 年，澳大利亚旅华人数达 23.41 万人次，比 1999 年增长了 15.02%。2010年，澳大利亚旅华游客达 66.13 万人次，在我国入境主要客源国中排第十一名，2012 年旅华游客达 77.43 万人次，在入境主要客源国中排名第九位。随着中澳之间双边贸易的频繁往来，澳大利亚到中国的商务游客日益增加。目前，澳大利亚人民来中国旅游手续的办理越来越简便、快捷、高效。如办理签证，以往需要 6个工作日，而现在减少到 4 天，加急的 2 天即可；海南岛对包括澳大利亚在内的21 个国家持普通护照公民组团旅游 15 天内免签证、上海实行落地签证、珠江三角洲扩大落地签证的范围等消息在澳洲市场反响良好。随着中国旅游知名度的进一步提高，澳大利亚出现了一批专门经营组织澳大利亚游客赴中国旅行的旅行商，这些旅游批发商看好中国市场，积极推广中国旅游产品和线路，在广告宣传方面也有一定的努力和投入，成为推动澳大利亚游客来华的直接动力。

2003—2012 年澳大利亚赴华旅游人数如表 3-12 所示。

表 3-12　　　　　　　2003—2012 年澳大利亚赴华旅游人数统计

年份	人数（万人次）	增长率（%）	年份	人数（万人次）	增长率（%）
2003	24.5	-15.8	2008	57.15	-5.9
2004	37.6	53.47	2009	56.15	-1.76
2005	48.3	28.4	2010	66.13	17.77
2006	53.81	11.41	2011	72.62	9.81
2007	60.74	12.88	2012	77.43	6.62

四、中澳关系

1. 中澳外交关系

1972 年 12 月 21 日，中澳两国建交。中国先后于 1979 年 3 月和 1986 年 9 月在悉尼和墨尔本设立了总领馆。2013 年 4 月，中澳建立战略伙伴关系和总理年度会晤机制。

　　建交以来，中澳关系稳步发展，两国高层互访不断。时任澳大利亚总理霍华德自 1996 年上任以来，曾先后五次访华。2006 年 4 月，时任中国总理温家宝对澳大利亚进行正式访问期间，两国领导人就中澳建立"21 世纪互利共赢的全面合作关系"达成共识。两国于 2010—2011 年在中国举办"澳大利亚文化年"，2011—2012 年在澳大利亚举办"中国文化年"。2012 年 12 月 5 日，中国超过英国成为仅次于新西兰的澳大利亚旅游业第二大客源国。2013 年 4 月 7 日，国家主席习近平在海南省博鳌会见澳大利亚时任总理吉拉德，双方一致同意构建相互信任、互利共赢的战略伙伴关系，并建立两国总理年度定期会晤机制。2013 年 4 月 9 日，国务院总理李克强同澳大利亚时任总理吉拉德举行会谈，双方正式启动两国总理年度定期会晤机制，确定建立外交与战略对话、战略经济对话等机制。

　　2. 中澳经贸关系

　　在经贸领域，中澳两国加强双边金融货币合作，开展人民币与澳元直接交易，双边贸易增长迅速。中国主要从澳进口羊毛、铁矿石等资源性产品，对澳出口纺织、鞋类等轻工以及电子产品。澳为中国第八大贸易伙伴，第十大出口市场和第七大进口来源地。中国是澳第一大贸易伙伴，第一大进口来源地和第二大出口市场。

 思考与练习

　　1. 在旅游接待服务中，对韩国客人应该注意他们的哪些风俗习惯？

　　2. 在旅游接待服务中，对日本客人应该注意他们的哪些风俗习惯？

　　3. 在旅游接待服务中，对蒙古客人应该注意他们的哪些风俗习惯？

　　4. 在旅游接待服务中，对澳大利亚客人应该注意他们的哪些风俗习惯？

 案例和实训

拓展阅读

韩国取代日本　成为中国入境旅游第一大客源国家

　　随着中韩两国经济文化交流的迅速发展，韩国已经取代日本成为中国入境旅游第一大客源国家。

　　韩国观光协会副会长高光喆 18 日在此间举行的中国首届中部地区旅游交易会上说，2005 年韩国有 354 万名游客来到中国，比其他国家都多。

他说，几年前，到中国的观光游客排名第一的是日本，大约每年330万人次。当时韩国到中国来的游客人数仅为285万人次，所以日本是中国入境游客中人数最多的国家。但是从2002年起情况开始发生变化，韩国赴中国的游客每年显著增长。

高光喆说，在中韩两国建交后的1993年，中国人到韩国来旅游的人数是9 000多人次，韩国赴中国观光的游客为11万人次，这些数字在过去的14年均飞速增长。2005年中国游客到韩国旅游的约70万人次。

中国目前已经超过日本成为韩国在亚洲的第一大客源国，高光喆对中国旅游业的巨大潜力充满期待。

（资料来源：钱奇弦，桂娟. 韩国成为中国第一大旅游客源地［OL］［2006-03-19］http://www.hlj.xinhuanet.com/xw/2006-03/19/content_6508570.htm.）

韩国连续六年成黄山旅游第一大入境客源国

记者近日从黄山市旅委了解到，来黄山市的韩国游客数量逐年增长，在入境游客总量中所占份额达30%左右，连续六年成为黄山市第一大入境旅游客源地。

每一百个来黄山的外国游客中有三十个是韩国人

黄山市政府徐健敏副市长告诉记者，韩国市场一直是黄山市非常关注的境外客源市场。近年来，黄山与韩国两地旅游业界交流日益密切，合作不断深入，层次不断提升，黄山成为越来越多的韩国朋友来中国旅游的主要目的地之一，黄山市的韩国游客数量保持逐年增长的态势，在入境游客总量中所占份额达30%左右，连续六年成为黄山市第一大入境旅游客源地。

7月份，黄山市开通了黄山至首尔（每周7班）的国际航线，联手池州市举办了首航仪式，并组织赴韩国的旅游促销活动。8月上旬，配合黄山—首尔国际航班的正式开通，黄山市政府代表团赴韩国开展了系列旅游推介活动，得到了大韩航空公司和韩国旅游业界的鼎力支持，活动取得了圆满成功。

11月5日至9日，大韩航空公司韩国地区本部长李承范率领的韩国黄山会代表团一行三十一人，应邀来考察踩线。李承范部长认为，中韩双方发展旅游的潜力巨大，韩国游客对黄山市丰富的自然文化遗产有着浓厚的兴趣，通过两地旅游部门和航空公司的通力合作，一定会有更多的韩国游客到黄山观光。

（资料来源：吴敏. 韩国连续六年成黄山旅游第一大入境客源国［OL］［2011-11-14］http://www.cnta.gov.cn/html/2011-11-14-15-7-72229.html.）

实训题

分析总结近十年韩国入境客源市场现状。分析韩国入境客源的需求特征。针对韩国入境客源的需求特征，应采取哪些应对措施？

第四章 东南亚、 南亚、 中亚地区主要客源国

学习目标

1. 了解东南亚、南亚、中亚地区我国主要客源国的基本国情概况（位置、地貌、矿产、首都、国旗、国花、主要民族、语言和宗教信仰）
2. 了解东南亚、南亚、中亚地区我国主要客源国的简史
3. 了解东南亚、南亚、中亚地区我国主要客源国的主要城市和重要景点
4. 掌握东南亚、南亚、中亚地区我国主要客源国的文化、经济、政治概况
5. 掌握东南亚、南亚、中亚地区我国主要客源国的民俗禁忌

重点和难点

1. 东南亚、南亚、中亚地区我国主要客源国的基本国情概况
2. 东南亚、南亚、中亚地区我国主要客源国的经济概况
3. 东南亚、南亚、中亚地区我国主要客源国的服饰、饮食、礼仪及禁忌

本章内容

1. 马来西亚

自然地理 历史文化 政治经济 人文习俗 旅游业概况 中马关系

2. 新加坡

自然地理 历史文化 政治经济 人文习俗 旅游业概况 中新关系

3. 菲律宾

自然地理 历史文化 政治经济 人文习俗 旅游业概况 中菲关系

4. 泰国

自然地理 历史文化 政治经济 人文习俗 旅游业概况 中泰关系

5. 印度尼西亚

自然地理 历史文化 政治经济 人文习俗 旅游业概况 中印尼关系

6. 印度

自然地理 历史文化 政治经济 人文习俗 旅游业概况 中印关系

7. 哈萨克斯坦

自然地理 历史文化 政治经济 人文习俗 旅游业概况 中哈关系

8. 越南

自然地理 历史文化 政治经济 人文习俗 旅游业概况 中越关系

● 第一节　马来西亚

一、基本概况

（一）自然地理概况

马来西亚地处亚洲的东南部，介于太平洋和印度洋之间，扼欧洲、亚洲、大洋洲和非洲的海上交通要道。马来西亚总面积为 32.98 万平方千米，全境被中国南海分隔成东马和西马两部分：西马来西亚为马来亚地区，位于马来半岛南部，北与泰国接壤，西濒马六甲海峡，东临南中国海，南濒柔佛海峡与新加坡毗邻；东马来西亚为砂捞越地区和沙巴地区的合称，位于加里曼丹岛北部。马来西亚海岸线长 4 192 千米。

马来西亚因位于赤道附近，属于热带雨林气候和热带季风气候，无明显的四季之分，一年之中的温差变化极小，平均温度在 26~30℃，全年雨量充沛，3 月至 6 月及 10 月至次年 2 月是雨季。

马来西亚盛产天然橡胶、油棕、热带硬木、黑胡椒、椰子、可可和锡矿、石油等。其中天然橡胶、油棕、胡椒和硬木的产量居世界前列，锡的产量曾居世界第一。

马亚西亚标准时间比格林尼治时间早 8 个小时，与北京时间一致。

（二）基本国情

1. 首都、国旗、国花

马来西亚，简称大马（Malaysia），是东南亚的一个由十三个州和三个联邦直辖区组成的联邦体制国家。马亚西亚的首都是吉隆坡，联邦政府所在地则位于布城。

马来西亚国旗又被称为"辉煌条纹"，是马来西亚的国家主权象征之一。国旗由十四道红白相间的横条组成，左上角为蓝底加上黄色的新月及十四角星图案。十四道红白横条和十四角星原代表全国十四个州，自新加坡在 1965 年独立后代表全国十三个州和联邦直辖区。蓝色象征人民的团结，黄色象征皇室，红色象征勇敢，白色象征纯洁，新月象征马来西亚的国教伊斯兰教。

马亚西亚的国花为木槿（又称大红花、扶桑）。

2. 历史

"马来西亚"原是一地理名词，是"马来半岛"的代称。大约在一万年前，这里就有人类活动，最早的居民为"原始马来人"。公元前 2000 年，马来半岛来了一批亚洲大陆新客——"混血马来人"。公元 1 世纪至 2 世纪，马来半岛南部出现了狼牙修、赤土、丹丹等邦国。7 世纪，苏门答腊的渤淋邦崛起一个称雄一时的封建王国——室利佛逝，以后几个世纪里，室利佛逝王国统治着几乎整个马来半岛。直到 15 世纪初，马六甲王国建立，并统一了马来半岛南部各邦，才结束了马来半岛南部一直处于分散割据的局面。16 世纪后，葡萄牙、荷兰和英国等西方列强先后占领了马来西亚。1826 年，英国东印度公司把槟榔屿、马六甲和新加坡作为"海峡殖民地"合并统一管理。1941 年 12 月 7 日太平洋战争爆发，日军击败英国远东军，占领了马来亚、沙捞越和沙巴。第二次世界大战结束后，英国人强行成立马来亚联盟，并于 1948 年 2 月 1 日成立"马来亚联合邦"政府。1957 年 8 月 31 日，马来亚联合邦独立，宣告英国在马来西亚长达 171 年的殖民统治结束。1963 年 9 月 16 日，马来亚联合邦同新加坡、沙捞越、沙巴合并成马来西亚。由于政治上和经济上的原因，1965 年 8 月 9 日，新加坡退出，马来西亚成为一个独立的主权国家。

3. 文学艺术

（1）文学

马来西亚有悠久的历史文化。马、华、印各族都有自己独特的文化。政府努力塑造以马来文化为基础的国家文化，其文学在世界文坛中也有一定的影响。大约在公元初年，马来西亚就流传着许多为人民所喜爱的神奇古怪的故事。印度民族移入马来西亚后，便有人把印度史诗《摩诃婆罗多》和《罗摩衍那》译成马的古爪哇文。公元15世纪的文学带有伊斯兰教色彩。到19世纪，马来西亚新文学的鼻祖阿卜杜拉·蒙希创作了《阿卜杜拉传》等作品。

（2）艺术

马来西亚的舞蹈比较丰富，可分为四类。

宫廷舞蹈：宫廷舞蹈有受泰国宫廷舞影响的阿昔舞，受印度尼西亚苏门答腊宫廷舞影响的蜡烛舞，带着长甲的依奈舞以及佳美兰朱吉舞等。

戏剧舞蹈：戏剧舞蹈与东南亚许多国家的舞剧相同，只在戏剧中起增加色彩和调节气氛的作用，是戏剧艺术不可缺少的部分。

民间舞蹈大致可分为三种：①祭祀舞。如为祈祝水稻丰收的哈拉舞、感谢丛林的神灵来到人们的领地的古奴干舞、打猎以前的阿迦波市那舞、捕鱼的巴央舞以及班伊人迁移头盖骨时跳的娘迦巴拉和尼莽安都舞等。②鼓乐团舞蹈。在伊斯兰教的传播中，为赞颂真主穆罕默德，建立了鼓乐团，从而有了鼓乐团舞蹈。③社交性的娱乐舞。它主要是在节庆或集会时跳，如萨宾舞等。

现代马来舞：这是为适应现代人民生活需要而发展起来的舞蹈。

马来西亚皮影戏：皮影戏是吉兰丹州一种传统的戏剧表演，每年五月末在吉兰丹的风筝节期间于夜冕时举行。皮影戏的玩偶道具是利用水牛皮制作，而后撑在细细的竹竿上的。演出时玩偶置放在布幕后，而灯光则从玩偶后方打在布幕上，形成所谓的"皮影戏"。说故事者一面手操玩偶，一面配合着音乐述说传说故事。整出戏剧是由说故事者一人导演，一位说故事者有时甚至可以指挥多达45个玩偶。

（三）经济

20世纪70年代前，马来西亚经济以农业为主，依赖初级产品出口。20世纪70年代以来，马来西亚政府不断调整产业结构，大力推行出口导向型经济，从而使电子业、制造业、建筑业和服务业迅速发展。从1987年起，马来西亚经济连续十年保持8%以上的高速增长。马来西亚政府1991年提出"2020宏愿"的跨世纪发展战略，旨在2020年将马建成发达国家。1998年受亚洲金融危机冲击，马来西亚经济出现负增长，通过稳定汇率、重组银行企业债务、扩大内需和出口等政策，经济基本恢复并保持中速增长。2008年下半年以来，受国际金融危机影响，马来西亚国内经济增长放缓。2009年纳吉布总理执政后，采取了多项刺激经济和内需增长的措施。马来西亚政府2010年公布了以"经济繁荣与社会公平"为主题的第十个五年计划，并出台"新经济模式"，继续推进经济转型。

2013年马来西亚的GDP为3 400.02亿美元，人均GDP为11 122美元。马来西亚的货币是林吉特，汇率情况：1美元 = 3.251马来西亚林吉特（2014年4月

1. 农牧渔林业

马来西亚耕地面积约 414 万公顷，占可耕地面积的 30.6%。农业以经济作物为主，主要有油棕、橡胶、热带水果等。稻米自给率为 60%。2005 年农、牧、渔、林业总产值为 221.42 亿林吉特，增长 4.8%，占国内生产总值的 8.45%。

马来西亚盛产热带林木。渔业以近海捕捞为主，深海捕捞和养殖业有所发展。2001 年水产产量估计为 122.58 万吨，2002 年同比减产 1.7%。

2. 工业

马来西亚自然资源丰富。橡胶、棕油和胡椒的产量和出口量居世界前列。马来西亚以锡、石油和天然气开采为主。马来西亚政府鼓励以本国原料为主的加工工业，重点发展电子、汽车、钢铁、石油化工和纺织品等产业。马来西亚是生产及出口半导体、视听器材、空调、橡胶产品及人造油产品的国家。马来西亚工业经过近年的高速发展已经形成了规模相当完整的工业体系。马来西亚工业以汽车、电子、机械制造等产业较发达。马来西亚的国产小汽车在东亚一带享有盛誉。马来西亚也把重点放在推介资讯科技上。

3. 第三产业

马来西亚服务业范围广泛，包括水、电、交通、通信、批发、零售、饭店、餐馆、金融、保险、不动产及政府部门提供的服务等，全国几乎一半的人口从事服务业。

4. 对外贸易

马来西亚现为世界第十八大贸易国。马来西亚 2006 年主要出口电子电器（占总出口的 47.7%）、棕榈油（5.5%）、原油（5.4%）、木材产品（4.0%）、天然气（4.0%）和石油产品（3.2%），主要出口市场为：美国、新加坡、欧洲联盟、日本和中国；主要进口机械运输设备、食品、烟草和燃料等。

（四）政治

马来西亚 1957 年颁布《马来亚宪法》，1963 年马来西亚联邦成立后继续沿用，改名为《马来西亚联邦宪法》，后多次修订。《宪法》规定，"阿公"（皇帝）为国家的最高元首、伊斯兰教领袖兼武装部队统帅，由统治者会议选举产生，任期五年。"阿公"（皇帝）拥有立法、司法和行政的最高权力，以及任命总理、拒绝解散国会等权力。1993 年 3 月，马议会通过《宪法修正案》，取消了各州苏丹的法律豁免权等特权。马来西亚 1994 年 5 月修改《宪法》，规定"阿公"（皇帝）必须接受并根据政府建议执行公务。

马来西亚实行君主立宪制，君主立宪制又分为二元君主制和议会君主制，马来西亚属于议会君主制。因历史原因，沙捞越州和沙巴州拥有较大的自治权。

马来西亚的国家元首称为最高元首，而政府由国会最大党或联盟领袖的总理所领导，政治体制是沿袭自英国的西敏寺制度。国家元首是国家的象征，拥有最高行政、立法和司法权，任期五年，由统治者会议秘密选举产生；内阁即联邦政府，由国会中占多数的政党组成，是制定和执行国家政策的最高行政机构；统治者会议是最高权力机关，对国家宪法和全国性的伊斯兰教问题有最后的决定权；国会是最高立法机构。马来西亚政党有三十九个，如国民阵线、新巫党和民主行动党，其中十一个政党组成国民阵线，联合执政，其余为反对党。

马来西亚统治者会议由柔佛、彭亨、雪兰莪、森美兰、霹雳、登嘉楼、吉兰丹、吉打、玻璃市九个州的世袭苏丹（以前的国王）和马六甲和槟州两个州的州元首及沙巴和砂捞越两个国家的国家元首组成。其职能是在九个世袭苏丹中轮流选举产生"阿公"和副国家元首；审议并颁布国家法律、法规；对全国性的伊斯兰教问题有最终裁决权；审议涉及马来族和沙巴、砂捞越土著民族的特权地位等重大问题。未经该会议同意，马来西亚不得通过有关统治者特权地位的任何法律。内阁总理和各州州务大臣、首席部长协助会议召开。

二、人文习俗

（一）人口、民族、语言与宗教

马来西亚有人口 2 833 万（截至 2010 年）。其中马来人占 67.4%，华人占 24.6%，印度人占 7.3%，其他种族人群占 0.7%。马来语为国语，通用语言为英语，华语使用较广泛。伊斯兰教为国教，穆斯林泛指伊斯兰教徒。其他宗教有佛教、印度教和基督教等。

（二）民间节庆活动

伊斯兰教是马来西亚的国教，古尔邦节与开斋节（肉孜节）、圣纪节并列为伊斯兰三大宗教节日之一。

开斋节：《伊斯兰教法》规定，伊斯兰历每年 9 月（莱麦丹月）为斋月，凡成年健康的男女穆斯林，都应全月封斋，即每日从拂晓至日落禁止饮食、娱乐和房事。封斋第二十九日傍晚如见新月，次日即为开斋节；如不见月，则再封一日，共三十天，第二日为开斋节，庆祝一个月斋功圆满完成。开斋节前夕的晚上是个不眠之夜，各清真寺整夜念长经，诵经声通过高音喇叭传到四面八方。开斋节那天，家家户户打扫得干干净净，门前挂着用嫩椰叶制作的装饰物。人们都身着盛装，互相拜访，有的机关团体还搞团拜，气氛热烈，一片喜庆景象。

古尔邦节：古尔邦节，意为"牺牲""献牲"，故又称"宰牲节""献牲节"

"哈芝节"或"忠孝节",是穆斯林的盛大节日。伊斯兰教规定,教历每年12月上旬,穆斯林去麦加朝圣,朝觐的最后一天十二月十日(开斋节过后七十天),开始以举行会礼、宰杀牛羊、聚餐为主要内容的庆祝活动。

圣纪节:圣纪节亦称圣忌节,阿拉伯语称"冒路德"节。相传,穆罕默德(约570—632年)的诞辰和逝世都在伊斯兰历3月12日。当天的节日活动通常由当地清真寺伊玛目主持。届时,穆斯林到清真寺礼拜,听阿訇念诵《古兰》启示。

屠妖节:屠妖节又称万灯节、印度灯节,10月末到11月初举行。传说古代印度有个凶残的魔王,后来,天神把邪恶的魔王杀掉了,为民除害,人们非常高兴,便点灯庆祝。屠妖节时,大街小巷都会升起幡带、点亮灯火,欢迎神仙与凡人。

卫塞节:卫塞节是佛陀出生、成道觉悟、逝世的一天。佛陀出生于公元前624年四月十五月圆日,出生地是今尼泊尔蓝毗尼。

(三)服饰

马来西亚人普遍穿蜡染花布做的长袖上衣,这种长袖上衣被称为"国服"。马来人男女着装差别甚微,平时男子穿着长到足踝的布质纱笼,称之为"卡因"。这种纱笼是由一块布缝合两端而成,不用时扎起一头就成为布袋,装盛杂物很方便。他们上身穿的衣服叫"巴汝",没有衣领,宽大凉爽,很适合在热带气候条件下穿着。

(四)饮食

马来人多信伊斯兰教,以大米为主食,不吃猪肉、死物或动物血液,爱吃带辣味的菜,尤其是咖喱牛肉。马来人禁酒,常饮咖啡、红茶,也爱嚼槟榔。马来人用餐习惯用右手抓饭进食,只有在西式的宴会上或在高级餐馆,才使用刀叉和匙。马来西亚的美食有椰浆饭、马来饭、忍当鸡、沙爹、沙律啰惹、咖喱鸡、飞天薄饼等。咖喱叻沙是用面条浇上咖喱酱,配上鸡肉块、豆腐及豆芽一起享用。炒面的面条与用面粉做出来的面条类似,但此种面条是用米磨成的粉制成的。炒面有各种不同口味,例如马来口味、中国口味、印度口味及素食口味。

(五)社交礼仪与民俗禁忌

马来人的见面礼十分奇特,他们互相摩擦一下对方手心,然后双掌合十,摸一下心窝互致问候。他们交往切忌用左手,传统上马来人认为左手是不干净的象征。他们对女士不可先伸出手要求握手,更不可随便以食指指人。马来人忌讳摸头,除了老师和宗教仪式外,不可随意触摸马来人的头部和背部(阿訇除外),否则将意味着厄运来临。马来人禁烟,不吃猪肉、死物或动物血液。他们以米饭、糯米糕点等为主食,用餐时习惯用右手抓饭进食。他们在相互交往时,衣冠必须整齐。马来西亚人如果到访别人家中而穿着拖鞋,则必须脱掉,放在门口。他们参观回教堂须注意非回教徒入堂前需脱鞋。马来西亚人到寺庙参观时，不得从正在祷告的回教徒面前走过，未经许可，不得拍照，不得触碰《可兰经》，女性注意穿着不可暴露手臂和双脚。

马来人没有固定的姓，儿子以父亲的名字作为姓，父亲则以祖父的名字作为姓，一家几代都不同姓。他们的姓名是名在前，姓在后，男的在姓与名中间用"宾"隔开，女的用"宾蒂"隔开。如前总理达图·侯赛因·宾·奥恩，侯赛因是他的名字，奥恩是他父亲的名字，宾表示男性。

马来人的婚俗很有特色且十分隆重，一般要举行两三天，实行"三礼"即"饰发礼""染手掌礼""并坐礼"。第一天，新郎、新娘各在自己家中饰发美容，然后染手掌，新郎在家中染完手掌后，到女家参加大染仪式，仪式完毕后新郎先回家，再为新娘举行大染仪式。第二天在新娘家举行"并坐礼"，即新郎家派出迎亲队伍前往新娘家，迎亲队伍到达后，新娘在年长亲人带引下，登上"并坐台"，在台的右首就座，新郎在台的左首就座。婚姻多是男子入赘女家，也叫"倒插门"婚姻。婚礼后，新郎留在新娘家，但和新娘分开居住，第三天后才是洞房花烛夜。七天以后，小夫妻双双去男家探亲，然后双双回到女家生活。但近年来新娘在男家居住的现象在城市里已相当普遍。

三、旅游业概况

（一）主要旅游城市与著名景点

1. 主要旅游城市

吉隆坡：吉隆坡的夜生活充满动感，其最引人注目的建筑是位于市中心丹也大楼面的国家清真寺。

槟城（文化遗产）：槟城是各种文化的交融聚集地，既有南海姑娘的轻柔韵律，也有安娜与国王的感伤情怀。其中，槟城蝴蝶园是闻名的热带蝴蝶庇护所。

马六甲（文化遗产）：马六甲是马六甲州的首府。该城始建于1403年，曾是马六甲素丹国（满剌加王国）的都城。从16世纪起，马六甲历受葡萄牙、荷兰、英国的殖民统治，经过长期的交流，语言、宗教、风俗习惯等汇成特有的文化风貌。

2. 著名景点

云顶高原：云顶高原是马来西亚新开发的旅游和避暑胜地，位于彭亨州西南吉保山脉中段东坡（蒂蒂旺沙山脉），吉隆坡东北约50千米处。

中国山：中国山又名三保山，是为纪念中国明朝三保太监郑和而命名的。此山位于马六甲市郊。

葡萄牙城山：葡萄牙城山在马六甲市西南，接近马六甲河口，是马六甲苏丹拜里米苏拉将中国明成祖赠送的金龙文笺勒石树碑之处。明成祖曾封此山为"镇国山"，后名圣保罗山。

柔佛新山金海湾：这是一个沿着新柔海峡而建的旅游景点。在这个金海湾范围内，有沙滩酒吧、水上运动乐园、植物园、小型动物园、风帆俱乐部、游乐场等。

霹雳州玲珑谷（文化遗产）：玲珑谷位于马来西亚霹雳州，该遗址发现有三十多处距今 183 万年的古人类遗迹，被认为是人类发源地之一。

姆鲁国家公园（自然遗产）：该公园位于砂捞越，公园内有全世界最大的天然石洞及全球罕见的石灰刀石林。

哥打京那巴鲁山国家公园（自然遗产）：该公园位于马来西亚沙巴，最高点洛斯峰海拔 4 095.2 米，是马来群岛第四高峰。

（二）旅游市场

旅游业是马来西亚的第三大经济支柱，第二大外汇收入来源。

1. 入境旅游

据马来西亚旅游部统计，2010 年赴马游客为 2 470 万人次，收入 583 亿林吉特。近年来，中国赴马旅游者也不断增加，2013 年达 120.65 万人次。

2. 出境旅游

2013 年来华旅游的马来西亚人大约为 120.65 万人，其中以会议和商务为目的的游客约为 11.26 万人，以观光休闲为目的的约为 90 万人，探亲访友的约为 0.27 万人，服务员工约为 9.55 万人，其他的约为 9.58 万人。

四、中马关系

两国于 1974 年 5 月 31 日正式建立外交关系。建交后，两国关系总体发展顺利。进入 20 世纪 90 年代，中马关系进入新的发展阶段，双方在政治、经济、文化、教育等各个领域的友好交流与合作全面展开，并取得丰硕成果。2007 年，马在华投资 4 亿美元，中国企业在马投资 457 万美元。

● 第二节　新加坡

一、基本概况

（一）自然地理概况

新加坡共和国是亚洲东南部马来半岛南部的一个热带岛国，毗邻马六甲海峡南口，南隔新加坡海峡与印度尼西亚相望，北面有柔佛海峡与马来西亚紧邻。新加坡地处亚洲和大洋洲、印度洋和太平洋之间，紧扼马六甲海峡出入口的咽喉，素有"远东十字路口"和"东方直布罗陀"之称。新加坡的总土地面积为716.1平方千米，海岸线总长200余千米，全国由新加坡岛、圣淘沙、圣约翰岛、龟屿等六十余岛屿组成。

许多人都以"常年是夏，一雨成秋"来形容新加坡的气候。狮城地处热带雨林气候区，全年气候湿热昼夜温差小，平均温度在23~34℃，年均降雨量在2 400毫米左右。

新加坡时间比格林尼治时间早8个小时，与北京时间一致。

（二）基本国情

1. 首都、国旗、国花

新加坡是一个城市国家，原意为狮城，新加坡城就是该国的首都。

新加坡的国旗又称星月旗，于1965年8月9日正式成为新加坡共和国的国旗。新加坡国旗由红、白两个平行相等的长方形组成，长与宽之比为3∶2，左上角有一弯白色新月以及五颗白色五角星。红色代表了平等与友谊，白色象征着纯洁与美德。新月表示新加坡是一个新建立的国家，而五颗五角星代表了国家的五大理想：民主、和平、进步、公正、平等。

新加坡的国花叫卓锦·万代兰，是爱尼丝·卓锦女士于1890年培植而成的。它有一个姣美的唇片和五个尊片，唇片三绽，象征新加坡四大民族和各个语言的平等。花由下面相对的裂片拱扶着，象征着和谐、同甘苦、共荣辱。万代兰全年盛开，代表着新加坡争取繁荣昌盛的愿望与其国民不屈不挠、顽强拼搏的精神。

2. 简史

新加坡的名称来源于梵文"信诃补罗"，"信诃"即狮子（Singa），"补罗"即城（Pura）。狮城王朝建成以后，圣尼罗优多摩成为王国的第一任君主，以后一共传了五位国王，统治了123年。新加坡于15世纪又建立了马六甲王朝，1511年马六甲王国灭亡，其后代虽然另建柔佛王国及廖内柔佛王国，但自16世纪中叶起，新加坡成为廖内柔佛王国管辖的一个地区，一直到1819年，莱佛士到来以后，才再次被开辟为一个大商港。1824年，英国再次和新加坡苏丹签约，新加坡沦为英国的殖民地，成了英国在远东的转口贸易商埠和东南亚的主要军事基地。1942年，新加坡被日本占领。1945年8月日本投降后，英国恢复了对新加坡的统治。1958年8月，英国核准《新加坡自治方案》。1959年6月，新加坡成为自治邦。1963年9月，新加坡并入马来西亚。1965年8月9日，新加坡脱离马来西亚的统治，宣布独立，成立新加坡共和国。

3. 文化与艺术

（1）文学

新加坡的人口约有四分之三是华人，其余是马来人、印度人等。官方语言有汉语、英语、马来语和泰米尔语四种，所以新加坡有四种语言的文学作品。

（2）艺术

妆艺大游行：每逢农历新年，新加坡的多所学校和民间团体联合呈献街头游行活动，如大头娃娃、踩高跷等节目，本地三大族也会呈献传统艺术表演。

新加坡国际电影节：该电影节始于 1987 年，是新加坡最盛大的电影活动，也是亚洲最重要的电影节之一。

娘惹文化：东南亚有个峇峇娘惹（海峡华人）族群，是数百年前中国移民和马来女性所生的后代，主要在槟城、马六甲、新加坡和爪哇一带。在那里，男的称为峇峇，女的叫娘惹。峇峇娘惹文化保存的中国传统习俗来自历史的某段时空，然后停格了，后来加入了马来文化习俗，所以不等同于中土文化。

（三）经济

20 世纪 70 年代，新加坡逐步摆脱了仅仅依靠转口贸易维持生计的局面，逐步过渡到具有高附加价值的资本、技术密集型工业和高科技产业。从 20 世纪 80 年代初开始，新加坡加速发展资本密集、高增值的新兴工业，大力投资基础设施建设。20 世纪 90 年代为进一步推进经济增长，新加坡大力推行"区域化经济发展战略"，加速向海外投资。2004—2007 年，新加坡实质 GDP 平均增长 7%，但由于全球金融危机的影响，2008 年跌至 1.1%，多个行业遭受冲击。对此，政府推出新一轮经济刺激政策，加强金融市场监管，维护金融市场稳定，提升投资者信心。

2013 年新加坡的 GDP 为 2 957.449 亿美元，人均 GDP 为 54 776 美元。新加坡的货币单位为新加坡元（简称新元或新币），1 美元 = 1.252 3 新加坡元（2014年 4 月 14 日）。

1. 农业

农业园区位于林厝港，可耕地面积两千多公顷，农业中保持高产值出口性农产品的生产，如兰花种植、热带观赏鱼批发养殖、鸡蛋奶牛生产、蔬菜种植等。

2. 工业

1961 年 10 月，政府为加快工业化过程，创建了裕廊工业区。该区对 GDP 的直接贡献率为 26% 左右。政府也据地理环境的不同，将新加坡的东北部划为新兴工业和无污染工业区，重点发展电子、电器及技术密集型产业；将沿海的西南部和外岛（裕廊岛、毛广岛）划为港口和重工业区；将中部地区划为轻工业和一般工业区。迄今新加坡已经成为世界第三大炼油中心，以及东南亚最大修造船基地。

3. 服务业

服务业在新加坡经济中扮演更重要的角色，约占 GDP 的四分之三，主要产业包括批发零售业（含贸易服务业）、商务服务业、交通与通信业、金融服务业、膳宿业（酒店与宾馆）、其他共六大门类。批发与零售业、商务服务业、交通与通信业、金融服务业是新加坡服务业的四大重头行业。

4. 金融业

根据全球金融中心指数（2012 年）的排名，新加坡是全球第四大国际金融中心，而吉宝港口是世界上最繁忙的港口之一。

5. 贸易

外贸是新加坡国民经济的重要支柱。新加坡进出口的商品包括加工石油产品、消费品、机器零件及附件、数据处理机及零件、电信设备和药品等。主要贸易伙伴有马来西亚、泰国、中国、日本、澳大利亚、韩国、美国、印度尼西亚等。

6. 交通

新加坡港地处国际海运洲际航线上，是世界上最繁忙和最大的集装箱港口之一。新加坡港共有二百五十多条航线连接世界各主要港口，约有八十个国家与地区的一百三十多家船公司的各种船舶日夜进出该港。2013 年新加坡港集装箱吞吐量达 3 260 万个标准箱，位居世界第二。

（四）政治

新加坡国家政体为共和制。《宪法》规定总统为国家元首，由议会选举产生，任期四年，总统委任议会中多数党的领袖为总理，总统和议会共同行使立法权。新加坡实行总理负责制，总理由议会中的多数党提名，总统任命，任期四年。新加坡现有二十二个政党，主要有人民行动党、工人党、新加坡民主党。

新加坡实行一院制，任期五年。新加坡国会可提前解散，大选须在国会解散后三个月内举行。年满 21 岁的新加坡公民都有投票权。国会议员分为民选议员、非选区议员和官委议员。其中民选议员从全国十二个单选区和十五个集选区（2011 年大选）中由公民选举产生。集选区候选人以 3～6 人一组参选，其中至少一人是马来族、印度族或其他少数种族。同组候选人必须同属一个政党，或均为无党派者，并作为一个整体竞选。非选区议员从得票率最高的反对党未当选候选人中任命，最多不超过六名，从而确保国会中有非执政党的代表。官委议员由总统根据国会特别遴选委员会的推荐任命，任期两年半，以反映独立和无党派人士意见。新加坡本届国会 2011 年 5 月 7 日选举产生，共有八十七名民选议员，其中人民行动党八十一人，工人党六人。

二、人文习俗

1. 人口、民族、语言与宗教

截至 2013 年 6 月，新加坡常住总人口临时数字为 540 万，其中 331 万人属于新加坡公民，53 万个永久居民（简称 PR），居住在狮城的外籍人士数目相当多，有约 155 万人。

新加坡公民主要以四大族群来区分：华人（汉族）占人口的 74.2%，而马来族（13.3%）、印度裔（9.1%）和欧亚裔/混血（3.4%）只占总人口的四分之一。大多数的新加坡华人源自于中国南方。

新加坡是一个多语言的国家，拥有四种官方语言，即马来语、汉语、英语和泰米尔语。新加坡《宪法》明确规定马来语为新加坡的国语。新加坡采用英语作为政府机构以及种族社群之间的主要通行语和教学语。

2. 民间节庆

九宵节：这是兴都教教徒对三位一体的女神表示敬意的日子。一连九个晚上七点半至十点，兴都庙都有祷告会与印度古典歌舞表演。到了第十夜，登路（Tank Road）的丹达乌他帕尼兴都庙，将九宵节的庆祝活动带至高潮，这时人们还可看到银马神像领导信徒进行游行活动。

电影节：每年四月的电影盛会都会吸引众多狂热的观众。

春节：春节来临之际，沿街彩灯高悬，一派繁荣景象。象征着吉祥的红色和金色装饰在商店里随处可见；舞龙狮的敲锣打鼓声震耳欲聋，据传说，这样可以吓跑"妖怪"。除夕之夜，华人的家庭都会聚在一起吃顿团圆饭。在新年的第一天（即农历正月初一），每个孩子都可以得到一个传统的"红包"——装有钱的红色或金色小包和代表好运的金橘。

屠妖节：这是庆祝光明战胜黑暗、正义击败邪恶的节日。屠妖节（Deepavali）标志着"印度新年"的到来，通常用屠妖节亮灯仪式来庆祝。期间，人们去寺庙做祷告，当然每个家庭也带来了香浓四溢的节日佳肴，小印度的寺庙和街道用彩灯和花环精心装饰，再加上五彩的拱门，整个庙宇被点缀得格外耀眼。

国庆日：8 月 9 日是新加坡的国庆日。

哈芝节：哈芝节又称宰牲节，古尔邦节，详细介绍见马来西亚一节。

3. 服饰

新加坡人的衣着打扮与我国南方的一些地区非常相似。女士往往是洁白的上衣罩着薄薄的裙子，轻盈飘逸，颇为大方。文职人员衣着较为规范，一般是白衬衫、西装裤，打着一条领带。由于气候炎热，新加坡人一般不穿西装上衣。

4. 饮食

新加坡是一个多种族的国家，其中集聚了不少马来人、印度人，华人的食品。从游客熟知的海南鸡饭、酿豆腐、广式烧腊面、虾面，到东南亚口味的沙爹、叻沙、娘惹糕点、肉骨茶、辣椒炒螃蟹、咖喱鱼头以及印度著名的各式咖喱饭，应有尽有，口味令人回味无穷。

鸡肉沙爹：香味四溢的鸡肉沙爹是新加坡著名的马来美食，一只只鸡肉串经火炭一番烧烤后，再配上饭团、切片鲜黄瓜和洋葱，就是一道可口美味的马来小吃，再蘸上精心调制的黄梨花生酱，称得上绝顶美味。

海南鸡饭：海南鸡饭是从中国海南来到新加坡的早期移民的菜色。海南鸡饭的做法简单，鲜嫩多汁的白斩鸡搭配油光黄澄香鸡饭，配生抽或者老抽和特制辣椒酱及姜蓉即可。

咖喱鱼头：这道香辣的印度佳肴以一大块石斑鱼头或红鲷鱼头为主，盛在一大碗热腾腾的咖喱汤中上桌，汤味辛辣香浓，鱼头鲜嫩美味。

叻沙：叻沙为典型的娘惹或土生华人菜肴。汤料以椰浆、香料和辣椒为主，香浓辛辣，配以粗米粉，再加上虾蛤，是新加坡的特色美食之一。

5. 社交礼仪与民俗禁忌

新加坡人待人接物十分注重礼节，总是那样笑容可掬、彬彬有礼。

在新加坡，用食指指人，用紧握的拳头打在另一只张开的掌心上，或紧握拳头，将拇指插入食指和中指之间，均被认为是极端无礼的动作。马来人和印度人只用右手抓食物，而左手绝对不得用来触碰食物。回教徒忌讳狗、猪和猪制品，还忌讳酒和赌博，印度教徒不吃牛肉，但喝牛奶。

（1）华人。两人相见时相互作揖；结婚要选黄道吉日，送红包，新娘穿代表喜庆的红色衣服，举行仪式时尽可能多地宴请亲朋好友；出殡要选不犯凶神恶煞的时间；为讨吉利，商品、银行的字号大多取"鸿发""茂源"之类的招牌；春节、元宵节、端午节、中秋节都是华人的传统节日。

（2）马来人。两人相见时行双手握礼；斋月时，白天不进食；男子成年时均行割礼；婚礼中，几乎邀请全村人前来参加，女方亲友围绕新娘，男宾组成一个队列，簇拥新郎到新娘家举行仪式，来宾离去时，每人手上握一个煮熟的鸡蛋，以表示多子多孙的意思。

（3）印度人。妇女额头上点檀香红点，男人扎白色腰带；见面时行合掌致意；平时进门脱鞋，社交活动和饮食只用右手；以牛为圣物，不吃牛肉；婚礼在庙里以古老仪式举行，婚礼举行过程中，新郎跪在新娘面前，悄悄在她的脚趾上套一枚戒指，婚礼高潮是新娘戴上茉莉花和兰花编成的花环，宾客向新人抛撒花束。

三、旅游业概况

（一）主要旅游城市与著名景点

新加坡被誉为"购物者天堂"，诱人的免税商场尤其吸引大量国外游客。

新加坡作为新加坡共和国的唯一城市，有如下一些著名旅游景点：滨海湾金沙、滨海湾金沙艺术科学博物馆、新加坡摩天观景轮、新加坡环球影城、海事博物馆与水族馆、新加坡海底世界等。

（二）旅游市场

1. 入境旅游

新加坡的旅游业产值已占国民生产总值的 10.7%，成为仅次于制造业和航运业的第三大支柱和第三大创汇行业。2010 年入境游客达到 1 160 万人，比 2009 年增长 20%，旅游收入达到 188 亿新元（约合 940 亿元人民币）。在赴新加坡的外国游客中，以亚洲地区人数最多，约占一半以上。

新加坡的会展旅游项目非常发达，每年举办约 6 000 个商业会展项目，占全亚洲举办会展总数的近四分之一，占全亚洲会展业总收益的 40%。

2. 出境旅游

新加坡来华旅游情况为：2013 年来华旅游的新加坡人大约为 96.66 万人，其中参加会议和进行商务活动的游客约为 18.68 万人，观光休闲的约为 32.13 万人，探亲访友的约为 3.86 万人，服务员工约为 6.26 万人，其他的约为 35.73 万人。

四、中新关系

两国于 1990 年 10 月 3 日建立外交关系。两国除互设使馆外，新加坡在上海、厦门、广州、成都和香港设有总领事馆。2008 年 10 月两国签署《中新自由贸易协定》，该协定于 2009 年 1 月 1 日正式生效。据中国海关统计，2010 年双边贸易额为 570.6 亿美元，增长 19.2%，其中我国出口 323.5 亿美元，增长 7.6%，进口 247.1 亿美元，增长 38.8%。

第三节　菲律宾

一、基本概况

（一）自然地理概况

菲律宾国土面积为 29.97 万平方千米，是东南亚岛国，位于亚洲东南部。菲律宾北隔巴士海峡与中国台湾省遥遥相对，南和西南隔苏拉威西海、巴拉巴克海峡与印度尼西亚、马来西亚相望，西濒南中国海，东临太平洋。菲律宾共有大小岛屿7 107个，其中2 400个岛有名称，1 000多个岛有居民。吕宋岛、棉兰老岛、萨马岛等11个主要岛屿占全国总面积的96%。

菲律宾三分之二以上岛屿是丘陵、山地及高原，多火山，多优良港湾。棉兰老岛的阿波火山是菲律宾最高的山峰，吕宋岛的马荣火山是菲律宾最大的活火山，同时也是世界最小的活火山。菲律宾主要河流有棉兰老河、卡加延河，贝湖是全国最大的湖泊。

菲律宾北部属海洋性热带季风气候，南部属热带雨林气候，年平均气温27℃，年降水量2 500毫米左右。夏秋季多雨、多台风。凉季为12月至次年2月，气温稍低，较为舒爽，雨量也少，是旅行的最好季节；5月中旬至12月中旬是台风季节；7月、8月是雨量最多的月份。

菲律宾森林面积1 585万公顷，覆盖率达53%，有乌木、檀木等名贵木材。菲律宾主要作物有椰子、甘蔗、蕉麻、烟草、香蕉、菠萝、芒果、稻、玉米等。椰干和椰油的生产和输出占世界首位，香蕉、芒果、木材、铁、铬等在世界市场上也较重要。菲律宾水产资源丰富，鱼类品种达2 400多种，金枪鱼资源排名居世界前列。菲律宾矿藏主要有铜、金、银、铁、铬、镍等20余种。

马尼拉时间比格林尼治时间早8个小时，与北京时间一致。

（二）基本国情

1. 首都、国旗、国花

菲律宾首都为马尼拉市（Manila），面积38.55平方千米，位于吕宋岛西部，马尼拉湾东岸，帕西河的入海口。帕西河横贯全城，现今为菲律宾第二大城市，人口有150万，为全国经济、文化、教育和工业的中心。

菲律宾国旗：上半部为蓝色，下半部为红色，左边为一个白色等边三角形。三角形中央有一个金黄色的太阳，周围有八道长的光线和一些较短的光线；三角形的每个角落各有一颗黄色的五角星。蓝色代表和平、真理和正义；红色代表爱国心和勇敢；白色代表平等。三角形里的太阳代表自由，表示阳光普照全国。八道光线代表1886年最先拿起武器反抗西班牙统治的八个省，其余的光线代表其他各省。三颗星象征菲律宾群岛的三大区域——吕宋、米沙鄢和棉兰老。

菲律宾国花是被称为"桑巴吉塔"的茉莉花。这是一种灌木类植物，一般高一米多，花色洁白、香味浓郁，有单瓣和双瓣两种。

2. 历史

菲律宾历史悠久。早在公元前4 000—公元前3 000年和公元前1 500年左右，

095

先后有两批蒙古利亚种人和印度尼西亚种人来到菲律宾。现在的马来族就是他们的后裔。在西班牙殖民者入侵之前，菲律宾就有许多土著部落和马来族移民建立的割据王国。1521年，麦哲伦率领的西班牙远征队到达该岛。1565年，西班牙侵占菲律宾，统治菲三百多年。1898年6月12日，菲宣告独立，成立菲历史上第一个共和国，同年美国占领了菲律宾。1942年菲律宾被日本占领。第二次世界大战以后，菲再次沦为美国殖民地。1946年7月4日，美国被迫同意菲独立。2010年6月30日，统贝尼尼奥·阿基诺三世成为菲律宾第十五任总统。

3. 文化

（1）文学

菲律宾流行三种官方语言，即以他加禄语为基础的菲律宾诺语、英语和西班牙语，其中比较通用的是英语。菲律宾爱国的他加禄语诗人弗朗西斯科·巴尔塔萨尔（1788—1862年）在狱中所写的著名长诗《弗罗兰第和萝拉》（1838年），被誉为菲律宾近代文学的第一篇杰作，巴尔塔萨尔也因此被人誉为"他加禄诗人之王子"。1887年，菲律宾作家何塞·帕尔马发表的长篇小说《不许犯我》，反映了菲律宾人反抗西班牙殖民统治的觉醒与斗争。1901年菲律宾沦为美国的殖民地之后，英语逐渐代替西班牙语，出现了不少用英文创作的小说。

（2）艺术

菲律宾岛屿众多，因此，舞蹈种类繁多，各地方的舞蹈各具特色，其中，被视为国舞的是"Carinosa"，这是菲律宾人的求爱舞，反映了菲律宾人热情、可爱的民族特征。

（三）经济

菲律宾经济的组成以农业及工业为主，特别着重于食品加工、纺织成衣以及电子、汽车组件等产业。大部分的工业集中于马尼拉大都会区的市郊，此外，宿务大都会区也成为吸引外国及本地投资的另一个地点。

2013年，菲律宾的GDP总计为2 720.17亿美元，人均GDP为2 794美元。菲律宾的货币为菲律宾比索，汇率情况是：1美元＝42.28菲律宾比索（2014年4月14日）。

1. 农业

农林渔业产值约占国内生产总值的20%，从业人口占总劳动力的37%。农业是菲律宾的主要经济部门，2010年，农业人口占总人口的三分之二以上。主要粮食作物有水稻和玉米，粮食基本自给。菲律宾的主要经济作物有椰子和甘蔗，其中，椰子的产量约占世界椰子产量的一半。

2. 工业

进口替代工业发展战略的实施，使菲律宾的工业（特别是制造业）在20世纪五六十年代获得较快发展。但是，直至1990年，制造业在菲律宾国内生产总值中所占的比重仍略低于农业。政府鼓励发展以出口为目标的劳动密集型中小企业，使工业生产，特别是制造业得到恢复和发展。

3. 服务业

菲佣收入是菲律宾服务业收入的重要来源。菲佣也就是家政服务专业人员。菲佣素有"世界上最专业的保姆"之美誉。菲律宾有七百多万菲佣在国外工作，占全国人口的10%左右，每年寄回国内的外汇超一百亿美元，占菲律宾外汇总收入的24%。

4. 对外贸易

菲律宾主要出口产品为电子产品，其次为其他制造业产品。其出口贸易额的不断增长主要受益于美国和日本市场电子产品消费和存货的普遍增加，其中美国和日本市场占了菲律宾商品出口的近40%。菲律宾主要的进口产品为粮食、石油制品、机器、纺织、金属制品等。从日本、美国、韩国和新加坡的进口额占了菲律宾商品进口额的一半以上。

（四）政治

菲独立后共颁布过三部宪法。现行宪法于1987年2月2日由全民投票通过，由时任总统阿基诺于同年2月11日宣布生效。该宪法规定，菲律宾实行行政、立法、司法三权分立政体；总统拥有行政权，由选民直接选举产生，任期六年，不得连选连任；总统无权实施《戒严法》，无权解散国会，不得任意拘捕反对派；禁止军人干预政治；保障人权，取缔个人独裁统治；进行土地改革。

国会是最高立法机构，由参、众两院组成。菲实行总统内阁制，总统是国家元首、政府首脑兼武装部队总司令。菲政党多达一百余个。

二、人文习俗

（一）人口、民族、语言与宗教

菲律宾是全球人口最多的二十个国家之一，也是东南亚地区人口增长率最高的国家。2010年年底菲律宾人口数量达9 401万。马来族占全国人口的85%以上，包括他加禄人、伊洛戈人、邦班牙人、维萨亚人和比科尔人等；少数民族及外来后裔有华人、阿拉伯人、印度人、西班牙人和美国人；这里还有为数不多的原住民。

国语是以他加禄语为基础的菲律宾语，英语为官方语言。塔加洛语（塔加洛语：Tagalog），或译为"他加洛语""他加禄语"，在语言分类上属于南岛语系的马来—波利尼西亚语族，主要在菲律宾使用。在菲律宾将近一百七十种的本土语言中，塔加洛语是唯一具有官方语言地位的一种语言。

国民约84%信奉天主教，4.9%信奉伊斯兰教，少数人信奉独立教和基督教新教，华人多信奉佛教，原住民多信奉原始宗教。

（二）民间节庆

除夕新年（12月31日至1月1日）：街道上到处施放烟火，充满热闹欢乐的气息。除夕新年与家人团聚是菲律宾的传统。

圣周节（3月15日）：在复活节期间举行圣像游行和演出耶稣受难剧，在封斋期戒律，因宗教纪律而自我鞭笞者和忏悔者为了履行一年一度的誓愿而鞭打自己。

五月花节（5月的最后一个星期日）：每天下午小女孩手捧花束献给圣母玛利亚，在五月的最后一个星期日，举行圣母像大游行，少女穿上白色缀满鲜花的长袍，跟随在圣母像之后。

国庆节（6月12日）：这是菲律宾独立纪念日，纪念菲律宾在1898年6月12日脱离西班牙独立，结束长期的殖民统治。

万圣节（11月1日）：这是为纪念已逝去的亲人，全家到墓园去献花和燃烧蜡烛，并通宵守夜的日子，后来，这一天变成家庭团聚的日子。

圣诞节（12月25日）：菲律宾在黎明前举行弥撒敬礼，圣诞节这天，大家互相赠送礼物，家人欢聚团圆。

黎刹日（12月30日）：这是纪念国父黎刹为国家独立英勇就义的日子。

（三）服饰

西班牙殖民者入侵菲律宾前，菲律宾人穿用棉纱、麻纤维制成的衣服。男人穿的上衣称"康岗"，无领、短袖，下身用一条叫"巴哈"的布裹着腹部，上衣下摆略低于腰。衣服的颜色多为蓝色或黑色，只有尊长着红色的衣服。菲律宾人的服装变化很大，西装在中上层人士中广泛流行，而老百姓的衣着则比较简单。男子上身穿衬衣，喜用白色，下身穿西装裤；女子喜欢穿无领连衣裙。大部分青年着西式皮鞋，老年人仍穿用木头、麻或草做成的拖鞋。

菲律宾男子的国服叫"巴隆他加禄"衬衣。这是一种丝质紧身衬衣，长可及臀，领口如同一般可以扎领带的衬衫，长袖，袖口如同西服上装。前领口直到下襟两侧，都有抽丝镂空图案，花纹各异，颇为大方。菲律宾女子的国服叫"特尔诺"。这是一种圆领短袖连衣裙。由于它两袖挺直，两边高出肩稍许，宛如蝴蝶展翅，所以也叫"蝴蝶服"。此外，菲律宾各少数民族的穿戴各不相同。

（四）饮食和美食

菲律宾人的主食是大米、玉米，他们有时也吃玉米和薯粉，伴以蔬菜和水果等。农民在煮饭前才舂米。他们把米饭放在瓦缸或竹筒里煮，然后用手抓饭进食。菲律宾人最喜欢吃的是椰子汁煮木薯、椰子汁煮饭，然后用香蕉叶包饭。玉米作为食物，先是晒干，磨成粉，然后做成各种食品。城市中上层人士大多吃西餐。菲律宾穆斯林人的主食是大米，他们有时也吃玉米和薯粉，佐以蔬菜和水果等。按照伊斯兰教教规，他们不吃猪肉，不喝烈性酒，不喜欢吃兽类内脏和腥味大的东西。烹调很简单，他们喜欢使用刺激性的香辣调味品，进食时用手抓。咀嚼槟榔的习惯在菲律宾穆斯林人中非常流行。

菲律宾的名菜有烤乳猪，即烤小猪；巴鲁特，即煮熟的孵化到一半的鸭蛋；阿恰拉，即将番木瓜、洋葱、蔬菜片加胡椒和醋制作成的和泡菜相似的小菜；鲁必亚，将春卷皮包上虾、鸡肉、猪肉和各种蔬菜丝，然后油炸或直接蘸花生酱而成的食物；阿道包，将蘸了醋的鸡肉或猪肉用酱油、糖姜葱焖透而成，肉本身又滑又烂；还有烤猪腿、香蕉心加花生酱炖牛肚等。菜常用香醋、糖、辣椒等调味。

（五）社交礼仪与民俗禁忌

菲律宾人在社交场合与客人见面时，无论男女都习惯以握手为礼。熟人或亲朋见面时，则比较随便，常以拍肩膀示礼。

菲律宾人家庭观念很强，与其交谈，多谈家庭问题。他们崇尚茉莉花，常把茉莉花环挂到贵宾的脖子上。

菲律宾人的姓名大多为西班牙语姓名，顺序为教名、母姓首字、父姓。人们与专业技术人员交往时要称呼他们的职称如工程师、建筑师、律师、教授等。人们交谈时要避免菲国内政治纷争、宗教、近代史等话题。

菲律宾人喜爱打听私人情况，因此，与人谈话时要小声。老年人在菲律宾特别受到尊重，人们见面时要先向年长者问候、让座，一般情况下不能在老人面前抽烟。

在菲律宾收受或者赠送礼物不要当众打开，否则客人会有被当众羞辱的感觉。菲律宾人很忌讳"13"这一数字和星期五。他们认为"13"是"凶神"，是厄运和灾难的象征，所以是令人极为厌恶的数字。

菲律宾人不喝牛奶和烈性酒。菲律宾人不爱吃生姜，也不喜欢吃兽类内脏和腥味大的东西，对整条鱼也不感兴趣。

在菲律宾，忌进门时脚踏门槛，当地人认为门槛下住着神灵，不可冒犯，有些菲律宾人家，特别讲究屋内整洁、干净，他们常常习惯于进屋前先脱鞋；忌红色，认为红色是不祥之色；忌鹤和龟以及印有这两种动物形状的物品。

在菲律宾，跟人打交道，你就不能"面无表情"，或是"三缄其口"。你若是面无表情或一声不发，他们会认为你不怀好意，或是不愿意跟他们打交道。

菲律宾人与其他一些东南亚国家的人民一样，忌讳左手传递东西或抓取食物。他们认为左手是肮脏、下贱之手，使用左手是对他人的极大不敬。

菲律宾各个民族的传统婚姻习俗差异很大。一般菲律宾人多半是自由恋爱结婚。在恋爱中，男子多赠女方以化妆品、水果、花束等，花的颜色则以白色和黑色为佳，茶色和红色乃属禁忌之色。结婚仪式均在教堂中举行。菲律宾穆斯林的婚姻由父母决定。男方须通过媒人向女方家庭提出求婚，并交付聘金。婚礼仪式由伊斯兰阿訇主持，并举行盛大宴会款待客人。菲律宾实行早婚制，少女十二三岁便被视为已达结婚年龄。此外，菲律宾的法律规定一个男子最多可以拥有四个妻子。

三、旅游业概况

（一）主要旅游城市与著名景点

1. 主要旅游城市

马尼拉：马尼拉是一座具有悠久历史的城市。它在印度文明、中国文明及中亚古文明的基础上，融合西班牙、美国的西洋文明，形成东西合璧的文化。马尼拉著名的景点有黎刹公园、西班牙古城（圣·奥古斯丁教堂、马尼拉大教堂、圣地亚哥古堡）、唐人街、马拉坎南宫（总统府）、美军纪念公墓、塔尔湖。

宿务：宿务于1571年建市，是菲律宾最古老的城市，是菲第二大城市。宿务主要的景点有麦哲伦十字架、圣佩多要塞、圣婴教堂、哥伦路、巧克力山、麦克坦岛、薄荷岛沙滩和罗博儿童合唱团和马拉帕斯卡岛。

碧瑶：山城碧瑶被誉为菲律宾夏都。举目四望，漫山遍布苍松翠柏，俗称松市；芳草如茵，繁花似锦，又被赞为花城。

维甘古城（世界文化遗产）：维甘古城修建于16世纪，是亚洲保存得最为完好的西班牙殖民城市。它的建筑是菲律宾、中国及欧洲文化的极好融合。

2. 著名景点

图巴塔哈群礁海洋公园（自然遗产）：这里是东南亚最大的珊瑚生成水域，其珊瑚之美丽多姿更是别处无法比拟的。

巴洛克教堂群（文化遗产）：巴洛克教堂群位于吕宋岛的米亚高等地。其中以圣奥古斯丁教堂、奴爱斯特拉·塞纳拉·台·拉·阿斯姆史奥教堂、比略奴爱巴教堂最为著名。它是西班牙及墨西哥殖民者所建，大体顺延了巴洛克建筑风格。

科迪勒拉山的水稻梯田（文化遗产）：科迪勒拉水稻梯田被誉为"世界第八

大奇迹"，位于马尼拉以北 250 千米的安第斯山上。它是当地土著部落人民为了谋生而在裸露的山地上开垦出的土地。

公主港（自然遗产）：公主港即普林塞萨港（Puerto Princesa），是菲律宾巴拉望岛中东部的一个港口城市，巴拉望省的首府。

长滩岛：长滩岛是菲律宾中部的一座岛屿，位于米沙鄢群岛所在的阿克兰省，面积 10.32 平方千米，曾被评选为世界最美沙滩之一。

巴拉盖：巴拉盖是位于菲中部维萨亚地区北部班奈岛西北角海中的一个小岛，面积 20 平方千米。岛上有绵延 4 千米的白沙滩，曾被评为世界十大著名海滩之一。

马荣火山：马荣火山是位于菲律宾吕宋岛东南部的活火山，以其近乎完美的圆锥形山体，号称"最完美的圆锥体"，是世界上轮廓最完整的火山。

（二）旅游市场

1. 入境旅游

菲律宾 2013 年的入境旅游人数从 2012 年的 430 万人次，上升到 470 万人次。2013 年菲律宾旅游收入达到 44 亿美元，较 2012 年增长了 15%。

2. 出境旅游

菲律宾来华旅游情况为：2013 年来华旅游的菲律宾人大约为 99.67 万人，其中参加会议和进行商务活动的游客约为 2.85 万人，观光休闲的约为 22.20 万人，探亲访友的约为 0.11 万人，服务员工约为 62.27 万人，其他的约为 12.24 万人。

四、中菲关系

中国同菲律宾于 1975 年 6 月 9 日建交。建交三十多年以来，中菲关系总体发展顺利。2000 年，双方签署了《中华人民共和国政府和菲律宾共和国政府关于 21 世纪双边合作框架的联合声明》，确定在睦邻合作、互信互利的基础上建立长期稳定的关系。中菲除互设大使馆外，中国在宿务设有总领馆，2007 年 3 月在拉瓦格开设领事馆。菲在厦门、广州、上海和香港分别设有总领馆。

● 第四节　泰国

一、基本概况

（一）自然地理概况

泰国全称泰王国，位于东南亚的中心，是通往印度、缅甸和中国南部的天然门户。泰国从地形上划分为四个自然区域：北部山区丛林、中部平原的广阔稻田、东北部高原的半干旱农田以及南部半岛的热带岛屿和较长的海岸线。国境大部分为低缓的山地和高原。另外，泰国的一般大众习惯将国家的疆域比作大象的头部，将北部视为"象冠"，东北地方代表"象耳"，暹罗湾代表"象口"，而南方的狭长地带则代表了"象鼻"。

泰国境内有众多的河流湖泊，尤以湄南河最为著名。湄南河在泰语中意为"河流之母"，为全国第一大河，全长1 200千米。

泰国地处热带，绝大部分地区属热带季风气候，年平均气温为22~28℃，年降水量为1 000~2 000毫米。全年可分为热季、雨季和凉季三季。这三季分别为2月至5月、5月至10月、11月至次年1月。凉季，天气凉爽干燥，是开展旅游活动的好时节。

全国森林覆盖率达38%，山区森林繁茂，以出产柚木、红木、紫檀等名贵硬木闻名。泰国盛产热带水果，如椰子、芒果和香蕉等，有"水果王国"之称。

泰国矿藏资源丰富，主要有钾盐、锡、褐煤、油页岩、天然气，还有锌、铅、钨、铁、锑、铬、重晶石、宝石和石油等。其中钾盐储量4 367万吨，居世界前列（第一为加拿大），锡储量约120万吨，占世界总储量的12%。锡矿储量为世界总储量的12.2%，有色宝石产量约占世界总产量的一半。首都曼谷素有世界"宝石加工之都"的美誉。

另外，泰国在世界上素有"佛教之国""大象之国""微笑之国"等美誉。

曼谷时间比格林尼治时间早7个小时，比北京时间晚1个小时。

（二）基本国情

1. 首都、国旗、国花

泰国的首都是曼谷。曼谷地处湄南河入曼谷湾的河口平原北岸，是全国的政治、经济、文化、交通中心，是东南亚第二大城市，也是全国最大的工商业城市。泰国人称它为"军贴"，意思是"天使之城"。曼谷面积1 568平方千米，城市人口达到980万（截至2010年）。

泰国国旗是一面三色旗，呈长方形，长与宽之比为3∶2。由红、白、蓝、白、红五条横带组成，蓝带比红白带宽一倍。红色代表民族，象征各族人民的力量与献身精神。白色代表宗教，象征宗教的纯洁。蓝色代表王室。蓝色居中象征王室在各族人民和纯洁的宗教之中。

泰国的国花为金莲花。

2. 简史

泰国已有七百多年的历史和文化，原名暹罗。公元1238年素可泰王朝建立，开始形成较为统一的国家。泰国先后经历了素可泰王朝（1238—1378 年）、大城王朝（1350—1767 年）、吞武里王朝（1767—1772 年）和曼谷王朝（1782 至今）。从 16 世纪起，泰国先后遭到葡萄牙、荷兰、英国和法国等殖民主义者的入侵。19 世纪末，曼谷王朝五世王大量吸收西方经验进行社会改革。1896 年，英、法签订条约，规定暹罗为英属缅甸和法属印度支那之间的缓冲国，从而使暹罗成为东南亚唯一没有沦为殖民地的国家。1932 年 6 月，人民党发动政变，建立君主立宪政体。1938 年，銮披汶执政，1939 年 6 月将国名更改为泰国，意为"自由之地"。1941 年泰国被日本占领，泰国宣布加入轴心国。1945 年恢复暹罗国名。1949 年 5 月又改称泰国。

3. 文化

（1）文学

素可泰王朝（1257—1377 年）建立之时，佛教和婆罗门教已在这个地区流传。素可泰时期最有代表性的一部宗教文学作品是《三界经》，它是五世王立泰（1354—1376 年在位）根据三十部佛经编纂而成。在阿瑜陀耶王朝（1350—1767 年）统治泰国的四百一十七年期间，泰国逐渐形成了比较完整的封建制度。它继承了素可泰时期的文学遗产，同时吸收了高棉帝国的古老文化和由婆罗门僧侣带来的古印度文化，出现了格律严谨的诗词，即戛普、克龙和禅。在素可泰时期，拉玛底帕提一世（1350—1369 年在位）责成婆罗门祭司编写了一部《水咒赋》，这是泰国第一部赋体（立律）文学作品。《水咒赋》的主要内容是歌颂拉玛底帕提一世，宣扬忠君思想。阿瑜陀耶王朝后期，"格仑"（八律诗）已很盛行，尤其是用于戏剧和对唱。创作形式又出现了一种新的赋，叫"戛普和克龙"。吞武里王朝（1767—1782 年）出现的重要作品有《王冠明珠赋》（《立律碧蒙谷》），以及用禅体诗改写的《伊瑙》《加姬》《吞武里王颂》《吉沙纳教妹》等。曼谷王朝时期，拉达纳哥信王朝（曼谷王朝）于 1782 年建立以后，继续收集散失的阿瑜陀耶时期的文学作品。

（2）艺术

泰国传统舞蹈分古典舞和民族舞两种。其中古典舞是一种十分复杂而微妙的艺术，每个舞步动作都具有特殊含义，诉说一个婆罗门教故事，情节十分曲折。

古典舞是泰国舞蹈艺术的精华，已有三百多年历史，源于印度南部"卡达卡利"宗教舞蹈，同时又受中国皮影戏的影响。在古典舞中尤以哑剧舞驰名。古典舞又有"宫内"与"宫外"之别。泰国古典舞经常在宗教活动、纪念典礼中出现，表演者在演出时完全赤脚，无论一举手或一投足，都是那么缓慢而富有韵律。舞蹈者擅长以手和手指表达意思，譬如两手交叉于胸前表示爱，双手摩擦颈部表示愤怒，左掌伸平贴于胸口表示内心喜悦，食指指向地面表示凶恶。

泰国民族歌舞素以服装华贵、动作优雅、内涵丰富而脍炙人口。其中以玉指闪烁的"指甲舞"最有魅力；烛光流萤的"蜡烛舞"最有艺术；大众化的南旺舞最为普及。

泰拳是一门传奇的格斗技艺，是一项以力量与敏捷著称的运动。泰拳主要运用人体的拳、腿、膝、肘四肢八体作为八种武器进行攻击，出拳发腿、使膝用肘发力酣畅淋漓，力量展现极为充沛，攻击力猛锐。

人妖主要指的是专事表演的从小服用雌性激素而发育的男性。泰国的人妖在全世界都非常出名，泰国人妖最聚集的地方当属芭堤雅，其次就是曼谷、普吉岛、苏梅、华欣。

（三）经济

20世纪80年代，泰国的制造业尤其是电子工业发展迅速，经济持续高速增长。泰国1996年被列为中等收入国家；1997年金融危机后经济陷入衰退；1999年经济开始复苏。经济复苏后，泰国积极应对国际金融危机，推动经济发展。2003年7月泰国提前两年还清金融危机期间向国际货币基金组织借贷的172亿美元贷款。

2013年泰国的GDP为3 872.16亿美元，人均GDP为5 673美元。泰国的货币为泰铢，汇率情况：1美元＝32.29泰铢（2014年4月14日）。

1. 农业

农业是泰国的传统经济产业，主要出口的农产品为大米、木薯、玉米和橡胶。水稻出口排世界第一位，木薯输出位居全球之冠，橡胶是泰国第一重要的农作物，产量居世界第三位。捕鱼业发达，在亚洲仅次于日本和中国，为第三大捕鱼国，鱼产品出口在亚洲仅次于日本。泰国水果出口是泰国的一大经济支柱，主要盛产榴莲、山竹、桂圆、椰子等。

2. 工业

泰国工业实行出口导向，主要门类有采矿、纺织、电子、塑料、食品加工、玩具、汽车装配、建材、石油化工、软件、轮胎、家具等。

（四）政治

1997年颁布的《宪法》是泰国第十六部宪法，奠定了泰国现在主要的政治格局。该《宪法》规定泰国实行以国王为元首的民主政治制度；国王为国家元首和王家武装部队最高统帅，神圣不可冒犯，任何人不得指责或控告国王。国王通过国会、内阁和法院分别行使立法、行政和司法权。国会为两院制，分上院、下院，均由直选产生，立法、审议政府施政方针和国家预算、对政府工作进行监督为其主要职能。政府总理来自下议员，由不少于五分之二的下议员提名，经下议院表决并获半数以上票数通过，由国会主席呈国王任命。总理在解散议会前须得到内阁批准并报国王审批；在不信任案辩论期间不得解散议会。内阁成员共三十六人，下议员担任内阁职务须辞去议员资格，阁员上任、卸任须申报并公布个人财产。上议员不得隶属任何政党，不得担任阁员。泰国 2007 年 8 月颁布了第十六部宪法。

二、人文习俗

（一）人口、民族、语言与宗教

泰国人口有 6 825 万人（2013 年预估）。全国有三十多个民族，其中以泰族和老挝族人口最多，分别占总人口的 40% 和 35%，此外还有马来族、高棉族和华人。泰国政府规定，华侨在泰生下的子女到第三代就算泰族人。泰语为国语；中部泰语即"曼谷语"，是全国通用的标准泰语；通用的书写文是高棉文。泰国 90% 以上的居民信奉佛教，主要是南传佛教。华人主要信奉北传佛教和儒教。禅是佛教最普及的方面之一，有无数泰国人定期坐禅以提升内心的平静和愉快。伊斯兰教是泰国第二大宗教。马来人和外国穆斯林后裔主要信奉伊斯兰教。此外，还有居民信奉基督教、天主教和印度教。

（二）民间节庆

宋干节：宋干节是泰国的传统节日，俗称"泼水节"。每年阳历 4 月 13 日至 15 日共三天，是源于印度婆罗门教风俗的旧历新年，第三天是节日的高潮，善男信女手持鲜花、食物去寺庙斋僧，聆听和尚美好祝福，并接受桃花瓣香水的淋洒，之后人们互相泼水祝福。

万佛节：每年泰历三月十五是万佛节，如逢闰年，改为阴历四月十五。泰国自 1913 年起将此日作为官方法定假日之一。

佛诞节：佛诞节的时间为泰历六月十五，也称吠舍法节，上座部佛教认为，释迦牟尼的"诞生""成道"和"涅槃"都在阴历六月十五日。佛诞节是泰国华人对该节日的称呼。

三宝节：三宝节的时间为泰历八月十五，是泰国佛教的重要节日。"三宝节"在佛教中是指佛、法、僧三宝都齐备的日子，因为这一天是佛祖成道后首次讲道的日子。

水灯节：水灯节时间为泰历十二月十五（望日），源于佛教徒以点灯表示敬奉忉利天上的佛骨塔，后演变为在河里放水灯。这天傍晚，男女老幼将用芭蕉叶或芭蕉树皮做成的水灯放进河里，以祈求风调雨顺。

国家纪念日中以王朝纪念日居多，泰历五月五日为泰皇登基日；公历 8 月 12 日是王后寿辰；泰历十二月十日是宪法纪念日。

（三）服饰

乡村的男子多穿对襟短衫，女子上衣紧身，短短地吊在腰上，下身着纱笼。纱笼下摆较宽，穿着舒适凉爽，是泰国平民中流传最长久的服装之一。泰式服装是在泰人习惯穿着的基础上发展起来的，具有一定的民族特色，分"泰式女服"和"泰式男服"。所谓泰式女服，下装必须是筒裙，布料必须是泰国所产，并有泰国花色、花纹或特征；"泰式男服"又名"帕叻差他服"，也是用本地布料制作，立领、开襟、五个扣，长短袖都有。泰国女子好装饰，抹口红、洒香水、佩戴首饰；男子戴戒指、项链的也很普遍。

（四）饮食

泰国美食国际知名。无论是口味辛辣的还是较为清淡的，和谐是每道菜所遵循的指导原则。因为有佛教背景，所以泰国人避免使用大块动物的肉，大块的肉被切碎，再拌上草药和香料。泰国传统的烹饪方法是蒸煮、烘焙或烧烤。

（五）社交礼仪与民俗禁忌

泰国人的姓名是名在前姓在后，如巴颂·乍仑蓬，巴颂是名，乍仑蓬是姓。未婚妇女用父姓，已婚妇女用丈夫姓。

泰国人对皇室相当尊敬，因此到访的旅客也应该谨慎展现对国王皇后以及皇室成员的尊敬。泰国是一个佛教国家，旅客拜访宗教地点时，进入供奉有佛像的寺庙之前请脱鞋、脱帽，当内有宗教聚会时请不要进入。泰国人在服装上，衣着干净合宜，无袖衬衫和短上衣、短裙或是高于膝盖的短裙及热裤等皆不适宜。此外，女性请勿触碰和尚，即使是轻微触碰也不行，如有需要将东西转交和尚，要先交给其他在场男性再由他转交给和尚。另外每尊佛像无论大小、损坏与否，都被视为是神圣的礼物。人们购买"佛饰"，禁用"购买"之类的词语，必须要用"求祖""尊请"之类的词语。

泰国人对于不认识的长辈都习惯叫叔、伯、姑、姨或爷爷、奶奶。同辈之间也称兄道弟，或以姐妹相称。他们从小受家庭教育，在家要尊敬父母、长辈。学校培养学生尊敬老师、对高年级同学要有礼貌的风气，教导学生敬老师犹如敬奉父母。泰国没有重男轻女的风气，泰国女子在各个方面取得了与男子平等的地位，如受教育、拥有选举与被选举权。

泰国人十分注重礼节，泰国人见面时行合掌礼，头稍稍低下，互致问候。双手合十的位置很有讲究：小辈对长辈，双手合十于前额；平辈相见，双手略为举起至鼻子高度；长辈对小辈，只要举到胸部高度即可。泰国人也行握手礼，但只在政府官员与知识分子中流行。对于特邀来访的贵宾，主人亲自给客人戴上鲜花编成的花环，客人不可随意扔掉，最好回到下榻处再取下，以示对东道主的尊敬。

泰国人的坐姿也很讲究，尤其有长辈在座的场合下，小辈为了表示礼貌，应该两手掌相叠，放在腿上，上身微躬而坐；若是有尊者或达官贵人在座，小辈的上身还要下躬，使两肘放在大腿上，两手掌相叠于膝盖稍上处。在马路上行走时，前面有长辈或要人迎面走来，小辈要闪在一旁，让他们先过；若与长辈同行时，要与他隔开一点距离，如需要同他靠近时，双手十指相扣，放于前面。

泰国人在交谈时，喜欢谈论食品、气候等，不喜欢谈论政治、腐化、王室，更不喜欢谈论个人问题。在社交聚会上，男子不应同已婚女子交谈过久。

泰国人重视头部，摸任何人的头或头发是严重的不礼貌行为，他们不愿意一位妇女或妇女的衣服碰到他们的头，这个习惯对儿童亦是如此。

泰国人认为左手是不净的，因而递物品应用右手。同别人谈话，不要把双手插进口袋内，这是对人的不礼貌。

婚俗：泰国现今法律规定的婚姻制度是一夫一妻制，有"男子是大象的前腿，女子是大象的后腿"之说。尽管如此，社会上一夫多妻的现象并不少见。泰国各地有各种奇婚异俗，至今在一些农村地区行"服务婚"。男女双方相识恋爱后，男方求亲，女方同意后，男方去女方家居住，作为女方家的劳动力，给女方家种田干活，从干活到成婚这一段时期为"服务期"，长短由女方家长定，两年、三年甚至有了两三个孩子后才举行婚礼，也只有婚礼后，新郎才能带着新娘和其子女去男方家生活。

三、旅游业概况

（一）主要旅游城市与著名景点

1. 城市

曼谷：曼谷是泰国的首都，景点众多，有大皇宫、玉佛寺、威玛曼宫殿、国家博物馆、四面佛、郑王庙（黎明寺）、金山寺、水上市场、蛇园等。

清迈：清迈是泰国第二大城市，是泰国北部地区的政治、经济、文化中心。清迈早在 1296 年就成为都城，清迈的意思是新京，它也是佛教圣地。

2. 景点

普吉岛：泰国最大的岛屿、安达曼海的"珍珠"普吉岛是东南亚具有代表性的旅游度假胜地。

芭堤雅：芭堤雅以阳光、沙滩、海鲜名扬天下，被誉为"东方夏威夷"，是世界著名的新兴海滨旅游度假胜地。

皮皮岛：皮皮岛位于泰国普吉岛东南约 20 千米处，是由两个主要岛屿（北部的大皮皮岛和南部的小皮皮岛）组成的姐妹岛。沙滩柔软洁白，海水宁静碧蓝。

素可泰及邻近历史文化城市（文化遗产）：可泰府是泰国首个王朝素可泰王朝的首都，位于泰国中央平原，意为"快乐的开始"。素可泰是泰国的第一个首都，也是泰文化的摇篮，泰国的文字、艺术、文化与法规，很多都是素可泰时代创立的。

班清考古遗址（文化遗产）：班清遗址位于泰国的乌隆地区，20 世纪六七十年代，青铜器在班清史前遗址的墓穴中被发掘出土。

阿瑜陀耶历史公园（文化遗产）：华人习惯称其为"大城"，它坐落在曼谷以北的平原上。阿瑜陀耶的意思是"永远胜利之城"。它是如今统治泰国的曼谷王朝之前的阿瑜陀耶王朝的故都，距今已经有了六百多年的历史。

通艾—会—卡肯野生生物禁猎区（自然遗产）：该禁猎区以其丰富的动植物资源而著称。

考艾国家公园（自然遗产）：汉语称其为"大山国家公园"。它是泰国东北部的天然大公园，也是野生动物保护区。

（二）旅游市场

1. 入境旅游

据泰国官方统计数字显示，2006 年外国游客共计 1 380 万人次，其中东亚游客占 55.2%，欧洲和美国游客分别占 25.3% 和 6.7%。2012 年仅中国赴泰旅游的游客就达到了 270 万人次，比 2011 年增加了上百万人次，占全泰入境外国游客总数的 14%，中国游客为泰国带来的旅游收入可达到 1 230 亿泰铢。

2. 出境旅游

泰国来华旅游情况为：2013 年来华旅游的泰国人大约为 65.17 万人，其中会议和商务游客约为 4.34 万人，观光休闲的约为 42.13 万人，探亲访友的约为 0.09 万人，服务员工约为 12.05 万人，其他的约为 6.57 万人。

四、中泰关系

1975 年 7 月 1 日，中泰建交。中国在清迈设有总领事馆，泰国在广州设有总领事馆。1995 年 2 月双方签署了《中泰双边合作协定备忘录》，并在中国昆明和泰国宋卡增设了领事馆。2003 年 10 月，两国在中国—东盟自贸区框架下实施蔬菜、水果零关税，两国双向投资情况良好。

第五节　印度尼西亚

一、基本概况

（一）自然地理概况

印度尼西亚共和国简称印尼，地处亚洲的东南部，北与马来西亚、文莱相连，西北隔马六甲海峡与马来西亚和新加坡相望，东北隔苏拉威西海与菲律宾群岛相望，东与巴布亚新几内亚连接，东南与澳大利亚相对。印尼地跨赤道南北，国土面积190.5万平方千米（陆地面积）。其中苏门答腊、苏拉威西、爪哇以及加里曼丹（南部）、伊里安（西部）五大岛屿占总面积的90%。

印尼国名来自希腊文，由"水"和"岛"两字组成，意即"水中岛国"。印尼俗称"千岛之国"，是世界上面积最大的群岛国家，拥有的岛屿约17 508个。印尼地处世界三大板块的交界之处，多火山地震，全国拥有四百多座火山。

印尼的气候属于典型的热带雨林气候，年平均温度25~27℃，无明显的四季。北部受北半球季风影响，七月、八月、九月降水量丰富，南部受南半球季风影响，十二月、一月、二月降水量丰富。由于空气对流旺盛，印尼降水多为阵雨。"雷都"——茂物平均每年多达三百三十二个雷雨日，爪哇岛是世界雷雨最多的地区。

印尼是生物资源的"热带岛国"，林地面积占国土面积的67%以上，森林中尤以铁木、红木、乌木和柚木等贵重的热带硬木著名。印尼盛产各种热带经济作物，椰子、天然橡胶产量居世界第一位，棕榈油产量居世界第二位，咖啡产量居世界第三位。此外，可可、甘蔗、丁香也很丰富。

印尼的矿产资源丰富。印尼的石油、天然气和锡的储量在世界上占有重要地位。锡的产量居世界第二位。镍储量为五百六十多万吨，居世界前列。金刚石储量约为一百五十万克拉，居亚洲前列。

印尼分三个时区，西部、中部和东部时区，其中西部时间比格林尼治时间早7个小时，比北京时间晚1个小时。中部时间比格林尼治时间早8个小时，与北京时间一致。东部时间比格林尼治时间早9个小时，比北京时间早1个小时。

（二）基本国情

1. 首都、国旗、国花

印度尼西亚首都雅加达，位于爪哇岛西北部沿海地区，面积740.28平方千米，是东南亚第一大城市，世界著名的海港。

印度尼西亚国旗是一面由红白两色横带组成的旗帜，长宽比例为3∶2。旗帜的设计很简单，是两条一样宽的横带，上面的横带是红色的，下面的横带是白色的。红色象征勇敢和正义，还象征印度尼西亚独立以后的繁荣昌盛；白色象征自由、公正、纯洁，还表达了印尼人民反对侵略、爱好和平的美好愿望。

印尼的国花是毛茉莉。

2. 简史

印尼是人类最早的发祥地之一，"直立人"——"爪哇人"距今已有 50 万~70 万年的历史。大约公元前 5 世纪，原先在印度支那半岛的印尼民族沿马来半岛东下逐渐散布到印尼各岛上，公元 3 世纪以前，建立了一些古代奴隶制王国。公元 7 世纪，在苏门答腊巴邻旁（巨港）为中心的地区，出现了室利佛逝的封建王国。公元 14 世纪初，印尼历史上最强大的封建帝国——麻喏巴歇在东爪哇建立。15 世纪后，印尼遭到葡萄牙、西班牙和英国等国的入侵。16 世纪末至 1942 年，印尼沦为荷兰的殖民地。1942 年，日军占领印尼。1945 年 8 月 17 日，印尼宣布独立，成立印度尼西亚共和国。建国后，苏加诺一直实施独裁统治，1965 年 9 月 30 日印度尼西亚发生了"9·30"事件，部分印尼军方高层意图推翻苏加诺政权，后事情败露被处决。军事强人苏哈托镇压叛军后掌握大权，此后苏哈托组织部队进行反共清洗和推翻苏加诺行动，印度尼西亚共产党被指控策动政变而受重创，包含华人和印尼共产党员在内约有 50 万人受害。1967 年 2 月，苏加诺被解除总统头衔，苏哈托出任代理总统。1968 年，军队司令苏哈托正式出任总统一职。1997 年，印尼由于亚洲金融风暴，经济遭受重创，引发民众大规模对"新秩序"政策的不满，并引发大规模排华动乱，苏哈托被迫于 1998 年 5 月下台，结束三十二年的执政。1999 年，东帝汶独立。苏哈托下台后，民主化进一步巩固，并于 2004 年进行首次总统直选。

3. 文化

公元 1 世纪前后，印度教和佛教开始传入印尼，建于公元 8 世纪至 9 世纪的婆罗浮屠，是世界最古老的佛塔建筑，被列为"东方四大古迹"之一；建于公元 9 世纪至 10 世纪的爪哇日惹附近的普兰邦南陵庙，是一个由二百多座建筑物组成的印度教陵庙群。13 世纪至 14 世纪，伊斯兰教和阿拉伯文化的相继传入，使印尼形成千姿百态的人文景观。

（1）文学

印度尼西亚古代有丰富的民间口头文学，流传至今的神话传说和咒辞歌谣，还保留着原始社会的特征。印度尼西亚在诗歌方面有咒辞、谚语、谜语、民歌民谣等；在散文方面有神话传说、动物故事、谐谑故事等。咒辞是一种原始的诗歌形式，古代人希图借助有节奏的语言的力量来影响"超自然力"，以达到趋吉避凶或禳灾祛病的目的。谚语和谜语格式齐整，语言精练。然而后来成为印度尼西亚诗歌传统格律的则是四行诗体的板顿。

印尼的古典文学长期受印度梵文学影响。10世纪东爪哇宫廷文学取得了迅速发展。印度尼西亚的古典文学以爪哇古典文学和马来古典文学为主，其次是巽他古典文学和巴厘古典文学。古典文学的发展，大致可以分为两大时期——古印度文化影响时期和伊斯兰文化影响时期。

（2）艺术

哇扬：哇扬为印尼语"神圣影子"之意，意为木偶或皮影戏。哇扬戏形成于9世纪至10世纪，是一种宣扬传统道德思想的戏剧。哇扬戏最初取材于印度两大史诗《罗摩衍那》和《摩柯婆罗多》，后来发展到演绎当地人的生活和文化。

克利斯短剑（Keris）：克利斯短剑是一种装饰华丽、设计独特的印尼短剑，代表着极大的荣誉和尊重，代代相传。印尼人认为克利斯短剑能给主人带来幸运、富足或者权力。2005年克利斯短剑被列入"人类口头及非物质遗产代表作"中。

（三）经济

印尼独立时曾是个落后的农业国。20世纪70年代以后，印尼政府奉行稳定国内经济、利用外交外援开展经济建设的方针，取得了明显成绩。20世纪七八十年代，印尼经济迅速发展，国民生产总值年均增长率为6%~7%。1996年国民生产总值约为1 795.4亿美元，人均国民生产总值为1 080美元，居世界第91位。1990年工业在国民生产总值中的比例超过35%，农业则下降到20%以下。1997年受东南亚金融危机影响，经济情况迅速恶化。2000年以来人均收入稳步增长，至2010年已约达3 000美元，外债比率约为21.6%。以2010年的数据分析印度尼西亚经济的国民生产总值，工业占了46.4%，其次是服务业（37.1%）和农业（16.5%）。

2013年印尼的GDP为8 697.56亿美元，人均GDP为3 500美元。印尼的货币为印尼盾，汇率情况：1美元＝11 435.105 8印度尼西亚盾（2014年4月14日）。

1. 农业

粮食作物主要是大米、玉米、木薯、大豆等。经济作物主要有胡椒、奎宁、木棉，其产量均居世界第一位；天然橡胶、棕榈油、椰干产量居世界第二位。

2. 工业

主要工业部门有采矿、纺织、轻工等部门。工业发展方向是强化外向型制造业。印尼是目前东南亚石油储量最多的国家。

3. 外贸

根据世界贸易组织资料，印度尼西亚出口值于2010年居世界第二十七位，较

2009年上升三位。印度尼西亚主要出口市场（2011年）为日本（16.6%）、中国（11.3%）、新加坡（9.1%）、美国（8.1%）、韩国（8.1%），进口至印度尼西亚的国家分别为中国（14.8%）、新加坡（14.6%）、日本（11%）及韩国（7.3%）。

（四）政治

    印度尼西亚现行宪法为1945年的《宪法》，规定建国五基（又称"潘查希拉"，即信仰神道、人道主义、民族主义、民主和社会公正）为立国基础，人民协商会议为最高权力机构，总统为国家元首、政府首脑和武装部队最高统帅。从1999年10月至今，人民协商会议（人协）对《宪法》进行了三次修改，修改内容主要包括规定总统和副总统只能连选连任一次、每任五年，减少总统权力，强化议会职能等。

    人协是国家最高权力机构，负责制定、修改与颁布国家宪法和大政方针，选举总统和副总统，并对总统实施监督。如总统违宪，人协可弹劾罢免总统。人协共有成员七百名，其中包括国会议员五百名，地方代表一百三十五名和各阶层代表六十五名，任期五年。人协每年召开一次年会，必要时可召开特别会议。

    国会的全称是人民代表会议，是国家立法机构，行使除起草和修改宪法、制定国家大政方针之外的一般立法权。国会无权解除总统职务，总统也不能宣布解散国会；但如总统违反宪法或人协决议，国会有权建议人协追究总统责任。国会共有议员五百名，均兼任人协成员，任期五年，其中四百六十二名经选举产生，另三十八名为军警代表，由武装部队司令推荐，总统任命。

    印度尼西亚实行三权分立，最高法院和最高检察院独立于立法和行政机构。最高法院正副院长由国会提名，总统任命。最高检察长由总统任免。

二、人文习俗

（一）人口、民族、语言与宗教

    根据印尼2010年人口普查结果显示，2010年印尼总人口达2.38亿人，是世界第四人口大国。印尼有一百多个民族，其中爪哇族占47%，巽他族占14%，马都拉族占7%，华人占10%，此外还有米南卡保人、巴厘人等民族的居民，共占23%。印尼的民族语言有二百多种，通用语为印尼语。印尼人在商业活动中广泛使用英语。印尼无国教，但规定一定要信仰宗教，约87%的人口信奉伊斯兰教，是世界上穆斯林人口最多的国家。另外有6.1%的人口信奉基督教新教，3.6%的人口信奉天主教，其余信奉印度教、佛教和原始拜物教等。

（二）民间节庆

    印尼是信奉伊斯兰教的国家，其宗教三大节日（开斋节、古尔邦节、圣纪节）

的介绍详见马来西亚一节。

元旦（1月1日）：和世界各国人民一样，印尼人也过元旦节。元旦这一天，家家户户欢聚一堂，举行宴会或歌舞会，欢庆新的一年的到来。

"3月11日命令书"纪念日：1966年3月11日，苏加诺总统迫于军方和学生的压力，签署了把权力移交给苏哈托的命令书。自此，苏哈托接管政权，建立"新秩序"，命令书签署之日被定为纪念日。

民族节（5月20日）：1908年5月20日，印尼第一个民族组织"崇知社"（也译为"至善社"）在雅加达成立，旨在宣传教育科学救国的思想和进行文化启蒙运动。崇知社的成立，标志着印尼民族的觉醒。

建国五基诞生日（6月1日）：1945年6月1日，印尼总统苏加诺提出了"潘查希拉"五基原则，作为印尼建国的指导思想，意义重大。

母亲节（11月22日）：这一天，母亲可以不做家务，并接受全家人的祝贺。

静居日：静居日是巴厘印度教徒的新年，时间在巴厘历十月初一。节日前一天人们载歌载舞，上街游行，以求驱除邪恶，来年风调雨顺，人寿年丰。节日那天，街上除值勤车辆外，没有任何其他行人车辆，所有店铺都停止营业。入夜后，家家都不点灯，所有娱乐场所都停止活动，没有一点响声。人们整天闭门不出，不生火，不做饭，不欢乐也不悲伤，只是静静地思过，净化自己的灵魂，以求内心的安宁，并进而将它溶于自然界的宁静之中，达到真正的"空"和"静"，以便在新的一年里一切从零开始，按神的启示和意志去生活。

卫塞节：卫塞节是印尼佛教徒纪念佛教主悟道的日子。每逢这一节日，来自全国各地的佛教徒云集到中爪哇的婆罗浮屠、门都特等寺院举行盛大的庆祝活动。

（三）服饰

印尼人一般着上衣和纱笼，并配有色调一致的披肩和腰带，喜欢穿拖鞋和木屐，不喜欢穿袜子。纱笼一般长约2米，宽约1米，缝成圆筒式围在下身。人们晚上睡觉时可将纱笼盖在身上防凉、防蚊子。纱笼一般是用印尼的特产"巴迪克"料子制作。印尼妇女喜欢佩戴首饰，留长发、卷发髻。男子成年时，戴无边的黑色礼帽。其中，用巴迪布制作的长袖男衬衣和女士纱笼被定为印尼国服。

（四）饮食

印尼地处热带，不产小麦，居民的主食是大米、玉米或薯类。印尼人喜食"克杜巴"，用香蕉叶或棕榈叶把大米或糯米包成菱形蒸熟，称为"克杜巴"。印尼人也喜欢吃面食，如各种面条、面包等。印尼人大多信奉伊斯兰教，所以绝大部分居民不吃猪肉，爱将牛、羊、鸡、鱼及内脏用炸、蒸、煎、爆的方法烹调，再用咖喱、胡椒、虾酱等做调料，味道鲜美可口。印尼人吃饭时不用筷子，而是用勺和叉子，他们也习惯手抓饭。他们抓饭时，先把米饭盛在盘上，然后用右手指将饭捏成小团，送到嘴里一口一口地吃。饭桌边上要放一碗清水，他们边抓饭，边不时用手蘸清水，以免使米饭粘在手指上。此外印尼人还喜欢喝咖啡和各种饮料。

印尼是一个盛产香料的国家，印尼制作菜肴喜欢放各种香料。印尼盛产鱼虾，印尼人吃鱼虾也很讲究。印尼风味小吃种类很多，主要有煎香蕉、糯米团、鱼肉丸、炒米饭及各种烤制糕点。由于印尼盛产咖啡，所以在印尼喝咖啡很普遍，如同中国人喜欢喝茶一样。穆斯林不能喝烈性酒，所以印尼人多只喝啤酒。印尼人爱吃中国菜，早餐一般吃西餐，爱喝红茶、葡萄酒、香槟酒、汽水等。

（五）社交礼仪与民俗禁忌

婚俗：印尼各族人民的婚俗，不尽相同，但一般都要经过求婚、订婚和结婚三个阶段。少数地方，仍存在私奔和抢婚的习俗。在巴厘岛，姑娘带着简单的行装，在预定的时间、地点等候恋人带着人来"抢"，被抢时姑娘假意反抗，旁观者不去搭救。按习俗，男女双方都还要藏身于邻村朋友家里，到一定期限，经过调解，才能恢复正常的婚姻关系。

怀孕：除伊斯兰教的一般禁忌外，印尼女子怀孕后有很多禁忌。如孕妇不能吃鲨鱼肉，否则胎儿会奇丑无比；女子有身孕，丈夫不能宰杀鸡，否则婴儿出生后脖子上会有刀痕；妇女分娩时要搬出卧房，搬进村中临时搭盖的棚子里去住，分娩当天与产后三天，只能由巫婆和另外一个女子照料；丈夫和所有男子不能靠近产棚，否则，男子在外出时会挂彩。

在印尼人家里，切忌摸小孩的头。在印尼，进行裸体太阳浴是非法的，和他们交谈应避开政治、宗教等话题。和别人谈话或进别人家里都要摘下太阳镜。拜访印尼商人时要带上礼物，收下礼物即意味着承担了某种责任。如果你去的印尼人家里铺着地毯，那你在进屋前要把鞋脱掉。进入圣地特别是进入清真寺，一定要脱鞋。参观庙宇或清真寺，不能穿短裤、无袖服、背心或裸露的衣服。进入任何神圣的地方，一定要脱鞋。在巴厘岛，进入寺庙必须在腰间束腰带。

印尼人忌讳夜间吹口哨，认为它会招来游荡的幽灵。印尼人大多数信奉伊斯兰教，所以不可以用左手拿东西给他们。他们忌讳吃猪肉食品，忌饮烈性酒，不爱吃海参，也不吃带骨带汁的菜和鱼肚等。此外，印尼人有敬蛇的习俗。

三、旅游业概况

（一）主要旅游城市与著名景点

1. 城市

雅加达：雅加达是印度尼西亚的首都，位于爪哇岛西北部海岸，面积 661 平方千米，人口 916 万，是全国政治、经济、文化中心。早在五百多年前雅加达就已成为输出胡椒和香料的著名海港，当时称"巽他格拉巴"，意即"椰子"。1527 年该城市改称查雅加达，含有胜利和光荣之意。雅加达的名字由此演变而来。

泗水：泗水是东爪哇省省府，城市面积为 300 平方千米，人口 360 万，是仅次于雅加达的全国第二大城市，海军的主要基地，是印尼重要的制造业、农产品加工业、贸易中心之一。泗水因在独立斗争时期英勇抗英而被誉为"英雄城"。

棉兰：棉兰是北苏门答腊省的首府，城市面积为 342 平方千米，人口约为 180 万，是印尼第三大城市。棉兰濒临马六甲海峡，是印尼对外贸易的西大门和国内外游客的主要出入境口岸之一。市内的苏丹王宫建于 1888 年。

万隆：万隆是西爪哇省的首府，巽他族的文化中心，人口约为 170 万，拥有全国唯一的飞机制造厂。著名的亚非会议曾在此举行。

日惹：日惹位于中爪哇，为全国三个省级特区之一，直属中央政府管辖。城市面积 32.5 平方千米，人口约为 42 万。日惹是印尼重要的文化、教育中心，是展示爪哇传统文化的窗口，也是著名的旅游胜地，拥有举世闻名的婆罗浮屠佛塔等名胜古迹。在独立战争时期，日惹是印尼共和国的第一个首都。

2. 景点

截至 2008 年，印度尼西亚共有七处世界遗产，如下：

桑吉兰早期人类化石遗址（文化遗产）：该遗址位于亚齐特区。50 种化石先后在这里被发现，包括远古巨人、猿人直立人/直立人，占世界已知原始人类化石的一半。遗址证实了一百五十万年前人类聚居于此这一事实。

苏门答腊热带雨林（自然遗产）：苏门答腊岛热带雨林幅员 250 万公顷，是万种植物、超过 200 种哺乳类动物及 580 种雀鸟的栖息之所，其中有 15 种哺乳类动物是在印尼其他地方找不到的，苏门答腊猩猩就是其中之一。

乌戎库隆国家公园（自然遗产）：这里自然风光秀丽，地质研究也备受关注，特别是人们对于内陆火山的研究就是一个很好的例证。在这里人们可见到几种濒危的植物和动物，其中受到威胁最大的是爪哇犀牛。

婆罗浮屠寺庙群（文化遗产）："婆罗浮屠"因为火山爆发，隐盖于茂密的热带丛林中，直到 19 世纪初才被清理出来。婆罗浮屠寺庙群与中国的长城、印度的泰姬陵、柬埔寨的吴哥窟并称为古代东方四大奇迹。

巴兰班南（文化遗产）：巴兰班南位于日惹市郊，被誉为爪哇最美丽的印度教寺庙古迹，亦是印度尼西亚最大最美的印度教寺庙。

科莫多国家公园（自然遗产）：科莫多国家公园由两个大岛及附近无数的小岛组成。公园分为民族繁衍区、生物圈保护区及世界著名的科莫多蜥蜴保护区。

洛伦茨国家公园（自然遗产）：洛伦茨公园是东南亚最大的保护区，也是世界上唯一一个既包括雪地又有热带海洋以及延伸的低地和沼泽地的保护区。

（二）旅游市场

1. 入境旅游

印度尼西亚 2011 年入境游客达到 770 多万人次，旅游创汇约合 87 亿美元。外国游客主要来自邻近的新加坡等东盟国家，其次是澳大利亚、日本和美国等。

2. 出境旅游

2013 年来华旅游的印尼人大约为 60.53 万人，其中会议和商务游客约为 2.87 万人，观光休闲的约为 42.34 万人，探亲访友的约为 0.11 万人，服务员工约为 10.86 万人，其他的约为 4.36 万人。

四、中印（尼）关系

中印两国于 1950 年 4 月 13 日建交。1967 年 10 月 30 日两国中断外交关系。1990 年 7 月，印尼外长阿拉塔斯访华期间两国发表《复交联合公报》，决定自 8 月 8 日起正式恢复外交关系。2011 年中国时任总理温家宝访问印尼，并与苏西诺总统举行会谈，达成重要共识。

● 第六节　印度

一、基本概况

（一）自然地理概况

印度位于亚洲南部，面积 297.47 万平方千米。印度东临孟加拉湾，南接印度洋，西濒阿拉伯海，北枕喜马拉雅山，处东西方海路交通要冲。

印度地形可分为三大区：北部是山岳地区，属于喜马拉雅山的南坡，平均海拔为 5 500~6 000 米；中部是印度河—恒河平原区，平均海拔 150 米；南部是半岛高原和东西两侧海岸平原。

印度全境炎热，大部分属于热带季风气候，而印度西部的塔尔沙漠则是热带沙漠气候。印度夏天有较明显的季风，冬天则无明显的季风。其中，热带季风气候分凉、热、雨三季。10月至3月为凉季，凉爽干燥，是印度最好的季节。4月至6月为热季，7月至9月为雨季。乞拉朋齐雨量高达1万多毫米，号称"世界湿角"。

印度矿产资源丰富，云母出口量居世界第一，占世界出口量的60%，铝土储量和煤产量均居世界第五位。

新德里时间比格林尼治时间早5.5个小时，比北京时间晚2.5个小时。

（二）基本国情

1. 首都、国旗、国花

新德里是印度共和国的首都，是全国政治、经济和文化中心，在印度有着举足轻重的地位，也是印度北方最大的商业中心之一。印度主要产业为信息技术（IT）、电信、餐饮住宿服务、金融、媒体和旅游业。新德里是一座既古老又年轻的城市。新德里原是一片荒凉的坡地，1911年开始动工兴建城市，1929年初具规模，1931年起成为首府，1947年印度独立后成为首都。

印度国旗为长方形，长宽之比为3∶2。全旗由橙、白、绿三个相等的横长方形组成，正中心有一个含24根轴条的蓝色法轮。橙色象征了勇气、献身与无私，也是印度教士法衣的颜色。白色代表了真理与和平。绿色则代表繁荣、信心与人类的生产力。法轮是印度孔雀王朝的第三位君主阿育王在位期间修建于佛教圣地石柱柱头的狮首图案之一。

印度的国花是荷花。

2. 简史

印度是四大文明古国之一。约公元前3500年，印度河谷上出现了人类文明。"印度"一词来源于印度河（印度人以"信度"一词表示河流）。公元前1700年，雅利安人入侵，印度在恒河谷地建立城市，印度进入了吠陀时代。约公元前6世纪，印度出现婆罗门、刹帝利、吠舍、首陀罗四个种姓。约公元前500年，佛教创始人释迦牟尼诞生。到公元前325年，印度形成统一的奴隶制国家。公元8世纪阿拉伯人入侵印度。1206年印度建立德里苏丹王朝，引进了伊斯兰文化。1526年印度建立莫卧儿帝国，成为世界上最强大的封建制国家。1600年，英国入侵，印度成立东印度公司，后逐渐沦为英国殖民地。1947英提出"蒙巴顿方案"，将印度分为印度和巴基斯坦，同年印度独立。1950年印度共和国成立，现仍为英联邦成员国。

3. 文化

已知的印度历史可以追溯到公元前2000年，以雅利安人第一次在印度北部定居的移民浪潮为始。很可能在移民和当地居民之间发生了激烈冲突，在以后的一千年间雅利安人遍布整个印度，创造了大部分早期的古典梵语文献，如《梵经》《吠陀经》《奥义书》和两大史诗《罗摩衍那》和《摩诃婆罗多》。印度到处是历史纪念碑，一些保存佛祖舍利的古老佛塔，刻有法令的阿育王柱、铜匾和石碑散布在整个次大陆。

（1）文学

在印度，语言众多，达 2 000 多种，其中，梵语、印地语和英语文学成就较高。梵语文学分为三个发展时期。早期吠陀文学（公元前 6 世纪至公元前 4 世纪）的代表作品是《梨俱吠陀》。中期（公元前 4 世纪至公元初年）的代表作品是《摩诃婆罗多》和《罗摩衍那》。后期古典文学以作家迦梨陀娑的《沙恭达罗》《天使》和首陀罗迦的《小泥车》为代表。印地语文学兴起于 10 世纪，印地语作家普列姆昌德（1880—1936 年）著有《戈丹》《博爱新村》等长篇小说。

泰戈尔（1861—1941 年）是印度著名的作家、思想家，1913 年获诺贝尔文学奖。1924 年他应邀到中国讲学和访问，被梁启超授予"竺震旦"的称号。

（2）艺术

印度最古老的舞蹈之一——婆罗多舞（Bharatha-natyam），在印度语中的意思是"舞蹈的艺术"。它除了强调舞蹈的节奏感，还十分强调伴奏音乐必须悦耳动听，由庄重的诗歌和风格纯朴的音乐组成。这是用于祭祀的舞蹈，能充分体现舞者的情感，最初由神庙舞女在庙宇里表演。

此外，印度的电影规模雄踞世界第二。

（三）经济

印度独立后经济有较大发展。农业由严重缺粮到基本自给，工业形成较为完整的体系，自给能力较强。但是 20 世纪 90 年代之前，印度实行国家大规模干涉经济的政策，反而导致经济发展缓慢。20 世纪 90 年代，印度开始实行全面经济改革，放松对工业、外贸和金融部门的管制。1992—1996 年印度实现经济年均增长 6.2%。2008—2009 年印度经济增幅从此前高于 9% 的增速下滑到 6.7%。2010—2011 间印度国内生产总值同比增长 8.5%。

2013 年印度的 GDP 为 18 558.69 亿美元，人均 GDP 为 1 510 美元。印度的货币为印度卢比，汇率情况：1 美元＝60.165 印度卢比（2014 年 4 月 14 日）。

1. 农业

印度是一个农业大国，农村人口占总人口的 72%。印度是世界上最大的粮食生产国之一，拥有世界十分之一的可耕地，面积约 1.6 亿公顷。据欧盟调查报告显示，印度已成为农产品净出口国。印度的棉花和茶叶生产量大，位居世界前列。

2. 工业

印度的工业主要包括纺织、食品加工、化工、制药、钢铁、水泥、石油和机械等。汽车、电子产品制造、航空和空间等新兴工业发展迅速。印度追求成为"技术制造业中心"。

3. 对外贸易

2011 年，印度成为世界第十大进口国及第十九大出口国。印度主要出口品为石油制品、纺织品、珠宝、软件、工程器材、化工制品及皮革；进口品则为原油、机械、宝石、肥料及化工制品。2011 年，美国是印度的第一大贸易伙伴，中国居第二位。

(四) 政治

印度宪法于 1950 年 1 月 26 日生效。《宪法》宣称印度为联邦制国家，是主权的、世俗的、社会主义的民主共和国；采取英国式的议会民主制；公民不分种族、性别、出身、宗教信仰和出生地点，在法律面前一律平等。印度是一个西方资本主义联邦制共和国，总统是国家元首，但其职责是象征性的，实权由总理掌握。国家的总统及副总统任期五年，由一个特设的选举机构间接选举产生。总统职位因去世、辞职或罢免等原因而出缺时，印度《宪法》第 65 条规定由副总统代行总统职务。当新总统被选出及就职后，副总统恢复原有职务。总统如果因疾病或其他原因不能履行职务时，由副总统暂时代理总统职能直至总统返回办公。

印度的立法权归议会所有。议会分为上下两院。上院称为联邦院，下院称为人民院。联邦院议员不超过 250 人，其中，议长由共和国副总统担任，有 12 人由总统指定，其他成员由各邦议会选举产生。联邦院不能提前解散，每年改选三分之一的议员。人民院有议员 545 人，其中，有 530 人由各邦选民直接选举，有 13 人由中央直辖区选出，有 2 人由总统指定。人民院可以提出解散，议员任期五年。

行政权力由以总理为首的部长会议（即印度的内阁）行使。总理由议会多数党领袖担任。各部部长由总理提名，总统委任，然后再由总理向总统提名副总理及其他内阁成员。印度国务院设国务卿一名、国务委员若干名，不设副国务卿。

印度目前有八个全国性政党，主要有印度国民大会党。第二大党印度人民党代表北部印度教教徒势力和城镇中小商人的利益。

二、人文习俗

(一) 人口、民族、语言与宗教

印度的人口为 12.15 亿（2012 年），是世界上仅次于中华人民共和国的第二人口大国。印度统计普查总署 2013 年公布的 2012 年人口普查的初步统计结果显示，印度总人口数已达12.15亿，其中男性人口6.237亿，女性人口5.865亿。根据普查结果，这十年，印度人口增长率为1.764%，较2001年人口普查时的2.115%出现明显下降。普查结果还显示，印度目前拥有自独立以来的最低儿童性别比例，即男女比例为1000∶914。

印度的主要族群包括了72%的印度—雅利安人和25%的达罗毗荼人。

印度有大约2000种语言，其中55种有自己的文字和文学。有各自文学宝库的19种完善语言被定为印度的官方语言。

（二）民间节庆

印度平均每天有一个节庆，主要的节日有：

新年（1月1日）：印度人非常重视新年，他们在新年举办专门的舞会，吃自助餐，把家里清扫得焕然一新。有些地区的居民通过禁食一天来迎接新的一年。在过年的前五天，各地都要演出印度史诗《罗摩衍那》，扮演史诗中英雄的人要与纸扎巨人"作战"。

罗里节（1月15日）：罗里节预示着众神的苏醒。这一天主要的活动有给太阳神献祭、去恒河口朝圣、放风筝等。

巴珊特·潘察米节（1月24日）：这是春之节，这一天人们到郊外放风筝，到寺庙祭拜知识与艺术女神萨拉瓦蒂。

贺利节（在3月份）：这是庆祝平等精神的节日。这一天，人们向周围的人泼颜色，越多越好，越深越妙，人与人之间的差别消失。

纳加潘察米节（又称蛇节，每年8月19日）：在印度教里，动物的灵性总是与主要的印度教神明紧密相通的。毒蛇纳都的神像既是湿婆又是毗湿奴的标志。每逢此节，农妇们都要献上牛奶、鲜花和朱砂，并且没有人下田干活以免惊扰蛇神。

赞马舒塔米节（在8月季风时节中期）：这是纪念牧牛神讫里什那诞辰的节日。信徒们斋戒祈祷一整天，观看介绍神灵生活传统剧目的演出。

洒红节：洒红节每年公历3月、4月举行，是印度教四大节日之一。该节日正处于印度冬去春来、春季收获季节，因此也被称为春节。

灯节：灯节在公历10月、11月举行，是印度教徒最大的节日，全国庆祝三天。

元旦：印度从每年10月31日起为新年，共五天，第四天为元旦。新年第一天，谁也不许对人生气，更不准发脾气。有些地区的人们以禁食一天一夜来迎接新的一年，由元旦凌晨开始直到午夜为止。由于这种怪异的习俗，印度的元旦被人称为"痛哭元旦""禁食元旦"。

（三）服饰

印度有些地区有信仰的男性有包头巾的习俗，这种头巾被称为"Turban"。头巾有各式各样的包裹方法，其中锡克教男性头巾具有特定样式。根据传统，锡克人从小到大都必须蓄头发、留胡须，并且包着头巾。小孩的头巾样式比较简单，只用黑布绑成发髻的形状。成年人的头巾样式比较复杂，首先必须用黑色松紧带将长发束成发髻，然后再以一条长约 3 米的布，裹成头巾，样式为两边对称成规则状。锡克人头巾色彩繁多。

印度男性多半穿着一袭宽松的立领长衫（Tunic），搭配窄脚的长裤（Dhoti）。拉贾斯坦地区的男性，裤子是以一条白色布块裹成的，头上的布巾花样变化极多，色泽鲜明。

印度妇女的传统服饰是纱丽（Sari），纱丽是指一块长达 13 米以上的布料。妇女穿着纱丽时以披裹的方式缠绕在身上。印度妇女擅长利用扎、围、绑、裹、缠、披等技巧，使得纱丽在身上产生不同的变化。

妇女额头正中点红痣，象征喜庆和吉祥，印度人称之为"特丽佳"。有的痣增加了黄、紫、绿、黑（消灾避祸）等颜色。

（四）饮食

印度人的日常饮食在南北方有很大差别。北方人以小麦、玉米、豆类等为主食，尤其喜欢吃一种叫做"恰巴提"的薄面饼。南方和东部沿海地区的人们以大米为主食，爱吃炒饭。而中部德干高原的人们则以小米和杂粮为主。印度人喜欢吃带有辣味的、伴有咖喱的食物。在饮水和饮料方面，印度人和西方人一样，没有喝热水的习惯，一般喜欢喝凉水或者饮用红茶、牛奶和咖啡。

高级的印度风味米饭用肉汤烹制，里面再加上肉、青菜和果仁等佐料，被称为"皮罗"（烩肉饭），不管是南方人还是北方人都爱吃。印度人喜欢香料和调味品，如咖喱、胡椒等。印度厨师认为，一顿美餐应当甜、酸、苦、涩、辣、咸六味俱全，这样才有益于健康。印度菜必须用水牛的乳制成的酥油来烹饪才算正宗。小吃当中，蒸制的米糕和"多萨"（一种包着麻辣土豆馅的米制薄煎饼）风行全印度。肉汁是印度的主要酱料，在整个印度都十分流行。

印度人不吃牛肉且好吃素。等级越高，吃素的人就越多，等级较低者才吃羊肉（羊排常用杏仁酱来焖）。

（五）社交礼仪与民俗禁忌

印度人将猴子和牛尊为神。牛在大街上横冲直撞，随意啃嚼街旁摊位上的水果或蔬菜，摊主不但不阻拦，反而受宠若惊。在印度还有不少人崇拜蛇，因为传说印度教中的湿婆神是由蛇来保护的。印度人饭前有先洗澡的习惯，在进餐过程中忌讳两人同时夹一盘菜。印度人递东西、拿东西或敬茶都用右手，忌用左手，也不用双手。

生礼：印度在传统上十分重男轻女，因为女儿结婚时，父母必须准备丰富的嫁妆，如果没有嫁妆，女儿是嫁不出去的。印度人庆祝孩子出生与平安成长的方式，就是到寺庙进行"普迦仪式"（普迦是印度教中向神祇膜拜的仪式），唱颂祈祷文，然后和亲朋好友举行餐宴。

取名：印度小孩出生后，父母都会找人为他们占卜，孩子的名字多半取自英雄或神祇。孩子的生辰八字尤其受到重视，因为这可以决定孩子未来的婚姻对象。

葬礼：印度教徒死亡时，都会在河坛举行火葬仪式。印度教徒去世后，家人会以黄色或白色绢布包裹尸体，然后将尸体放在两根竹制担架上，以游行方式抬到河坛火葬地点。

婚俗：印度教习俗，提倡早婚、实行种性内通婚，主张寡妇殉夫（"萨提"制度）和禁止寡妇再嫁。大多数婚姻是父母做主。在农村，理发师是传统的媒人。结婚时，女方嫁妆昂贵。

婚礼：印度人的婚礼是社会地位的代表，也是一生中重大的仪式。印度青年到了适婚年龄，都会由父母为其寻找社会阶级、语言相同，星相可以配合的对象。婚礼当天，新郎官骑着一匹白马浩浩荡荡地来到新娘家。这时女方家里已经架起火坛，双方亲友在祭司念诵的吉祥真言中，绕行火坛祝祷。之后，新娘在女伴的簇拥下走到火坛前面，由祭司将新娘的纱丽和新郎的围巾系在一起，代表婚姻长长久久。印度婚礼的晚宴是在新娘家里进行，一对新人坐在婚宴中接受亲友的祝福。婚礼当天晚上新郎是在新娘家过夜，翌日才将新娘迎娶回家。

三、旅游业概况

（一）主要旅游城市与著名景点

1. 城市

新德里：新德里是印度的首都，位于印度西北部，坐落在恒河支流亚穆纳河（又译：朱木拿河）西岸，东北紧连德里旧城（沙贾汉纳巴德）。整个新德里市面积1 482平方千米，人口1 280万（2011年）。

加尔各答：加尔各答是印度西孟加拉邦的首府。它位于印度东部恒河三角洲地区，胡格利河（恒河的一条支流）的东岸。该市有人口463.8万，整个大都市区的人口有14 68.2万（2006年1月），属印度第三大大都会区（仅次于孟买和德里）和印度第四大城市。加尔各答一直是英属印度的首都。

孟买市：孟买市是马哈拉施特拉邦的首府，人口约为1 300万，都会区人口在2007年9月已达2 340万人，是印度人口最多的城市，也是世界人口最多的城市之一。孟买港是一个天然深水良港。孟买是印度的商业和娱乐业之都，拥有重要的金融机构。该市是印度印地语影视业（称为宝莱坞）的大本营。

2. 景点

印度作为文明古国，遗产众多，尤其是文化遗产。截至 2008 年，印度共有 26 处世界遗产。

胡马雍陵：胡马雍陵建于 1556 年，是莫卧儿王朝第二代皇帝胡马雍（Humayun）的陵墓，也是伊斯兰教与印度教建筑风格的典型结合。陵墓主体建筑由红色砂岩构筑，陵体呈方形，四面为门，陵顶呈半圆形。

红堡建筑群：红堡建筑群位于印度德里，是莫卧儿帝国时期的皇宫。沙贾汗皇帝时代，莫卧儿首都自阿格拉迁址于此。

泰姬陵：17 世纪莫卧儿帝国皇帝沙·贾汗为纪念其爱妃阿姬曼·芭奴，动用了数万名工人，以宝石镶饰修建陵寝，图案之细致令人叫绝。

（二）旅游市场

1. 入境旅游

2011 年，印度旅游业总收入达到 830 亿美元，作为印度最大的服务产业，旅游业对国家 GDP 的贡献率达 6%，并为国家提供了 3 000 多万个就业岗位。

2. 出境旅游

印度来华旅游情况为：2013 年来华旅游的印度人大约为 67.67 万人，其中会议和商务游客约为 22.69 万人，观光休闲的约为 17.91 万人，探亲访友的约为 0.15 万人，服务员工约为 12.71 万人，其他的约为 14.21 万人。

四、中印关系

两国于 1950 年 4 月建立外交关系并互派大使。1959 年因西藏事件两国关系步入低谷。1962 年两国发生边境冲突。1976 年两国恢复互派大使。20 世纪 90 年代两国恢复在孟买和上海互设总领事馆。1996 年两国签署《关于在中印边境实际控制线地区军事领域建立信任措施的协定》。2002 年，中国同印度的关系得到进一步改善和发展。

● 第七节　哈萨克斯坦

一、基本概况

（一）自然地理概况

哈萨克斯坦共和国，简称哈萨克。哈萨克一词在突厥语中的解释是"游牧战神"，为古突厥的一个直系分支民族。哈萨克斯坦面积为 272.49 万平方千米，约占地球表面积的 2%。领土横跨亚欧两洲，西有内陆海里海，东南连接中国新疆，北邻俄罗斯，南与乌兹别克斯坦、土库曼斯坦和吉尔吉斯斯坦接壤。

哈萨克斯坦多为平原和低地，西部最低点是卡腊古耶盆地，低于海平面 132 米；东部和东南部为阿尔泰山和天山；平原主要分布在西部、北部和西南部；中部是哈萨克丘陵。荒漠和半荒漠占领土面积的 60%。哈萨克斯坦属严重干旱的大陆性气候，夏季炎热干燥，冬季寒冷少雪。

哈萨克斯坦用于核燃料和制造核武器的铀的产量位居世界第一，被称为"铀库"。此外，里海地区的油气资源也十分丰富。钨储量居世界第一位，锌和磷矿石量居第二位。铜、铅、锌、钼和磷的储量居亚洲第一位。此外，铁、煤、石油、天然气的储量也较大。

阿斯塔纳时间比格林尼治时间早 5 个小时，比北京时间晚 3 个小时。

（二）基本国情

1. 首都、国旗、国花

阿斯塔纳是哈萨克斯坦的首都，人口有 100 万人（2013 年）。1999 年，联合国教科文组织宣布阿斯塔纳为"世界城市"。阿斯塔纳位于哈萨克斯坦中心位置而略偏北，处于俄罗斯裔居多数的北部地区和以哈萨克人为主的南部地区的分界线上，距原首都阿拉木图有 1 300 多千米。它是哈萨克斯坦工农业的主要生产基地、全国铁路交通枢纽。

哈萨克斯坦国旗呈长方形，长与宽之比为 2∶1。旗地为浅蓝色，旗面中间是一轮金色的太阳，太阳放射出 32 道光芒，其下有一只展翅飞翔的雄鹰。靠旗杆一侧有一垂直竖条，为哈萨克传统的金色花纹图案。浅蓝色是哈萨克人民喜爱的传统颜色，代表天空，也象征康乐、和平、宁静。

郁金香是哈萨克斯坦的国花。哈萨克境内四季均有郁金香开放，这也正是哈萨克把它定为国花的一个重要原因。

2. 简史

哈萨克斯坦公元 6 世纪至 8 世纪建立过突厥汗国、突骑施、葛逻禄等国家。8 世纪至 12 世纪，西部和西南部、南部和东南部先后加入可萨汗国、乌古斯叶护国、基马克汗国和钦察联盟等国。钦察联盟时期钦察语影响欧洲、阿拉伯半岛、埃及。13 世纪初，哈萨克斯坦人同鞑靼人一起加入金帐汗国，15 世纪从金帐汗国分离，成立哈萨克汗国。16 世纪初，哈萨克族分为大玉兹、中玉兹、小玉兹三个汗国。17 世纪中亚新兴起一个强大的游牧国家——蒙古准噶尔汗国。在准噶尔汗国的侵略下，小玉兹于 1730 年 9 月派遣使团请求俄国接受其加入俄国；1735 年

12 月中玉兹也加入俄国；而大玉兹则被准噶尔汗国吞并。但准噶尔汗国于 1757 年亡于更强大的清帝国，于是大玉兹成为清帝国的属国。19 世纪清帝国于鸦片战争后国势衰微，于是俄国趁机于 1864 年强占大玉兹土地，至此哈萨克全境都归俄国所有。1917 年 12 月 13 日，哈萨克独立为阿拉什自治共和国。1920 年 8 月 26 日，哈萨克成立吉尔吉斯苏维埃社会主义自治共和国，属俄罗斯联邦。1991 年 12 月 16 日，哈萨克宣布独立，同年 12 月 21 日加入独联体。

3. 文化

（1）文学

《阿拜之路》是穆合塔尔·阿乌埃佐夫（1897—1961 年）根据哈萨克诗圣阿拜·库南拜奇特而悲壮的生活道路创作的历史小说，向世人展示了阿拜为振兴哈萨克民族创立的历史功勋。《阿拜之路》是世界文学名著，被誉为哈萨克民族的百科全书，有人把《阿拜之路》称作"哈萨克民族的红楼梦"。

阿里·法拉比在西方被称为阿尔法拉比乌斯，是伊斯兰哲学的"第二导师"（"第一导师"为亚里士多德）。

阿拜是哈萨克诗圣，原名伊布拉希姆·库南巴耶夫（1845—1904 年），生于哈萨克斯坦。阿拜是哈萨克伟大的诗人、作曲家、哲学家、经典作家，是哈萨克斯坦的精神之父。联合国教科文组织把他列入世界文化名人予以纪念。

（2）艺术

哈萨克族的工艺美术主要有雕刻、刺绣和图案。

雕刻：哈萨克人在木碗、木勺、木盘、捣马奶杵子、装炊具的木盒以及冬不拉、库布兹等乐器上雕刻各种图案。猎枪的枪柄上、马鞭上也精雕细刻着各种漂亮的图案。哈萨克人还喜欢在木床、箱子、木柜、桌子、摇篮、木门和车子上雕刻各种花纹。哈萨克族的金银匠的手工艺是很高明的。

刺绣：刺绣是哈萨克族十分普遍的手工艺术。刺绣的方法有多种，如挑花、补花、嵌花、缎花和印花、贴花等。刺绣是哈萨克族姑娘和少妇们所喜爱的艺术。

哈萨克的图案艺术相当精巧，它与雕刻和刺绣艺术密不可分。哈萨克的图案题材多种多样，最基本的是日月星辰、动物、花草树木以及各种几何图案。其图案的着色富有象征性。如蓝色表示蓝天；红色象征太阳的光辉；白色象征真理、快乐和幸福；黄色表示智慧和苦闷；黑色象征大地和哀伤；绿色象征春天和青春。

（三）经济

哈萨克斯坦已是苏联国家中最发达的国家之一。居民的生活水平便能证明这一点，数据更为直观：工资增长了 4~5 倍，平均养老金增加了 2~3 倍。哈萨克斯坦的经济沿袭苏联传统模式以重型工业为主，重工业较为发达，轻工业较为落后，大部分日用消费品依靠进口。

2013年哈萨克斯坦的GDP为2 248.58亿美元，人均GDP为13 048美元。哈萨克斯坦的货币为哈萨克腾格，汇率情况：1美元=181.82哈萨克腾格（2014年4月14日）。

1. 农业

哈萨克斯坦是世界主要粮食出口国之一，2011年粮食产量翻番，共产粮约3 000万吨，出口1 600万吨。哈萨克斯坦的农业生产最大极限可养活10亿人。哈萨克斯坦可耕地面积约2 120万公顷，而其中棉花种植面积就约占三分之一，棉花产量居世界第四位，出口居第二位。哈萨克斯坦是农业发达的国家，自然气候条件较好，耕地面积辽阔。

哈萨克斯坦的畜牧业极发达。牧场占农业用地的80%。羊只总头数和羊毛产量在经济中均占重要地位。

2. 工业

哈萨克斯坦以重工业为主。哈萨克斯坦纺织工业基础薄弱，发展缓慢，本国加工能力仅占其棉产量的15%左右。哈萨克斯坦独立后一直将减少原料性产品出口、扩大深加工、提高其附加值、增加就业作为一项基本国策，而轻纺业是哈萨克斯坦发展的重点领域。

哈萨克斯坦工业突飞猛进，随着国家出台的工业化路线图的顺利实施，现今哈萨克能自主生产许多高科技工业产品，尤其是电子信息类产品，如国产平板电脑、国产智能手机、国产平板液晶电视等。

哈萨克斯坦拥有发达的化学工业，其企业能保障与生产武器有关的各部门的订货。例如，隶属于中型机械制造部（生产核武器）并作为核反应堆燃料粒主要生产者的乌尔巴冶金联合体还是核工业和火箭—航天工业常用的金属铍、氧化铍、钽的主要供应者。

哈萨克斯坦的航天技术较为发达，拜科努尔发射场是世界上最大的航天基地之一。哈萨克是亚洲第一个把人送上宇宙的国家，并协助俄罗斯和美国将航天员送上太空。

（四）政治

哈萨克斯坦《宪法》规定哈是民主的、非宗教的和统一的国家；为总统制共和国，总统为国家元首，是决定国家对内对外政策基本方针并在国际关系中代表哈的最高国家官员，是人民与国家政权统一、宪法不可动摇性、公民权利和自由的象征与保证。哈萨克斯坦是世界上为数不多的安全的国家之一。

国家政权以《宪法》和法律为基础，根据立法、司法、行政三权既分立又相互制约、相互平衡的原则行使职能。总统任期为七年。总统任命的总理、副总理以及外交、国防、财政、内务部长和安全委员会主席需经最高苏维埃同意。议会是国家最高代表机构，行使立法职能，由上下两院（参议院和马利日斯）组成，上院任期六年，下院任期五年。议会的主要职能是：通过共和国《宪法》和法律并对其进行修改和补充；同意总统对总理、国家安全委员会主席、总检察长、国家银行行长的任命；批准和废除国际条约；批准国家经济和社会发展计划、国家预算计划及其执行情况的报告等。在议会对政府提出不信任案、两次拒绝总统对总理任命、因议会两院之间或议会与国家政权其他部门之间无法解决的分歧而引发政治危机时，总统有权解散议会。议员由选民以直接投票的方式选举产生。哈萨克斯坦现任总统为纳扎尔巴耶夫。

二、人文习俗

（一）人口、民族、语言与宗教

哈萨克斯坦的人口约为 1 702.86 万（2013 年 7 月 1 日），由 130 多个民族组成，哈萨克族占 65%，俄罗斯族占 22%，还有乌兹别克、乌克兰、白俄罗斯、德意志、鞑靼、维吾尔、朝鲜、塔吉克等民族。居民大多信奉伊斯兰教（逊尼派），还有东正教、天主教、犹太教等。哈萨克斯坦人均寿命：男性平均 63 岁，女性平均 73 岁。哈萨克语为国语，俄语在国家机关和地方自治机关与哈萨克语同为正式语言。

哈萨克斯坦的宗教主要有伊斯兰教、东正教、犹太教等。哈萨克人主要信仰伊斯兰教，俄罗斯族、乌克兰族、白俄罗斯族人则信仰东正教，此外还有少数人信仰基督教和佛教。

（二）民间节庆

纳吾鲁孜节：3 月 22 日的纳吾鲁孜节是哈萨克族、柯尔克孜族等草原游牧民族的传统节日，相当于汉族的春节。纳吾鲁孜节标志着新的一年到来。节日食品主要有用大米、小米、小麦、面粉、奶酪、盐、肉等做的粥状的"纳吾鲁孜饭"，还有储存过冬的马肠子、马脖子、马肋条灌肠、马碎肉灌肠、马盆骨包肉等。节日这天，人们欢聚在一起，开展各种文体活动，如弹唱、对唱、摔跤、荡秋千等。

此外，哈萨克斯坦还有伊斯兰宗教节日、元旦（每年 1 月 1 日）、希腊正教圣诞节（1 月 7 日）、独立日（12 月 16 日）等主要节日。

（三）服饰

男人身着白衬衣、宽裤裆，戴绣花小帽，冬穿毛皮大衣、高筒皮靴。妇女爱穿肥大连衣裙，肩披绣花坎肩，头戴尖顶帽或插上羽毛，爱戴项链、耳环、手镯等。

（四）饮食

哈萨克人的主要食物是牛羊肉、奶、面食、蔬菜等，习性和欧洲基本相同。最常喝的饮料是奶茶和马奶。

哈萨克人的传统食品是羊肉、羊奶及其制品，最流行的菜肴是手抓羊肉。哈萨克语把手抓羊肉叫作"别什巴尔马克"，意思是"五指"，即用手来抓着吃，这也是哈萨克特色美食之一。

在哈萨克，最诱人的还是马肠肉，在严冬时节，许多住在北方严寒地区的人们都以食马肉抗寒。

（五）社交礼仪与民俗禁忌

哈萨克人有"以右为上"的民族传统观念，出门进门皆要先迈右腿。他们也不喜欢见到有人用脚踢羊或踢其他动物以及用脚踏食盐等。他们与人谈话一般不脱帽。

哈萨克人在社交场合与客人相见时，多行握手礼。面见尊长和宾客，他们则右手按胸，躬身施礼。在哈萨克斯坦作客时，客人见到主人，要先问："牲畜平安？"然后再问："全家安好？"主客相见，男女要分开坐，最主要的客人坐左首，按地位或辈分依次而坐，主人在最右首。

如果家里来了尊贵的客人，主人一定要宰羊招待。他们在宴席上吃羊肉有一定规矩。主人与客人要先吃羊肝夹羊尾巴油，再吃羊肉。羊头被视为最好的部分，一般被劈为两半，放在盘子的最上面，用来招待最高贵的客人。接下去是吃不带骨的羊肉，最后吃带骨的羊肉和喝羊肉汤。在吃羊肉的过程中，客人要从盘中取些肉请主人吃，以示尊敬和感谢，否则就被认为是失礼。吃完之后，主人要客气地说"菜不多，吃得不好，请原谅"等一类的话。客人要举起双手，从两颊往下摸，直到胸前为止，并说："愿真主保佑饮食丰盛。"

伊斯兰教徒做礼拜时忌讳别人从面前通过，他们禁食猪肉，并禁用猪皮制品。

三、旅游业概况

（一）主要旅游城市与著名景点

哈萨克斯坦旅游资源丰富多样，拥有世界上较为完美的自然风景和人文风景。

1. 城市

哈萨克斯坦的主要城市有阿拉木图、卡拉干达、奇姆肯特、巴甫洛达尔等。

阿斯塔纳：阿斯塔纳原名阿克莫拉，是哈萨克斯坦的首都。

阿拉木图：阿拉木图是哈萨克斯坦乃至整个中亚的金融、科技等中心，2011

年人口有 160 万，在经济和科技等诸多领域属于中亚第一大城市，亦是独联体重要城市之一。阿拉木图早年因盛产苹果被称为苹果城。其各方面影响力、竞争力在世界举足轻重，与圣彼得堡并列全球第一百位。

卡拉干达市：卡拉干达市哈萨克斯坦卡拉干达州的首府，哈萨克斯坦的第二大城市，面积约 800 平方千米，人口约 62 万。卡拉干达利用煤矿资源发展工业，成为哈萨克最大的工业城市。

奇姆肯特：奇姆肯特是哈萨克斯坦南部城市，南哈萨克斯坦州的首府。奇姆肯特的市区面积有近 300 平方千米，人口近 70 万，在人口数量上仅次于阿拉木图市，在哈萨克斯坦排第二位。奇姆肯特是中亚古城之一。奇姆肯特原为中亚通往中国的商路上的居民点，19 世纪初成为浩罕汗国的一部分，1864 年被俄国人占领。奇姆肯特现在是工业和文化中心。

2. 景点

恰伦峡谷：恰伦峡谷位于哈萨克斯坦南部地区，该峡谷在地壳运动的作用下，形成于 3 000 万年前的早第三纪，当地人都将该峡谷与美国科罗拉多大峡谷相媲美。

"麦迪奥"山："麦迪奥"山位于外伊犁山麓阿拉套山上，海拔 1 691 米，距阿拉木图市 18 千米，山上建有世界上最大的高山冬季运动综合体。

奇姆布拉克高山滑雪基地：该基地距离"麦迪奥"冰雪运动中心约 5 千米，海拔 2 230 米，有三级缆车。滑雪道长度有 3 000 多米，是冬季休闲、娱乐的好地方。

（二）旅游市场

1. 入境旅游

哈萨克斯坦在旅游发展方面还不稳定，根据哈萨克斯坦统计署的数据，2012 年哈萨克斯坦国内旅游市场接待游客 18.64 万人，比 2011 年少了 3 万多人。

2. 出境旅游

哈萨克斯坦来华旅游情况为：2013 年来华旅游的哈萨克斯坦人大约为 39.35 万人，其中会议和商务游客为 4.46 万人，观光休闲的有 19.34 万人，探亲访友的有 0.23 万，服务员工有 7.23 万人，其他的有 8.09 万人。

四、中哈关系

1991 年 12 月 27 日，中国承认哈萨克斯坦独立。1992 年 1 月 3 日，中哈正式建交。2005 年 7 月，中哈建立战略伙伴关系。中国是哈对外政策优先方向之一。

● 第八节 越南

一、基本概况

（一）自然地理概况

越南全称越南社会主义共和国（Socialist Republic of Vietnam）。越南位于东南亚中南半岛东部、中国南部。越南北与中国接壤，西与老挝、柬埔寨交界，东面和南面临中国南海。越南国土形状狭长，像一个竖立的大"S"形，面积约 33 万平方千米，海岸线长 3 260 多千米。

越南全境四分之三为山地、高原，北部和西北部为高山和高原。中部长山山脉纵贯南北。越南主要河流有北部的红河、南部的湄公河。

全国为热带季风气候，高温多雨，湿度大。年平均气温在 24℃ 左右。年平均降雨量 1 800～2 000 毫米。北方分春、夏、秋、冬四季。南方雨旱两季分明，大部分地区 5 月至 10 月为雨季，11 月至次年 4 月为旱季。

森林面积约占总面积的 50%。越南盛产铁木、红木、柏木等名贵木材。

河内时间比格林尼治时间早 7 个小时，比北京时间晚 1 个小时。

（二）基本国情

1. 首都、国旗、国花

越南的首都是河内，位于越南北部。

越南的国旗为长方形，底色为红色，正中有一个黄色五角星。红色象征革命和胜利，五角金星象征越南共产党对国家的领导，五星的五个角分别代表工人、农民、士兵、知识分子和青年。

越南的国花是莲花，莲花是力量、吉祥、平安、光明的象征，莲花还被比喻为英雄和神佛。

2. 历史

越南历史悠久，古称交趾。公元前 214 年，秦始皇在该地区设置了南海、桂林、象三郡。公元前 207 年该地区建立地方割据政权——南越国。公元前 111 年汉武帝平定南越国，设立交趾郡。唐朝时，该地区设立安南都护府，因此越南又被称为"安南"。968 年丁朝独立，建国号"大瞿越"，这是越南历史上第一个正式国号。1054 年，李朝圣宗又改国号为"大越"。"大越"是越南历史上使用最久的国号，其间虽有 15 世纪时胡朝改国号为"大虞"的短暂变更，但李朝、陈朝、后黎朝诸朝均以"大越"为号。1802 年，阮福映统一大越，建立阮朝，1804 年，清朝遣使册封阮福映为"越南国王",从此越南成为这个国家的新国号。1839 年,阮朝明命帝改国号为"大南帝国",此后同时采用"大南"和"大越南"的双轨国号。1884 年该国沦为法国的"保护国"。1940 年该国被日本占领,1945 年,阮朝保大帝建立"越南帝国",1945 年 9 月 2 日胡志明建立越南民主共和国。越南之后进行了九年抗法战争(9 月 2 日也即越南的国庆日),1954 年法国被迫承认其独立。越南此后又进行了十多年的抗美战争,1973 年取得了抗美救国战争的胜利。1976 年越南实现南北统一,定国名为"越南社会主义共和国"。

3. 文化

越南文化是随着以农业为基础的土著东山文化发展起来的。越南的传统文化深受中华文化熏陶,非常重视家庭价值和社会价值。此外,越南南部亦受到古印度、占婆以及近代一些西方国家如法国、俄国、美国文化的影响。

(1)文学

越南文学自古受中国文化影响较大,公元 10 世纪建国后吸收了其他一些外来文化,逐步创立了自己的民族文学。第一部较有影响的文学作品是李公蕴的《迁都诏》。越南著名诗人阮攸出使中国,将中国余怀的《王翠翘传》及青心才人的《金云翘传》携回本国,花了一年时间,改写为越南文学名著——长篇叙事诗"喃传"《金云翘传》,并将它搬上了越南舞台。

(2)艺术

音乐:雅乐和歌筹是越南广为人知的两种古典音乐,分别于 2003 年和 2005 年被联合国教科文组织选入人类非物质文化遗产代表作名录。其中,雅乐包括了自陈朝到阮朝以来的宫廷音乐,参加雅乐演奏的人包括为数众多的乐师和舞蹈者,他们通常穿着华丽的服装。歌筹是一种源自古代越南宫廷的室内乐,逐渐演变成一种由受过专门训练的女戏子为有权有钱男客人的表演。

木偶戏:越南的水上木偶戏非常有名,曾是一种宫廷艺能,多在皇帝寿辰时庆祝表演。表演者在水中使用长竹竿或绳子控制木偶,表演内容多为越南历史故事或传说。

武术:越南武术流派众多,它们共同的武术哲学被称为"越武道"。其武服也采用不同颜色的腰带以区分习武者的级别。

(三)经济

越南属于发展中国家。1986 年越南开始实行革新开放。1996 年越共八大提出要大力推进国家工业化、现代化。2001 年越共九大确定建立社会主义定向市场经济体制,并确定了三大经济战略重点,即以工业化和现代化为中心,发展多种经济成分、发挥国有经济主导地位,建立市场经济的配套管理体制。实行革新开放的二十多年来，越经济保持较快增长速度。2006 年，越南正式加入世界贸易组织（WTO），并成功举办亚太经济合作组织（APEC）领导人非正式会议。

2013 年越南的 GDP 为 1 711.97 亿美元，人均 GDP 为 1 908 美元。越南货币的名称为越南盾（Dong），汇率情况：1 美元 = 21 094 越南盾（2014 年 4 月 14 日）。

1. 工业

2010 年，越南工业产值达 794.1 万亿越南盾，比 2009 年增长了 14%。其中，国有企业产值增长 7.4%，外资企业产值增长 17.2%。越南的主要工业产品包括煤炭、原油、天然气、液化气、水产品等。

2. 农业

越南是传统农业国，2009 年，农业人口约占总人口的 75%。耕地及林地面积占总面积的 60%。粮食作物包括稻米、玉米、马铃薯、番薯和木薯等，经济作物主要有咖啡、橡胶、腰果、茶叶、花生、蚕丝等。

3. 对外贸易

越南主要的贸易对象为美国、欧盟、东盟、日本以及中国。2009 年，越南对外贸易额 10 亿美元以上的主要出口商品有九种，分别为纺织品、石油、水产品、鞋类、大米、木材及木制品、咖啡、煤炭、橡胶。四种传统出口商品石油、纺织品、水产品、鞋类对外贸易额均在 40 亿美元以上。主要出口市场为欧盟、美国、日本、中国。主要进口商品有机械设备及零件、成品油、钢材、纺织原料、皮革、布匹。主要进口市场为中国、中国台湾地区、新加坡、日本、韩国。

（四）政治

宪法：越南《宪法》规定国家主席统帅各人民武装力量，兼任国防与安宁会议主席。但实际上越共中央军事党委是最高军事决策机构，越共中央总书记兼任军委书记，通过国防部对全国武装力量实行统一领导和指挥。

国会及政府：越南社会主义共和国国会是国家最高权力机关和唯一立法机关，每届任期五年。国会常务委员会是国会常设机关，由国会选出。国家元首为国务委员会主席。政府会议是国会的执行机关，由总理、副总理、各部部长等组成。执政党是越南共产党，参政议政的民主党派有民主党、社会党、祖国统一战线，党的助手有共青团、妇联、总工会等。

著名政治人物——胡志明（1890—1969 年）：胡志明于 1941 年组织越南独立同盟会，领导反法和反日斗争。1945 年 8 月胡志明当选越南民主共和国临时政府主席；次年 3 月当选越南民主共和国主席兼政府总理；1951 年 2 月印度支那共产党改称越南劳动党，当选为中央委员会主席；1945—1954 年领导了长达九年的抗法战争；20 世纪 60 年代又领导越南人民进行艰苦卓绝的抗美战争；1969 年 9 月 2 日在河内病逝。

二、人文习俗

（一）人口、民族、语言与宗教

越南全国人口 7 932 万，其中越族（京族）约占 89%，少数民族有岱依族、傣族、侬族、苗族、加莱族、高棉族等。

官方语言为越南语，又称京语。越南语最初无文字而只有口头语言，采用汉字组成的文言文来记事撰文。13 世纪，越南发明了本民族的文字——喃字，与汉字混用形成越南语，从而使言文一致。法属时期，一位法国耶稣会传教士罗德（Alexandre de Rhodes）创建了罗马化的越南语拼音文字国语字，成为现在越南普遍使用的越南语。

越南人中京族的姓名与汉人的姓名基本一样，子女承用父姓。姓名一般为三个字，姓在前，名在后，中间是垫字（男子多用文，女子多用氏）。其中主要的姓有阮、范、黎、陈和吴等。13 世纪，陈氏推翻李朝，担心李氏亲族反抗，强迫所有李姓改姓阮。19 世纪初，阮氏统一全国，建立阮朝，常以姓氏作为赏赐，因此，越南姓阮的很多。

政府保障信教自由，居民中有 55% 信奉佛教，佛教徒约 5 000 万人，其中又以信大乘佛教者居多。越南佛教分为"北宗"和"南宗"：东汉末年，大乘佛教从中国传入越南，越南人称其为"北宗"。10 世纪后，大乘佛教被尊为国教。小乘佛教从泰国和柬埔寨传入，被称为"南宗"。信奉天主教的有 360 万人，约占总人口的 5.5%，信奉基督教（新教）的约 30 万人。除此之外，还有信奉高台教、和好教的。

（二）民间节庆

国家重要的节日有 8 月 19 日的八月革命节和 9 月 2 日的国庆节。

民间节日有春节、清明、端午、中秋、重阳节等，其形式与我国的节日类似。此外，还有京人的哈节和拉志族的七月节。

哈节：哈节是京人独特的传统节日，其隆重程度仅次于春节。"哈"在越语中是"唱歌"的意思，故此节的活动内容以唱歌为主，配之以跳舞、斗牛、角力比赛等，热闹非凡。此节一般是在六月初十或八月初十，各地不尽相同。

（三）服饰

越南妇女的服饰给人的印象是"头戴竹笠，身穿开叉长衫及一袭长裤"。而开衩的长衫则是越南的国服"AO DAI"（奥黛），也就是我们所说的越南旗袍，极具特色。而男人的服饰受西方影响较大，正式场合男人通常穿西装。

（四）饮食

越南人以大米为主食。越南的佐料中流行一种被称作鱼露的调味品，这种调味品以小鲜鱼制作的为最佳，越南几乎人人会制作且喜欢食用鱼露。越南人有嚼槟榔的习惯。槟榔在越南人的待客礼俗中必不可少。人们常在饭后咀嚼槟榔以助消化。现在京人还有以槟榔作信物的，无论求婚请客，均送上一个槟榔盒，甚至办丧事报丧、出殡，也要带槟榔。

越南的美食特产有越南菠萝蜜干、越南芭蕉干、越南红薯条、椰汁花生、越南绿豆糕、越南咖啡、越南香水等。

（五）社交礼仪与民俗禁忌

越南是沿着祖先的村落建造起来的，因此所有越南人都牢记着一个共同祖先的纪念日，即农历三月的第十天。

越南十分崇拜文化符号，例如源于鳄鱼和蛇的象征的越南龙，被描述为神圣之龙的越南国父，被描画为圣神之鸟的越南国母。海龟和狗的影像也在越南备受崇拜。

越南人有一种奇特的染齿习俗，这种习俗是越南古代的遗风。按习俗规范，谁要是保持白色牙齿，就会受天下人耻笑和社会舆论的谴责。而黑齿则是女郎、少女貌美的重要标志之一，越南有"黑齿桃颜"之说。现在这种习俗已渐衰微。

传统上，越南人有席地而坐的习俗，认为贴近土地有很多好处，可以除去人身上的一些疾病。

在越南不能随意摸别人的头部，包括小孩。

三、旅游业概况

（一）主要旅游城市与著名景点

1. 主要的旅游城市

美奈：作为越南的一个小渔村，这里的气候十分舒适。这儿有最为朴实的民风民俗，人们在这里不仅能看到荒芜的沙漠，也能看到充满活力的大海。

岘港：岘港是一个美丽的港口城市，是整个东南亚最佳的避暑胜地，有东方夏威夷之称。

2. 主要景点

越南旅游资源丰富，截至 2008 年，越南共有五处世界遗产。自然遗产有下龙湾、丰芽—格邦国家公园；文化遗产有顺化古建筑群、会安古城、美山圣地。

巴亭广场：这是河内举行重要集会和节日活动的场所。巴亭广场西侧耸立着越南主席胡志明的陵墓。巴亭广场的建造师为了纪念越南人民的反抗与斗争，在八月革命胜利后遂以"巴亭"为此命名。

还剑湖：还剑湖又称"左望湖"或"水军湖"，位于越南首都河内。传说越南黎朝太祖捡到宝剑，之后起义成功，来到此地后有仙人将其宝剑收回，为了纪念这一传说人们以"还剑湖"为此命名。

圣母大教堂：圣母大教堂又称红教堂，位于胡志明市，由当年法国殖民者留下。教堂是典型的哥特式建筑风格，从远处望去仿佛是巴黎圣母院钟楼的造型。

下龙湾（自然遗产）：下龙湾位于越南东北部的群岛海湾区，这儿的石头形象各异，造型多姿多态，有"海上桂林"的称号。

丰芽—格邦国家公园（自然遗产）：丰芽—格邦国家公园有亚洲最古老的喀斯特地貌。公园内的喀斯特地貌异常复杂，沿途 65 千米布满了岩洞和地下河。

顺化皇城（文化遗产）：顺化皇城又名"大内"，是阮氏王朝的皇宫，也是越南现存最大且较为完整的古建筑群。皇城 1687 年奠定雏形，1805 年开始修建，历时数十年时间才建成现存规模。其建筑的样式是模仿北京的故宫，总面积 6 平方千米。

会安古城（文化遗产）：由于古代贸易交流的缘故，中国、日本、南洋甚至欧洲的商船经常出入会安港。在会安，到处是中式、日式的建筑，而且保存完整。

美山圣地（文化遗产）：3 世纪到 12 世纪，美山圣地一直是占婆王国的统治中心，它是现存的占婆王国时期最古老最庞大的建筑群。4 世纪时，逝世的国王就被埋葬于此。寺庙总数达 70 余个，从而使得美山成为王国的圣地。自从 13 世纪末被遗弃以后，美山圣地安然无损地存留于世。

（二）旅游市场

1. 入境旅游

2010 年越南全年接待国外游客 310 万人次，比 2009 年增长 38.8%。主要客源国（地区）为中国（90.54 万）、韩国（49.59 万）、日本（44.21 万）、美国（43.1 万）、中国台湾地区（33.4 万）、澳大利亚（27.82 万）、柬埔寨（25.46 万）、泰国（22.28 万）、马来西亚（21.13 万）、法国（19.94 万）。

2. 出境旅游

越南出境旅游人数很少，他们的主要旅游目的地为中国及东南亚一些国家。近年来，随经济贸易发展，商务旅游渐趋增多。2013 年越南到中国的游客达 136.54 万人次。

四、中越关系

1950 年 1 月 18 日，中越两国正式建立外交关系。两国高层领导人多次互访。中国政府和人民给予了越南人民大量无私的援助（截至 1978 年，总额达 200 多亿美元）。越美战争结束后，中越两国关系恶化。1991年11月中越两国实现关系正常化，经贸关系得到新的发展。双方同意设置五对国家级口岸，十个省级口岸，四十四个边境互市点，并签订了投资保护、经济合作、贸易、技术合同等十二个协定。

 思考题

1. 简述马来西亚统治者会议。
2. 菲律宾人的日常社交礼仪有哪些？
3. 简要介绍新加坡的娘惹文化。
4. 泰国人的日常社交礼仪有哪些？
5. 简要介绍印尼人的婚俗。
6. 简要介绍印度人的婚姻礼仪。
7. 哈萨克斯坦人的日常社交礼仪有哪些？
8. 哈萨克斯坦人的民间禁忌习俗有哪些？
9. 越南的贸易商品主要有哪些？

 案例和实训

拓展阅读

东南亚国家联盟

东南亚国家联盟的前身是由马来西亚、菲律宾和泰国三国于1961年7月31日在曼谷成立的东南亚联盟。1967年8月7日至8日，印度尼西亚、新加坡、泰国、菲律宾四国外长和马来西亚副总理在泰国首都曼谷举行会议，发表了《东南亚国家联盟成立宣言》，即《曼谷宣言》，正式宣告东南亚国家联盟（简称东盟，Association of Southeast Asian Nations —— ASEAN）的成立。东盟成为东南亚地区以经济合作为基础的政治、经济、安全一体化合作组织，并建立起一系列合作机制。

东盟的宗旨和目标是本着平等与合作精神，共同促进本地区的经济增长、社会进步和文化发展，为建立一个繁荣、和平的东南亚国家共同体奠定基础，以促进本地区的和平与稳定。

东盟成立之初只是一个保卫自己安全利益及与西方保持战略关系的联盟，其活动仅限于探讨经济、文化等方面的合作。1976年2月，第一次东盟首脑会议在印尼巴厘岛举行，会议签署了《东南亚友好合作条约》以及强调东盟各国协调一致的《巴厘宣言》。此后,东盟各国加强了政治、经济和军事领域的合作,并采取了切实可行的经济发展战略,推动经济迅速增长,东盟逐步成为一个有一定影响力的区域性组织。除印度尼西亚、马来西亚、菲律宾、新加坡和泰国五个创始成员国外,20 世纪 80 年代后,文莱(1984 年)、越南(1995 年)、老挝(1997 年)、缅甸(1997 年)和柬埔寨(1999 年)五国先后加入东盟,使这一组织涵盖整个东南亚地区,形成一个人口超过 5 亿、面积达 450 万平方千米的十国集团。巴布亚新几内亚为其观察员国。东盟十个对话伙伴国是澳大利亚、加拿大、中国、欧盟、印度、日本、新西兰、俄罗斯、韩国和美国。

　　东盟主要机构有首脑会议、外长会议、常务委员会、经济部长会议、其他部长会议、秘书处、专门委员会以及民间和半官方机构。首脑会议是东盟的最高决策机构,自 1995 年召开首次会议以来每年举行一次,已成为东盟国家商讨区域合作大计的最主要机制,主席由成员国轮流担任。

　　20 世纪 90 年代初,东盟率先发起区域合作进程,逐步形成了以东盟为中心的一系列区域合作机制。1994 年 7 月东盟地区论坛成立,1999 年 9 月东亚—拉美合作论坛成立。此外,东盟还与美国、日本、澳大利亚、新西兰、加拿大、欧盟、韩国、中国、俄罗斯和印度十个国家形成对话伙伴关系。2003 年,中国与东盟的关系发展到战略协作伙伴关系,中国成为第一个加入《东南亚友好合作条约》的非东盟国家。

　　根据 2003 年 10 月在印尼巴厘岛举行的第九届东盟首脑会议发表的《东盟协调一致第二宣言》(亦称《第二巴厘宣言》),东盟将于 2020 年建成东盟共同体。为实现这一目标,2004 年 11 月举行的东盟首脑会议还通过了为期六年的《万象行动计划》(VAP)以进一步推进一体化建设,签署并发表了《东盟一体化建设重点领域框架协议》《东盟安全共同体行动计划》等。会议还决定起草《东南亚国家联盟宪章》以加强东南亚国家联盟机制建设。

　　为了早日实现东盟内部的经济一体化,东盟自由贸易区于 2002 年 1 月 1 日正式启动。自由贸易区的目标是实现区域内贸易的零关税。文莱、印度尼西亚、马来西亚、菲律宾、新加坡和泰国六国已于 2002 年将绝大多数产品的关税降至 0~5%。越南、老挝、缅甸和柬埔寨四国于 2015 年实现这一目标。

实训题

　　请结合东南亚国家联盟的相关知识,以及印度尼西亚、新加坡、泰国、菲律宾、马来西亚五国的政治、经济、文化习俗、宗教信仰、人口、地理、气候、旅游资源等特点,分析可以从哪些方面提高这些国家旅华的人数。

第五章　欧洲地区主要客源国

学习目标

1. 掌握欧洲地区中国各主要客源国基本国情、人文习俗、社交礼仪与禁忌等

2. 了解欧洲地区中国各主要客源国政治、经济、文化发展等基本概况，理解旅游发展与政治经济文化的关系

3. 了解欧洲地区中国各主要客源国的旅游城市、旅游热点以及旅游发展概况，从而全面认识欧洲旅游市场发展现状

4. 熟悉欧洲地区中国各主要客源国与中国旅游市场发展往来，分析旅华市场发展概况，从而分析如何进一步开发客源市场，扩大旅华市场规模

重点和难点

1. 欧洲各国民俗风情
2. 欧洲各国旅华市场发展情况

本章内容

1. 俄罗斯
基本概况 人文习俗 旅游业概况 中俄关系

2. 德国

基本概况　人文习俗　旅游业概况　中德关系

3. 英国

基本概况　人文习俗　旅游业概况　中英关系

4. 法国

基本概况　人文习俗　旅游业概况　中法关系

5. 意大利

基本概况　人文习俗　旅游业概况　中意关系

6. 西班牙

基本概况　人文习俗　旅游业概况　中西关系

● 第一节　俄罗斯

一、基本概况

（一）自然地理概况

俄罗斯全称"俄罗斯联邦"，位于欧洲东部、亚洲北部，是世界上国土最辽阔的国家，面积达 1 707.54 万平方千米，占地球陆地面积的 11.4%。俄罗斯北邻北冰洋，东濒太平洋，西接大西洋，西北临波罗的海芬兰湾。陆地邻国西北面有挪威、芬兰，西面有爱沙尼亚、拉脱维亚、立陶宛、波兰、白俄罗斯，西南面是乌克兰，南面有格鲁吉亚、阿塞拜疆、哈萨克斯坦，东南面有中国、蒙古和朝鲜，东面与日本和美国隔海相望，海岸线长 37 653 千米。

俄罗斯以平原和高原为主，大部分地区处于北温带，气候多样，以温带大陆性气候为主，但北极圈以北属于寒带气候。温差普遍较大，1 月平均温度为 1～35℃，7 月平均温度为 11～27℃。年降水量平均为 150～1 000 毫米。从西到东大陆性气候逐渐加强，冬季严寒漫长。

俄罗斯境内有 300 余万条大小河流纵横交错，其中伏尔加河全长 3 685 千米，是欧洲最长的河流，被称为俄罗斯的"母亲河"；西伯利亚地区有鄂毕河、叶尼塞河（俄罗斯第一大河）、勒拿河。俄罗斯有 20 多万个湖泊，贝加尔湖是世界上最深、蓄水量最大的淡水湖；里海是世界上最大的咸水湖。

俄罗斯有相当丰富的自然资源，天然气、煤炭、石油、铁、铜、镍、铝土等矿藏储量丰富。根据商务部网站 2012 年发布的数据，俄罗斯是世界第一大原油生产国，已探明储量为 882 亿桶，占世界储量的 5.3%；天然气储量为 4 460 万亿立方米，占世界储量的 21.4%；黄金、钻石、稀有金属的储量和产量均名列世界前茅；森林覆盖面积占全国领土的 44%，居世界第一位；另外还有大量珍贵的木材和动物资源。

莫斯科时间比格林尼治时间早 3 个小时，比北京时间晚 5 个小时。

（二）基本国情

1. 首都、国旗、国花

首都：首都莫斯科位于俄罗斯平原中部、莫斯科河畔，跨莫斯科河及其支流亚乌扎河两岸。大莫斯科包括外围绿化带共 1 725 平方千米，截至 2006 年 1 月，莫斯科人口约 1 415 万，是欧洲最大的城市也是世界最大的城市之一，是俄罗斯政治、经济、科学文化及交通中心。莫斯科是世界上绿化最好的城市之一，绿化面积占全市面积的 40%。它有 11 个自然森林，每个居民平均拥有绿地 30 多平方米。

莫斯科始建于 12 世纪中期，是一座历史悠久和具有光荣传统的城市。13 世纪初莫斯科成为莫斯科公国的都城。14 世纪俄国人以莫斯科为中心，集合周围力量进行反对蒙古贵族统治的斗争，从而统一了俄国，建立了一个中央集权的封建国家。15 世纪中期莫斯科已成为统一的俄罗斯国家的都城，一直到 18 世纪初。1712 年彼得大帝迁都圣彼得堡，但莫斯科仍是俄罗斯的经济、政治和文化中心，仍发挥着俄罗斯第二都城的作用。1922 年 12 月莫斯科正式成为苏联首都，1991 年苏联解体后，莫斯科成为俄罗斯联邦的首都。1995 年 5 月 16 日，莫斯科与北京结为友好城市。

国旗：俄罗斯国旗是长方形，长宽之比为 3∶2。旗面由三个平行且相等的横长方形相连而成，自上而下分别为白、蓝、红色。

俄罗斯幅员辽阔，国土跨寒带、亚寒带和温带三个气候带。俄罗斯国旗用三色横长方形平行相连，表示了俄罗斯地理位置上的这一特点。白色代表寒带一年四季白雪茫茫的自然景观；蓝色既代表亚寒带气候区，又象征俄罗斯丰富的地下矿藏和森林、水利等自然资源；红色是温带的标志，也象征俄罗斯历史悠久和对人类文明的贡献。另外一个说法是白色代表着自由，蓝色代表着守卫俄罗斯的圣母，红色代表权力和力量。

国花：俄罗斯的国花是向日葵。向日葵是向往光明之花，给人带来美好希望之花，它全身是宝，把自己无私地奉献给人类。

2. 历史

俄罗斯国家的摇篮是基辅罗斯。它建立于 9 世纪下半叶第聂伯河中游的东斯拉夫部落联合，这就是统一的古罗斯民族，在其基础上出现了俄罗斯族、乌克兰族和白俄罗斯族。从 9 世纪末起统治国家的是留里克王朝。13 世纪俄罗斯遭到成吉思汗的汗国的侵略，受到蒙古鞑靼人的压迫长达两个半世纪。

15 世纪末，莫斯科大公伊凡三世建立了以莫斯科为中心的统一的中央集权国家——莫斯科大公国，伊凡四世于 1547 年改大公称号为沙皇，从此莫斯科公国成为沙皇俄国，并开始向外扩张。1613 年米哈伊尔·罗曼诺夫即位沙皇，建立俄罗斯历史上第二个王朝——罗曼诺夫王朝。

17 世纪末到 18 世纪初，彼得一世在位期间，实行了一系列改革，加强了中央集权，同时继续向外扩大版图。1861 年俄国进行了自上而下的改革，亚历山大二世废除了农奴制，加速了俄国资本主义的发展。19 世纪末、20 世纪初俄国成为军事封建帝国主义国家。

1917 年 2 月，俄国爆发二月革命，推翻了沙皇专制制度，同年 11 月 7 日，以列宁为首的布尔什维克党领导俄国无产阶级推翻了资产阶级的统治，建立了世界上第一个社会主义国家。1922 年 12 月俄国与乌克兰、白俄罗斯等组成苏维埃社会主义共和国联盟，简称苏联，后来苏联加盟共和国共扩展到 15 个。1941 年德国入侵苏联，苏联人民同其他各民族一起经过四年的浴血奋战，取得了卫国战争的胜利。

1990 年 3 月至 1991 年 12 月，除苏联以外的 14 个加盟共和国先后宣布独立。1991 年 12 月 25 日俄罗斯联邦最高苏维埃决定俄罗斯苏维埃联邦社会主义共和国改名为俄罗斯联邦（又名俄罗斯），它作为苏联的继承国取代了苏联在联合国安理会中的常任理事国席位。

3. 文化

俄罗斯文化已有近千年的历史，是世界文化遗产不可分割的一部分。俄罗斯文学和艺术是俄罗斯文化历史宝库中最瑰丽的奇葩。最早的俄国文学现在仅存极少的几部以古俄语（非古斯拉夫语）写成的经典之作。以通俗的现代俄语写成的第一部文学作品是著名神学家阿瓦昆的自传，发表于 17 世纪中期。进入 18 世纪，伴随着彼得大帝改革的推行，西方启蒙思想开始在俄罗斯社会中广为传播，并对俄罗斯的社会生活、文学艺术等诸多方面产生深远的影响。俄罗斯文学在这一时期实现了质的飞跃，涌现了一些杰出的文学家，其中罗蒙诺索夫是这一时代最具代表性的人物。他在《文法与修辞》一书中，将一般文体分为英雄史诗、讽刺诗文与戏剧和民歌、戏剧三类，并为每一类作品制定了写作的标准。他的抒情诗为俄罗斯的诗歌创作开创了一个新纪元。

19 世纪的俄罗斯产生了一大批文学巨匠，最为著名的有普希金、列夫·托尔斯泰、高尔基等。普希金是俄罗斯近代文学的奠基者和俄罗斯文学语言的创建者，代表作有《自由颂》《青铜骑士》《黑桃皇后》等。列夫·托尔斯泰是俄国伟大的批判现实主义作家，主要代表作有《战争与和平》《安娜·卡列尼娜》《复活》。高尔基继承了俄罗斯古典文学的优良传统，是苏联文学的开创者和奠基者，主要代表作有《海燕之歌》《童年》《在人间》《我的大学》和《母亲》等。此外还有许多伟大的作家，如别林斯基、赫尔岑、车尔尼雪夫斯基、陀思妥耶夫斯基、屠格列夫、契诃夫等。

在俄罗斯美术绘画史上，19 世纪 60 年代以"巡回展览画派"为代表的批判现实主义画派达到了世界高度，这时的著名画家有伊·尼·克拉姆斯科伊（代表作有《荒野中的基督》和《列夫·托尔斯泰》）、伊·叶·列宾（代表作有《小白桦树林》《金色的秋天》）。

19 世纪下半叶是俄罗斯音乐的繁荣时期。柴可夫斯基是这一时期最伟大的音乐家，伟大的俄罗斯作曲家、音乐教育家，被誉为伟大的俄罗斯音乐大师。他的代表作品有第四、第五、第六（悲怆）交响曲，歌剧《叶甫根尼·奥涅金》《黑桃皇后》，舞剧《天鹅湖》《睡美人》《胡桃夹子》，第一钢琴协奏曲、小提琴协奏曲、《罗科主题变奏曲》，第一弦乐四重奏、钢琴三重奏《纪念伟大的艺术家》，交响序曲《1812 年》，幻想序曲《罗密欧与朱丽叶》，交响幻想曲《里米尼的弗兰切斯卡》，意大利随想曲、弦乐小夜曲以及大量声乐浪漫曲等。

（三）经济

俄罗斯工业、科技基础雄厚，但产业结构不均衡，对能源和高能耗工业依赖度高，对加工业和机械制造业发展的投入不足。自然资源丰富，许多矿产探明储量居世界前列。苏联解体后俄经济持续下滑，2000 年普京执政以来，俄经济快速回升，连续八年保持增长（年均增幅约 6.7%），外贸出口大幅增长，投资环境有所改善，居民收入明显提高。2008 年俄罗斯 GDP 总量达到 16 608 亿美元，位居世界第八位，重新回到世界十大经济体。2011 年，俄罗斯 GDP 总量已经达到 1.85 万亿美元，人均 GDP 已经达到 13 235 美元。财政金融总体趋好。2006 年黄金外汇储备居世界第三位；卢布升值 7.6%；国际信用评级提高。俄罗斯工业发达，核工业和航空航天业居世界重要地位。2004 年俄罗斯工业产值为 112 090 亿卢布，同比增长 6.1%；工业从业人口 2 055.4 万人，占总就业人口（6 732.2 万）的 30.5%。工业基础雄厚，部门全，以机械、钢铁、冶金、石油、天然气、煤炭、森林工业及化工等为主，木材和木材加工业也较发达。俄工业结构不合理，重工业发达、轻工业发展缓慢、民用工业落后状况尚未根本改变。俄罗斯 IT 业当前发展迅速，尤其是在软件开发方面已经走在世界前列。

俄罗斯农牧业并重，主要粮食作物有小麦、大麦、燕麦、玉米和豆类等；主要经济作物有亚麻、向日葵、棉花、甜菜。近年来粮食产量逐年增加，开始对外出口。

2004年服务业产值42 035万亿卢布,占国内生产总值的比重为25%;服务业从业人口4 008.4万人,占总就业人口的59.6%。

俄罗斯的交通部门全,铁路,公路、航空、内河、海洋、管道运输均发达,其中以铁路、管道运输为主。铁路在欧洲部分比较密集,以莫斯科为中心呈放射状。西伯利亚大铁路横跨亚欧大陆,被称为亚欧大陆桥。管道主要运输石油、天然气。至2010年年底铁路总里程为8.7万千米,公路总里程为98.2千米。2010年总水程为10.2万千米。

(四) 政治

1993年12月12日,俄罗斯联邦举行全体公民投票,通过了俄罗斯独立后的第一部宪法。1993年12月25日,新宪法正式生效。这部宪法确立了俄罗斯实行半总统制的联邦国家体制,以俄罗斯联邦宪法和法律为基础,根据资产阶级立法、司法、行政三权分立又相互制约、相互平衡的原则行使职能。总统是国家元首,任期四年,2008年修宪改为六年,由人民直选产生。总统拥有相当大的行政权力,有权任命包括总理在内的高级官员,但必须经议会批准。总统同时也是武装部队的首领以及国家安全会议的主席,并可以不经议会通过直接颁布法令。总统不可以连任超过两届。

俄罗斯联邦政府是国家权力最高执行机关。联邦政府由联邦政府总理 、副总理和联邦部长组成。根据俄宪法,俄罗斯联邦会议是俄罗斯联邦的代表和立法机关。联邦会议采用两院制,上议院称联邦委员会,下议院称国家杜马。俄罗斯实行多党制,主要有统一俄罗斯党、俄罗斯共产党、俄罗斯自由民主党、公正俄罗斯党、亚博卢联盟、右翼力量联盟。

二、人文习俗

(一) 人口、民族、语言与宗教

俄罗斯总人口有1.43亿(截止2012年4月1日),有193个民族,其中俄罗斯族人口占77%。主要少数民族有鞑靼、乌克兰、楚瓦什、巴什基尔、莫尔多瓦、白俄罗斯、德意志等。居民多信奉东正教,其次为伊斯兰教、犹太教和佛教。俄语是俄罗斯联邦的官方语言。各共和国有权规定自己的国语,共有30多种语言,并在该共和国境内与俄语一起使用,俄语是四个独联体国家的官方语言。

(二) 民间节庆

新年:1月1日。新年,新年是一年中第一个也是最隆重的节日。为了迎接新年,人们往往要装饰一棵新年枞树,准备一桌丰盛的美食,给孩子们筹办各种新年演出。

东正教圣诞节：1月7日。从2005年起，该节日于1月1日至9日放假，这也是俄罗斯独具特色的圣诞假期。

祖国保卫者日：2月23日。这个节日一度被更名为苏联建军日。传统上这一天被视为男人的节日，女人往往向男人表示祝贺并赠送礼品。

谢肉节：2月底3月初。谢肉节又名"狂欢节"，是俄罗斯一年中最热闹的节日之一。俄罗斯举办谢肉节的时间在复活节过后的第八周，一共有七天，每一天都有不同的名称：第一天为迎节日，第二天为始欢日，第三天为大宴狂欢日，第四天为拳赛日，第五天为岳母晚会日，第六天为小姑子聚会日，第七天为送别日。人们会在谢肉节期间举行各种娱乐活动，比如举办化装晚会、跳假面舞、烙薄饼、烧掉象征冬天的草人等。

国际妇女节：3月8日。这是春天里的第一个节日，只比"男人节"晚两周。这一天轮到男人向女人祝贺节日、赠送礼品和鲜花。

胜利日：5月9日。人们在这一天举国欢庆俄国历史上最大的军事胜利之一——1945年击溃了法西斯德国。对俄罗斯人来说，5月9日是一个"流泪的"节日，在这一天全国都要祭奠在战争中牺牲的几千万同胞，给烈士敬献鲜花和花圈。逐年减少的二战老战士们则戴上军功章，与同团战友们相聚。

儿童节：6月1日。

俄罗斯日：6月12日。1991年的这一天通过了俄罗斯联邦国家主权宣言。

11月7日这一天曾是苏联时期全国最重大的节日之一——十月社会主义革命周年纪念日，后改为"和谐和解日"，标志着"红""白"之间的对立不再具有现实意义。现在纪念11月7日的主要是具有保守倾向的人，他们把这一天视为共产主义思想的胜利日。

宪法日：12月12日。1993年的这一天俄罗斯通过了《俄罗斯联邦宪法》。

（三）服饰

俄罗斯人很注重仪表，在穿着服饰上讲究色彩的和谐、整体的搭配。比如，他们家中的衣橱里起码备有在三种不同场合穿着的衣服，即家居服、运动服、西服。他们在家穿休闲服，外出旅游穿运动服，上班则穿西服。三者不"张冠李戴"，也不马虎凑合，人们穿戴整齐，打扮得体。在不同季节里，人们选择不同颜色、不同款式的衣着。青年人尤其爱穿各种时装。俄罗斯妇女有一年四季穿裙子的传统，夏季多穿淡色、短袖、半开胸、卡腰式、大摆绣花或印花的连衣裙，春秋季节多穿西服上衣或西服裙，头戴色彩鲜艳的呢礼帽，上面插着羽毛做的装饰，冬季穿裙子，外套半长皮大衣，脚穿高筒皮靴，头戴毛织大头巾。俄罗斯族妇女的头饰颇具特色，年轻姑娘与已婚妇女的头饰有严格区别。少女头饰的上端是敞开的，头发露在外面，梳成一条长长的辫子，并在辫子里编上色彩鲜艳的发带和小玻璃珠子。已婚妇女的头饰则必须严密无孔，即先将头发梳成两条辫子，盘在头上，再严严实实地将辫子裹在头巾或帽子里面，不让一根头发露出外面，否则就被认为是不礼貌的行为。

（四）饮食

俄罗斯人比较讲究饮食，菜肴的品种丰富多彩，俄罗斯餐桌上最常见的就是各种各样的肉类食品，他们几乎每餐都会有牛肉、羊肉、牛排、香肠等，蔬菜有黄瓜、西红柿、土豆、萝卜、生菜和洋葱。俄罗斯人的饮食特点归纳起来有这几方面：

自古以来，俄罗斯人就以面包为主食。面包的品种很多，按原料分有白面包、黑面包、黑麦精粉面包和玉米粉面包。白面包的消费量很大，但俄罗斯人也爱食黑面包，甚至超过白面包。黑面包的主要原料是黑麦粉，它含有丰富的维生素（维生素食品），营养价值很高。

俄罗斯人十分爱吃土豆。据统计，俄罗斯每年人均消费土豆100多千克，与粮食的消费量差不多。在俄罗斯，土豆的吃法有很多种，如煮土豆、烤土豆、土豆泥、用土豆做的小扁饼、用做牛排和烤鸡等菜的配菜等。

俄罗斯人通常会在新年、洗礼、生日、婚礼、葬礼等重要的日子里，把馅饼作为一道重要的菜肴奉上，作为宴席上不可缺少的美食。

俄罗斯的国酒便是世界闻名的伏特加了。伏特加被俄罗斯人亲切地称为"生命之水"，几乎每一个成年的俄罗斯人都很喜欢伏特加，这大概与俄罗斯寒冷的天气有关。很多外地人来到俄罗斯，都会品尝一下俄罗斯正宗的伏特加，伏特加口味淳厚，入口滋味清热，但是酒精度很高。

俄罗斯人很喜爱鱼子酱，把它作为"上帝赐予的食物"，如果有重要的客人，俄罗斯人都会用鱼子酱招待客人。俄罗斯人通常用黑鱼子酱配上黄油面包食用，这对他们来说是一种难得的享受。

俄餐有"五大领袖"面包、牛奶、土豆、奶酪和香肠，"四大金刚"圆白菜、葱头、胡萝卜和甜菜，以及"三剑客"黑面包、伏特加、鱼子酱。

（五）社交礼仪与民俗禁忌

在人际交往中，俄罗斯人素来以热情、豪放、勇敢、耿直而著称于世。他们习惯守时，约会切忌迟到。

在迎接贵宾时，俄罗斯人通常会向对方献上"面包和盐"，在铺着绣花面巾的托盘上放上大圆面包，面包上面放一小纸包盐。捧出"面包和盐"来迎接客人，是向客人表示最高的敬意和最热烈的欢迎，是给予对方的一种极高的礼遇，来宾必须对其欣然笑纳。

国家领导人在隆重场合相会，行拥抱亲吻礼，吻是挨面颊两次，先右后左。在比较隆重的场合，男人弯腰吻妇女的左手背，以表尊重。长辈吻晚辈的面颊三次，通常从左到右，再到左，以表疼爱（这一习俗被称为俄罗斯"三记吻"）。晚辈对长辈表示尊重时，一般吻两次。妇女之间好友相遇时拥抱亲吻，而男人间则只互相拥抱。亲兄弟姐妹久别重逢或分别时，拥抱亲吻。俄罗斯人对于握手的礼仪非常讲究，在遇到上级或长辈时，不能先伸手。握手时要脱手套，站直，保持一步左右的距离，不能用力摇对方的手，一般与不熟悉的人握手，只能轻轻地握。用力握手表示亲近的关系。遇到妇女时，也要等对方先伸手。一般不与初次见面的妇女握手，而是鞠躬。很多人互相握手时，忌形成十字交叉形。

在俄罗斯，"您"和"你"要分清，一般来说在关系亲近的人之间称呼"你"，表示亲热、友好和随便，而对长者和陌生人称呼"您"，表示尊敬和客气。女士优先原则：女士上小汽车时，男士要为她开车门；坐车要给妇女让座；进出门要为女士开门；在剧院看剧前后在衣帽间要为女士脱、穿大衣；入场时为女士开路并找到座位。女士在两排之间通过时，已入座的男士应起立礼让；男女相遇男士应先致意；女士不落座男士不能坐；在街上行走时男士要走在女士左侧；穿越马路时男子必须护送，等等。

俄罗斯人酷爱鲜花，无论生日、节日，还是平时做客，都离不开鲜花。人们赠送鲜花，少则一枝，多则几枝，但必须是单数，因为俄罗斯人认为，单数吉祥；偶数不吉利。送花还有讲究，三八妇女节时，男友给女友送相思花；女人送给男人的花必须是高茎、颜色鲜丽的大花；只有在对方有人去世时，才送双数的鲜花，即两枝或者四枝，一般送康乃馨和郁金香。

俄罗斯人忌13，偏爱1和7。在俄罗斯，13被人们视为凶险、不吉祥的象征。古时候，俄国人请客从不请13个人；住宅的门牌号没有13号，12号隔壁就是14号；结婚、办喜事、说媒更忌13日。13被称为鬼数。如果一个月份中的13日碰巧又是星期五，那就是更不吉利的日子，称为黑色星期五。俄罗斯传统习俗中还有一些禁忌，如不能送他人尖利的东西，如刀、别针等物，如一定要送，则应讨回一枚硬币，或用要送的尖东西扎对方一下；不能送别人手帕，因为送手帕预示着分离；两个人用同一手帕擦汗，预示终会分离；忌在家里和公共场所吹口哨，口哨声会招鬼魂；忌让姑娘对着桌角坐，因为坐在这地方预示姑娘三年嫁不出去。

三、旅游业概况

（一）主要旅游城市与著名景点

1. 莫斯科

莫斯科是一座历史悠久和具有光荣传统的城市，始建于 12 世纪中期，800 多年的历史为莫斯科留下了许多名胜古迹，主要有红场、克里姆林宫、列宁墓、天使大教堂、普希金广场、特列季科夫画廊、国立模范大剧院、俄罗斯艺术博物馆等。莫斯科是俄罗斯一个很著名的旅游城市，绿化面积高，有"森林中的首都"的美誉。市内有 11 个自然森林区、98 个公园、800 多处街心花园。1995 年 5 月 16日，莫斯科与北京结为友好城市。

2. 圣彼得堡

俄罗斯第二大城市圣彼得堡，位于波罗的海芬兰湾东端的涅瓦河三角洲，是俄罗斯通往欧洲的"窗口"。整座城市由 40 多个岛屿组成，市内水道纵横，700多座桥梁把各个岛屿连接起来。风光旖旎的圣彼得堡因而有"北方威尼斯"的美誉。因其地处北纬 60 度，每年初夏都有"白夜"现象。圣彼得堡的名胜古迹闻名遐迩，有彼得保罗要塞、彼得大帝夏宫、斯莫尔尼宫、冬宫、喀山大教堂、伊萨基辅大教堂等建筑。闻名遐迩的冬宫，坐落在圣彼得堡皇宫广场。圣彼得堡是俄罗斯重要的教学和科研中心之一，有彼得大帝时代建立起来的科学院。全市共有40 多所高等院校、400 个科研机构，其中有著名的国立圣彼得堡大学、国立圣彼得堡技术大学、北极和南极研究所以及永冻土研究所。市内建有 50 多所博物馆，有"博物馆城"之称。

3. 黑海沿岸

黑海沿岸属亚热带气候，日照充足，有环境优美的海滨浴场，拥有具有医疗效果的矿泉水、医疗用泥等，是闻名遐迩的疗养区。位于黑海东岸的索契是俄罗斯最大的海滨温泉疗养地和气候疗养地，以温暖的海水和有医疗效果的硫化氢矿泉水著称。

4. 贝加尔湖

贝加尔湖是世界上最深、容量最大的淡水湖，被称为"西伯利亚的蓝眼睛"。贝加尔湖位于俄罗斯西伯利亚的南部伊尔库茨克州及布里亚特共和国境内，距蒙古国边界 111 千米，是东亚地区许多民族的发源地。贝加尔湖 1996 年被联合国教科文组织列入《世界文化遗产名录》。贝加尔湖地区阳光充沛，雨量稀少，冬暖夏凉，有矿泉 300 多处，是俄罗斯东部地区最大的疗养中心和旅游胜地。

（二）旅游市场

俄罗斯幅员辽阔、民族众多、历史悠久、文化灿烂，旅游作为俄罗斯的新兴产业，近年来显示出巨大活力和美好发展前景。目前，旅游业已经成为俄罗斯发展最快的产业之一，有超百万人在从事这个行业。2010 年全俄旅游直接收益占国内生产总值的 3%，连带相关产业的收益占 6.5%，酒店和旅游运营商有偿服务收入 2 030 亿卢布。目前，俄罗斯共有 4 500 家旅游运营商、约 1 万家旅行社为游客提供服务。联合国世界旅游组织秘书长塔勒布·瑞法伊认为，在未来十年内，俄罗斯人将是世界旅游者的主体。

1. 入境旅游

俄罗斯的入境旅游依然以莫斯科、圣彼得堡以及伏尔加河沿岸等城市和地区为中心。来俄罗斯的外国人中有 80% 是到莫斯科和圣彼得堡，只有 20% 去其他地区。莫斯科接待外国游客年均超 200 万人次，2007 年曾达 450 万人次。到莫斯科旅游人数最多的国家是德国，其次是美国，其余游客多来自芬兰、土耳其、法国、英国、意大利、中国、波兰、捷克、以色列、日本、西班牙、波罗的海和独联体国家等。近年来，赴俄旅游的中国人越来越多，每年都有近百万人次，其数量已居俄罗斯客源国的第三位，仅次于德国和美国。除莫斯科和圣彼得堡这些传统旅游地外，远东旅游区也成了国内外游客最喜欢的休闲观光、宗教文化、自然生态和极地探险旅游之地。

2. 出境旅游

据联合国世界旅游组织统计，自 21 世纪初以来，出国旅游的俄罗斯人增加了 35%，而且还在持续增加。俄罗斯人已经成为许多国家外来游客的主体，如埃及和希腊等，拉丁美洲和非洲的俄罗斯游客也越来越多。2010 年，前往俄罗斯的游客为 240 万人次，而出境旅游的俄罗斯人则达到 1 200 万人次。俄罗斯居民出境旅游首选土耳其，其次是中国。俄罗斯旅游者喜爱的国家还包括以色列、葡萄牙、匈牙利、希腊和阿联酋。近年来，到日本和越南的游客数量也在不断增加，而商务旅行赴德国、奥地利、荷兰、意大利、瑞典、英国、加拿大和日本的游客较多。2010 年俄罗斯到中国旅游者超过 237 万人次，同比增长 36%。

多年来，在中俄两国政府的高度重视和大力支持下，两国的旅游业和旅游合作均保持了平稳快速的发展态势，目前已发展成互为重要的旅游客源国和目的地，旅游业均进入大众化、产业化发展的新阶段。与来华的其他主要入境客源国旅游者选择京、西、沪、桂、广等成熟旅游目的地相比，俄罗斯旅华市场的目的地具有明显的俄罗斯特点。确切地说，2005 年以前，俄罗斯游客选择来华旅游的目的地除北京以外大部分都是边境城市，主要集中在黑龙江、内蒙古这两个与俄罗斯交界的省区。2005 年以后，空间结构出现了由边境向内地和沿海延展的情形，目的地出现了更多内地的城市和沿海城市，比如三亚、秦皇岛、上海、石家庄。俄罗斯旅华市场从 2000—2008 年一直名列我国入境旅游客源国第三位，2011 年两国互访游客达 300 多万人次。如今，俄罗斯在莫斯科、圣彼得堡、西伯利亚和远东等地区的 100 家旅游组织和公司取得了对我国游客的免签证旅游权。在前往中国旅游的俄罗斯人中，来自莫斯科及周边地区的居民仅占 20%，大多数随旅游团免签进入中国的是俄远东地区居民。

3. 国内旅游

俄罗斯的旅游基础设施基本上是苏联时期建造的，主要是建在不同地理条件基础上的特色疗养区——山地疗养区、气候性疗养区、治疗疗养区、海滨疗养区、森林和草原疗养区等。因此，俄罗斯公民国内旅游主要集中在沿海地区，以疗养度假为主，亚速海、黑海、里海、太平洋和贝加尔湖沿岸是其主要旅游活动区。莫斯科、圣彼得堡、下诺夫哥罗德特别是黑海之滨的旅游疗养胜地索契都是旅游者聚集的地方。国内游客主要来自中央、西北、南部、伏尔加河沿岸、高加索、乌拉尔、鄂毕—阿尔泰等旅游区。2010 年俄罗斯国内游客为 3 200 万人次。

四、中俄关系

中国与俄罗斯是两个毗邻大国，两国有着 4 300 多千米的漫长边界，发展和平友好关系符合人们的长远利益。俄罗斯宣布独立后，中国政府宣布承认俄罗斯联邦政府及其继承苏联在联合国安理会的席位，并将中国驻原苏联大使改任为驻俄罗斯大使，实现了从中苏关系到中俄关系的平稳过渡。1991 年 12 月中俄双方签署了《联合声明》和发展各个领域合作的 24 个文件。1996 年 4 月，中俄两国发表联合声明，宣布建立"平等信任的、面向 21 世纪的战略协作伙伴关系"。双方政治互信加深，经贸合作扩大，国际舞台上的战略协作十分密切。1996 年 5 月中国与俄罗斯以及中亚五国在上海签署了关于边境地区加强军事领域信任的协定，随着 2004 年 10 月《中俄国界东段补充协定》的最后签署，两国最终全部确定了长达 4 300 千米的边界走向。随后，两国又在 2008 年结束全部勘界工作，历史遗留的边界问题得到全面彻底解决。《中俄睦邻友好合作条约》明确规定两国相互没有也不会有领土要求。中俄边界成为两国人民和平、友好、合作的纽带。

作为对世界和平与发展负有重要责任的两个大国，中俄两国始终把加强在国际和地区问题上的协作作为一个主要的合作领域。1997 年 4 月、2005 年 7 月和 2008 年 5 月，两国元首分别签署了《关于世界多极化和建立国际新秩序的声明》《关于 21 世纪国际秩序的声明》和《关于重大国际问题的联合声明》，特别强调要促进世界多极化趋势，推动国际关系民主化，维护全球战略稳定，维护联合国在国际事务中的主导地位。两国在联合国安理会改革、气候变化、朝核、伊核等当前重大的国际和地区问题上进行了良好的协调与合作。上海合作组织的建立和发展更是中俄两国在地区问题上开展建设性合作的典范。可以说，中俄两国在当前几乎所有重大国际和地区问题上都有相同或相近的立场，彼此成为了在国际事务中相互支持的主要伙伴和重要的战略依托。

● 第二节　德国

一、基本概况

（一）自然地理概况

德意志联邦共和国，简称德国，地处欧洲中心位置，由 16 个联邦州组成，首都柏林为德国最大城市。德国在地区分类上属于西欧或中欧，东面与波兰和捷克接壤，南面临奥地利和瑞士，西面与法国、卢森堡相界，西北毗比利时以及荷兰，北面与丹麦相连并临北海和波罗的海，德国国土面积约为 357 平方千米。

德国地势南高北低，高度由南方的阿尔卑斯山向北海及波罗的海递减。德国的地理最高点为楚格峰，高 2 962 米；最低点为威尔士特马斯克，海拔高度为海平面以下 3.54 米。莱茵河、多瑙河及易北河等大河穿行而过。德国重要的自然资源包括铁矿、煤、草木灰、木材、褐煤、铀、铜、天然气、盐、镍、耕地及水。

德国处于大西洋东部大陆性气候之间凉爽的西风带，温度大起大落的情况很少见。降雨分布在一年四季。夏季北德低地的平均温度在 18℃ 左右，南部山地为 20℃ 左右；冬季北德低地的平均温度在 1.5℃ 左右，南部山地则为-6℃ 左右。

柏林时间比格林尼治时间早 1 个小时，比北京时间晚 7 个小时。

（二）基本国情

1. 首都、国旗、国花

首都：德国首都柏林，作为 1990 年 10 月两德统一后的首都既年轻又古老。它位于欧洲的心脏，是东西方的交汇点。城市面积 883 平方千米，其中公园、森林、湖泊和河流约占城市总面积的四分之一，整个城市在森林和草地的环抱之中，宛若一个绿色大岛。柏林是著名的欧洲古都，这里有很多古典建筑和现代建筑群。古典与现代建筑艺术互相映衬，相得益彰，体现了德意志建筑艺术的特色。1994 年 4 月 5 日，柏林与北京结为友好城市。

国旗：德国国旗为长方形，长宽之比为 5∶3。旗面自上而下由黑、红、金三个平行相等的横长方形组成。黑、红、金色三种色彩长久以来就象征泛日耳曼民族争取统一、独立、主权的雄心。黑色象征严谨肃穆；红色象征燃烧的火焰，激发人民憧憬自由的热情；金色象征真理的光辉，决不会被历史的泥沙掩埋。

国花：德国国花是矢车菊。矢车菊是德国的名花，德国人用她象征日耳曼民族爱国、乐观、顽强、俭朴的特征，并认为她有吉祥之兆，因而被誉为"国花"。

2. 历史

德意志民族的产生是一个延续了许多世纪的过程。一般认为，德国历史开始于公元919年。在这一年，萨克森公爵亨利一世取得了东法兰克王国王位，建立了德意志王国。公元962年德意志王国改称为"德意志民族的神圣罗马帝国"，史称"德意志第一帝国"。1871年统一的德意志帝国建立，也称"德意志第二帝国"。1884年年初，德意志帝国开始在欧洲以外建立殖民地。1914—1918年德国参加第一次世界大战，德意志帝国战败投降，被迫签署了条件苛刻的《凡尔赛和约》。第一次世界大战后魏玛共和国建立，直到1933年希特勒在德国掌握政权，建立起纳粹帝国，并于1939—1945年发动了第二次世界大战。第二次世界大战结束后，根据雅尔塔协定，苏、美、英、法分区占领德国，柏林作为特殊单位由四国共同管理。1949年5月，美、英、法三国占领区合并，成立德意志联邦共和国；同年10月，苏联占领区宣布成立德意志民主共和国，德国分裂为两个国家。1990年10月3日，两德统一。1994年3月10日，柏林重新成为德国的首都。2005年11月，基督教民主联盟的领导人安格拉·默克尔当选为德国总理，成为德国历史上首位女总理。

3. 文化

德国文明起步比较晚，但是近代对世界文化贡献良多。科学家有爱因斯坦、马克斯·普朗克、卡尔·弗里德里希·高斯等。至今德国的科学家一共获得了超过60项的诺贝尔物理、化学和生理医学奖。德国是导弹、火箭的发源地，也是现代计算机技术的创始人冯·诺伊曼的祖国。

哲学：德国哲学史上影响深远的人物有库萨的尼古劳斯、莱布尼茨、康德、黑格尔、费尔巴哈、马克思、叔本华、尼采、胡塞尔和海德格尔。德国是许多重要哲学流派的发源地，如德国唯心论以及马克思和恩格斯创立的马克思主义。以阿多诺和霍克海默为代表的法兰克福学派，提出的批判理论是20世纪重要的哲学理论。哈贝马斯是法兰克福学派的继承者和当代德国最重要的哲学家之一。

文学：德国文学的历史可以追溯到中世纪。德国最杰出的作家有歌德、海涅、席勒和格林兄弟等，多位文学家在20世纪获得诺贝尔文学奖，他们是特奥多尔·蒙森、保罗·海泽、格哈特·霍普特曼、托马斯·曼、赫尔曼·黑塞、海因里希·伯尔和君特·格拉斯。

音乐：德国是音乐家的摇篮，为古典音乐贡献了多位世界级的音乐家，包括巴赫和古典主义音乐最重要代表人物之一的贝多芬。其他世界知名的作曲家还有亨德尔、克拉拉·舒曼、罗伯特·舒曼、瓦格纳、勃拉姆斯、理查德·施特劳斯、泰勒曼、马克斯·雷格、奥尔夫、兴德米特、汉斯·维尔纳·亨策和卡尔海因茨·施托克豪森等。

此外，德国拥有超过 6 000 家的博物馆，其中包括私人展览馆、公共展览馆、宫殿和花园。慕尼黑的德意志博物馆是全世界最大的自然科学技术博物馆，纽伦堡的日耳曼国家博物馆拥有从史前史、古代史一直到现今的最重要的文化和艺术收藏。

（三）经济

德国是经济极为发达的国家，以美元汇率计算的话是世界第四大经济体，以购买力平价计算为世界第五大经济体。德国也是欧洲最大的经济体。

德国工业侧重重工业，汽车和机械制造、化工、电气等部门是支柱产业，占全部工业产值的 40% 以上。食品、纺织与服装、钢铁加工、采矿、精密仪器、光学以及航空与航天工业也很发达。

德国自然资源较为贫乏，除硬煤、褐煤和盐的储量丰富外，在原料供应和能源方面很大程度上依赖进口，三分之二的初级能源需进口。德国农业很发达，实行高度机械化，为德国节省了大量人力物力，农业产品基本可以实现自给自足。农业就业人口 85 万，占国内总就业人数的 2.14%。德国服务业不如工业那么发达，但是服务业依然非常完善。并且服务业经济持续增长，一半以上的德国人从事服务业，所以就业率就相当高，保证了经济发展的稳步增长。

德国交通运输业十分发达。公路、水路和航空运输全面发展，特别是公路密度为世界之冠。

德国非常重视品牌建设，"德国制造"被看作高品质的代表。德国重视产品研发，使得德国的创新能力非常强大。德国的金融业也非常繁荣，国证券交易所DAX 就在德国，欧洲央行的总部亦设在德国的法兰克福。

（四）政治

德国《基本法》规定，德国是联邦制国家，外交、国防、货币、海关、航空、邮电属联邦管辖。国家政体为议会共和制。联邦总统为国家元首。议会由联邦议院和联邦参议院组成。联邦议院行使立法权，监督法律的执行，选举联邦总理，参与选举联邦总统和监督联邦政府的工作。德国总统不由民众直接投票选出，而是由议会投票产生。联邦总统为国家元首，仅具象征性权力及责任，由德国联邦大会选举产生，德国联邦大会由联邦议院全体议员及各邦议会选出与联邦议院同等数量的代表组成，其中各邦代表数量按人口比例分配。联邦议院议长地位仅次于联邦总统，由联邦议院选举产生，负责议院日常事务。总理为政府首脑及位阶第三高者，由联邦议院选任后经联邦总统任命。

德国实行多党制，主要有德国社会民主党、基督教民主联盟、基督教社会联盟、自由民主党、民主社会主义党、德国的共产党、共和党等。

二、人文习俗

1. 人口、民族、语言与宗教

根据 2013 年人口统计，德国人口已经达到 8 184 万，主要是德意志人，有少数丹麦人和索布族人。居民大多信奉基督教，其中 30% 信奉新教，31% 信奉罗马天主教。其次是伊斯兰教，还有部分人信奉佛教、犹太教及印度教。德语为通用语言。

2. 民间节庆

法定节日：1 月 1 日是元旦；3 月最后一个星期日是复活节；5 月 1 日是五一节；10 月 3 日是德国统一日；11 月 20 日是赎罪日；12 月 25 日、26 日是圣诞节。

特色的民间节庆：

狂欢节与嘉年华（11 月 11 日开始）活动："狂欢节"或"嘉年华"是一种古老的风俗习惯，主要盛行于德国莱茵地区和天主教徒聚居的地区。狂欢节的主要举办地是美因兹、科隆、杜塞尔多夫和波恩。德国南部举办传统的阿雷曼人狂欢节。狂欢节是当地民众的"第五季"，11 月 11 日开始，到圣灰星期三结束，狂欢活动的高潮是从"肮脏的星期四"到圣灰星期三这一个星期。玫瑰星期一举行盛大的沿街大游行，人们身着奇装异服或传统服饰，头戴各式面具，走上街头，加入到游行队伍中。狂欢节这个传统起源于过去德国农民驱逐严冬、迎来春天的风俗习惯。

葡萄酒节（5 月至 11 月）：每年的五月至十一月，德国葡萄种植区的许多地方都举行葡萄酒与葡萄农节。特别是在莱茵河畔、摩泽尔河畔、巴登地区、普法尔茨地区和美因河畔，葡萄农合作社和葡萄园主的代表在一些公共场所架起货摊，零售自家酿造的葡萄酒，此外也卖些地方特产。在葡萄酒节上，人们还举办现场音乐会，许多地方还推选葡萄酒女王，并为其举行加冕仪式。

十月节（10 月）：德国最大最著名的民间节日是慕尼黑十月节，也叫"维森"节。每年有六百多万游客涌入特蕾西亚草坪广场，一边喝着大杯的啤酒，一边啃着猪肉香肠和"8"字形面包。宽广的庆祝会场上临时搭起了旋转木马和云霄飞车，各种各样的表演活动随处可见。庆祝活动还包括东道主店家和啤酒厂的入场游行、古装与乐队游行以及所有维森小型乐队的音乐会。许多当地人，也包括年轻人，纷纷身着传统民族服装参加十月啤酒节。

3. 服饰

德国人在穿着打扮上的总体风格，是庄重、朴素、整洁。在一般情况下，德国人的衣着较为简朴。男士大多爱穿西装、夹克，并喜欢戴呢帽。妇女们则大多爱穿翻领长衫和色彩、图案淡雅的长裙。德国人在正式场合露面时，必须要穿戴得整整齐齐，衣着一般多为深色。在商务交往中，他们讲究男士穿三件套西装，女士穿裙式服装。德国人在穿着服饰上其民族特征并不明显，只有在少数几个地区，那里的居民还保留了一些本地独特的服饰风格。比如巴伐利亚地区，那里的男人多戴一种有羽毛的小毡帽，身穿皮裤，挂着背带，脚穿长袜和翻毛皮鞋，上衣外套没有翻领，而且颜色多半是黑绿色。传统的女装常常要佩有帽子，帽子的样式多种多样，有的妇女干脆用鲜花编成花环带在头上，十分娇艳。

德国人对发型较为重视。在德国，男士不宜剃光头免得被人当作"新纳粹"分子。德国少女的发式多为短发或披肩发，烫发的妇女大半都是已婚者。

4. 饮食

德国人饮食有自己的特色。德国人多属日耳曼族，爱好"大块吃肉，大口喝酒"。德国人每人每年的猪肉消耗量为 65 千克，居世界首位。由于偏好猪肉，大部分有名的德国菜都是猪肉制品。德国的食品最有名的是红肠、香肠及火腿。他们制造的香肠种类起码有 1 500 种，并且都是猪肉制品。此外，牛肉、鸡肉、鹅肉等也很普及。除了猪肉，德国人均面包消费量也高居世界榜首，每人每年要吃掉 80 千克的面包。德国人非常爱喝啤酒，根据官方统计，每个德国人平均每年啤酒消耗量为 138 升，德国为世界第二大啤酒生产国，境内共有约 1 300 家啤酒厂，生产的啤酒种类高达五千多种。

德国的早餐比起午餐和晚餐是最丰盛的。在旅馆或政府机关的餐厅，早餐大多是自助形式，有主食面包、肉类、蔬菜、饮料、水果等，品种非常丰富，且色泽鲜亮。办公室内大多都设有专门煮咖啡和茶的房间，职工在上午十点和下午四点各有 20 分钟的喝咖啡或茶的时间，他们同时还要吃一些糕点。这种点缀，可以防止人们中午和晚上因饥饿而过量饮食，是一种科学的"饮食习惯"。

5. 社交礼仪与民俗禁忌

德国人待人接物严肃拘谨，即使是对亲朋好友，见面也是行握手礼，只有夫妻和情侣见面时才拥抱、亲吻。德国人在待人接物所表现出来的独特风格，往往会给人以深刻的印象：第一，纪律严明，法制观念极强；第二，讲究信誉，重视时间观念；第三，极端自尊，非常尊重传统；第四，待人热情，十分注重感情。德国人在人际交往中对礼节非常重视。

重视称呼，是德国人在人际交往中的一个鲜明特点。德国人的姓名是名在姓前。德国人不喜欢别人直呼其名，而是要称头衔，对德国人称呼不当，通常会令对方大为不快。与德国人交谈时，切勿疏忽对"您"与"你"这两种人称代词的使用。对于熟人、朋友、同龄者，方可以"你"相称。在德国，称"您"表示尊重，称"你"则表示地位平等、关系密切。

德国人爱清洁，注重仪表。他们上班必须穿工作服，而下班后工作服是绝不能穿着上街的。观看文艺演出或参加各种正式活动，男子必须穿礼服，女士穿长裙。请德国人进餐事先必须安排好。在宴会上，一般男子要坐在妇女和职位高的人左侧，女士离开或返回餐桌时，男子要站起来以示礼貌。

德国人忌讳数字"13"，视"13日星期五"为不祥日子。他们不喜欢红色、红黑相间色及褐色，尤忌墨绿色（墨绿色为纳粹军服色）。法律禁用纳粹或其军团的符号图案。德国人在所有花卉之中，对矢车菊最为推崇，并且选定其为国花。在德国，不宜随意以玫瑰或蔷薇送人，前者表示求爱，后者则专用于悼亡。德国人讨厌菊花、蔷薇图案（视为不吉）、蝙蝠图案（象征吸血鬼）。德国人忌送核桃、菊花、玫瑰。送花时，枝数和花朵数不能是"13"或双数。与德国人交谈，不要打听个人私事，回避谈论统一后国内政治问题，忌讳在公共场合窃窃私语

三、旅游业概况

（一）主要旅游城市与著名景点

1. 柏林

柏林是德国首都，也是德国最大的城市。柏林位于德国东北部，扼东西欧交通要处，不仅是全国交通中心，也是欧洲非常重要的交通枢纽之一。城市面积883平方千米，其中公园、森林、湖泊和河流约占城市总面积的四分之一，整个城市在森林和草地的环抱之中，宛若一个绿色大岛。因多森林、湖泊多，柏林被誉为"森林与湖泊之都"。

柏林经济、文化事业均非常发达。亚历山大广场电视塔，四周环以现代化的旅馆、商店、会议厅、教师会馆等大型建筑，气魄雄伟、造型美观。著名的菩提树街是欧洲最著名的林荫大道。此外，用乳白色花岗岩筑成的勃兰登堡门、有800年历史的圣母教堂、市政厅、博物馆岛上的古老建筑群、"水晶宫"共和国宫、洪堡大学等亦十分著名。古老的夏洛特堡宫周围分布着埃及博物馆、古董博物馆、史前早期博物馆和应用美术馆等重要文化建筑，其内收藏着许多珍贵文物和艺术品。

2. 慕尼黑

慕尼黑是德国巴伐利亚州的首府，是德国著名历史古城。慕尼黑总面积 310 平方千米，是德国主要的经济、文化、科技和交通中心之一，也是欧洲最繁荣的城市之一。慕尼黑同时又保留着原巴伐利亚王国都城的古朴风情，因此被人们称作"百万人的村庄"。慕尼黑水陆交通十分便利，加之气候温和、物产丰富、环境优美，成为国际著名的旅游城市。

慕尼黑主要旅游景点有宝马大厦、新天鹅堡、圣彼得（老彼得）教堂、英国公园、慕尼黑奥运村、福斯特里德公园等。

3. 科隆大教堂

科隆大教堂是世界上最完美的哥特式教堂，位于德国科隆市中心的莱茵河畔。东西长 144.55 米，南北宽 86.25 米，厅高 43.35 米，顶柱高 109 米，中央是两座与门墙连砌在一起的双尖塔，这两座 157.38 米的尖塔像两把锋利的宝剑，直插苍穹。整座建筑物全部由磨光石块砌成，占地 8 000 平方米，建筑面积约 6 000 多平方米。在大教堂的四周林立着无数座小尖塔，整个大教堂呈黑色，在全市所有的建筑中格外引人注目。

4. 无忧宫

无忧宫位于德意志联邦共和国东部勃兰登堡州首府波茨坦市北郊。宫名取自法文，原意"无忧"（或"莫愁"）。无忧宫及其周围的园林是普鲁士国王腓特烈二世时期仿照法国凡尔赛宫的建筑式样建造的。整个园林占地 290 公顷，坐落在一座沙丘上，故也有"沙丘上的宫殿"之称。无忧宫全部建筑工程前后延续了约五十年之久，为德国建筑艺术的精华。据说，整个宫内有 1 000 多座以希腊神话人物为题材的石刻雕像。正殿中部为半圆球形顶，两翼为长条锥脊建筑。殿正中为圆厅，门廊面对一座大喷泉。瑰丽的首相厅的天花板装潢极富想象力，四壁镶金，光彩夺目。室内多用壁画和明镜装饰，辉煌璀璨。

（二）旅游市场

德国是一个旅游资源相当丰富的国家，也是一个旅游业相当发达的国家。每年有大量国内外游客在德国旅游。从 20 世纪六七十年代起，德国开始进入工业化后期，德国的旅游业迅速发展，成为一个非常兴盛的行业。目前德国有各种酒店 6 万家，旅行社 2 万多家，每年接待 4 000 万外国游客，旅游业的从业总人数约为 240 万人，约占德国总人口的 3%，旅游业年营业额在 1 200 亿欧元以上。德国已经成为欧洲乃至世界最重要的旅游大国和旅游最发达的国家之一。

1. 入境旅游

德国以其发达便利的基础设施、相对低廉的物价水平、安全稳定的社会环境和较高的国民素质受到旅游者青睐。2012 年德国境内过夜旅客人次达到破纪录的4.07 亿，成为仅次于西班牙的欧洲第二大旅游目的地国家。在来德国的游客中，大部分游客源于欧洲本土，主要是瑞士、奥地利、英国和意大利等国居民，此外中国游客人次达 120 万，中国成为德国在亚洲的最大客源国。在入境旅游中，城市观光和自然旅游是德国入境旅游的两大支柱，德国城市尤其是人口数量超过 10 万人的大城市旅游深受外国游客喜爱，而德国的世界文化遗产和世界自然遗产更是吸引外国游客的重要因素。因此，德国国家旅游局将"联合国教科文组织世界遗产——可持续发展的文化和自然旅游"作为 2014 年的一个年度推广主题，并加强媒体宣传。

2. 出境旅游

德国人热爱旅游，据德国旅游中心提供的数据，七成以上的德国人每年至少外出长途旅游一次，其中 65% 以上是出国旅游，德国人每年用于旅游的支出平均占其总支出的 15%~20%。在出境旅游中，德国人以欧洲范围内的中、短程旅游为主，主要旅游目的是为了寻求身心的放松。随着中短程旅游目的地接待能力日趋饱和，德国远程旅游的比例在不断增大，特别是到亚太地区的旅游者越来越多，其中来中国旅游的人数也快速增长。

据中国国家旅游局统计，2010 年 1 月至 10 月德国旅华人数达到 54.06 万人次，实现同比增长 4.63%，均高于中国整体入境外国人市场 2.91%。德国作为中国最大西欧客源国的地位进一步巩固。德国旅华市场的最明显特征就是：观光休闲客源保持平稳，需求相对刚性的商务客源继续强劲增长，带动了整体旅华市场稳步发展。

中德双边贸易的不断发展，促进了中德商务旅游的发展。据德国联邦统计局最新数据，2011 年 1 月至 9 月，德中双边贸易额为 1 063.87 亿欧元，同比增长12.91%，其中德进、出口各为 583.37 亿欧元和 480.5 亿欧元，增幅分别为 5.53%和 23.38%。截至目前德国在华企业高达 7 000 余家，投资金额超过 180 亿美元。中德双边人员的频繁交流，有力推动了旅华商务客源市场的发展。

随着中国旅游形象的影响力、凝聚力不断提升，中国旅游产品的吸引力、竞争力不断增强。随着更多航线的开通以及航班运力的扩充，中国旅游目的地的可抵达性将进一步提高。届时德国人来中国旅游的人数还会增加。

3. 国内旅游

虽说德国人历来比较倾向于出国旅游，但是近年来国内旅游的发展也相当可观。据 2007 年的最新统计，三分之一的德国游客选择国内旅游，本土旅游已经远远超越了先前最热门的西班牙旅游等。仅 2008 年在德国的过夜游客中，就有

3. 071 亿德国人次。

调查分析结果表明，大部分老年人和单身中年人热衷于国内游，构成了新的需求群，恰恰这群人是最有时间和金钱用于旅游的。因为出现了新的需求，旅游业近年开发了一系列国内旅行新项目，包括新的国内旅行路线、森林游、乡村农场游、登山游和疗养游等。因为新需求中老年人的比例尤高，所以疗养游的发展最为可观，仅 2007 年又涨了 4 个百分点，达到了 4 450 万人。

四、中德关系

1972 年 10 月 11 日，联邦德国与中国建立外交关系。建交以来，两国关系发展顺利，相互了解和信任不断增强，各领域务实合作不断深化。两国互为重要合作伙伴，建立了政府磋商机制。2004 年 5 月，时任中国总理温家宝对德国进行正式访问，双方发表联合声明，宣布在中欧全面战略伙伴关系框架内建立具有全球责任的伙伴关系，并建立两国总理年度会晤机制。2009 年 1 月，双方发表了《中德关于共同努力稳定世界经济形势的联合声明》。2010 年 7 月，双方发表《中德关于全面推进战略伙伴关系的联合公报》，并同意建立政府磋商机制。2013 年 5 月，李克强总理对德国进行正式访问，两国发表中德关于李克强总理访问德国的联合新闻公报。李克强在柏林发表题为《创造中德合作新辉煌》的演讲。

经济上，中德共同利益多，互补性强。德国是中国在欧洲第一大、全球第六大贸易伙伴，也是中国在欧洲最大的外资和技术引进来源国以及重要的投资目的国。据中方统计，2012 年中德货物贸易额为 1 611. 3 亿美元，占中国与欧盟贸易的 29. 5%。

● 第三节　英国

一、基本概况

（一）自然地理概况

英国全称大不列颠及北爱尔兰联合王国，简称联合王国或不列颠，通称英国，是由英格兰、苏格兰、威尔士和北爱尔兰组成的联合王国。英国位于欧洲大陆西北面，英国本土位于大不列颠群岛，被北海、英吉利海峡、凯尔特海、爱尔兰海和大西洋包围，国土面积约 24 万平方千米。海岸线总长 11 450 千米。全境分为英格兰东南部平原、中西部山区、苏格兰山区、北爱尔兰高原和山区四部分。主要河流有塞文河和泰晤士河。英国属海洋性温带阔叶林气候，终年温和湿润。通常最高气温不超过 32℃，最低气温不低于 -10℃，多雨雾，秋冬尤甚。年平均降水量约 1 000 毫米。每年 2 月至 3 月最为干燥，10 月至次年 1 月最为湿润。

伦敦时间比北京时间晚 8 个小时。

（二）基本国情

1. 首都、国旗、国花

首都伦敦位于英格兰东南部，跨泰晤士河下游两岸，距河口 88 千米，是英政治、经济、文化中心。伦敦由伦敦城及周围 32 个市组成，面积 1 650 平方千米。伦敦金融城是世界最大的金融中心之一，集中了全国最大的银行、交易所和各种企业管理机构；西伦敦是王官、议会、政府各部门所在地，也是大商店、剧院和高级住宅区；东伦敦以下至河口为伦敦港区，船坞、码头、仓库林立。伦敦的希思罗机场是世界最大的航空港之一。伦敦还有许多著名建筑物，如伦敦塔、白金汉宫、西敏寺教堂、圣保罗大教堂、格林尼治天文台原址等。格林尼治天文台原址（天文台 1948 年迁至伦敦东南 96 千米处）为地球经度起算点。

英国国旗呈横长方形，长与宽之比为 2 : 1。英国国旗被称为"米字旗"，由深蓝底色和红、白色"米"字组成。旗中带白边的红色正十字代表英格兰守护神圣乔治，白色交叉十字代表苏格兰守护神圣安德鲁，红色交叉十字代表爱尔兰守护神圣帕特里克。此旗产生于 1801 年，是由原英格兰的白底红色正十旗、苏格兰的蓝底白色交叉十字旗和北爱尔兰的白底红色交叉十字旗重叠而成，形成一个"米"字。而威尔士的旗帜并没有被融入英国国旗，威尔士的旗帜是绿白各半的底和一个红色龙。

英国的国花是玫瑰，玫瑰色泽艳丽，一年四季都会开花，象征高贵与恒久。

2. 历史

公元前地中海伊比利亚人、比克人、凯尔特人先后来到不列颠。公元 1 世纪至 5 世纪大不列颠岛东南部被罗马帝国统治。罗马人撤走后，欧洲北部的盎格鲁人、撒克逊人、朱特人相继入侵并定居。7 世纪开始形成封建制度，许多小国并成七个王国，争雄达 200 年之久，史称"盎格鲁—撒克逊时代"。829 年威塞克斯国王爱格伯特统一了英格兰，1066 年诺曼底公爵渡海征服英格兰，建立诺曼底王朝。1215 年约翰王被迫签署大宪章，王权遭抑制。

1338—1453 年英法进行"百年战争"，英国先胜后败。1640 年英国在全球第一个爆发资产阶级革命，成为资产阶级革命的先驱。1649 年 5 月 19 日英国宣布成立共和国。1668 年英国确定了君主立宪制。18 世纪后半叶至 19 世纪上半叶，英国成为世界上第一个完成工业革命的国家。

19世纪是大英帝国的全盛时期，1914年英国占有的殖民地比本土大111倍，是第一殖民大国，被称为"日不落帝国"。第一次世界大战后英国开始衰败，其世界霸权地位逐渐被美国取代。第二次世界大战中英国经济实力进一步削弱，政治地位下降。随着1947年印度和巴基斯坦的相继独立，英殖民体系开始瓦解，但英国仍是英联邦53个成员国的盟主。目前，英在海外仍有一块领地。1973年1月英国加入欧共体。现在，英国不仅国家富强、在国际政治和外交舞台上依旧扮演着举足轻重的角色，而且经济表现胜过其他发达国家，也是失业率最低的西方国家之一。

3. 文化

英国由英格兰、威尔士、苏格兰和北爱尔兰四地区组成，四地区都有独自的风俗。传统上英国并不属于欧洲，但欧洲文化也在很大程度上影响到了英国，两者综合发展成了西方文化。

英国文学、音乐、电影、艺术、戏剧、媒体、电视、哲学和建筑具有世界性的影响力，在科技上也很先进。英国是很多运动的发源地，包括本国最流行的英式足球。英国因此也被描述为"文化大国"，伦敦也由此成为了世界文化中心之一。

英国文学继承了之前的苏格兰及英格兰文学传统。14世纪时，杰弗利·乔叟成为英国人文主义文学的最早代表，被称为"英国诗歌之父"，其代表作是短篇故事集《坎特伯雷故事集》。莎士比亚是文艺复兴时期最伟大的剧作家和诗人，一生留下《哈姆雷特》《奥赛罗》《罗密欧与朱丽叶》等37部戏剧。18世纪的笛福著有《鲁滨逊漂流记》和《女混混》，被称为现代小说之祖。19世纪出现了浪漫主义诗人拜伦、批判现实主义小说家狄更斯、戏剧家兼评论家萧伯纳等一批文学巨匠。

英国人对音乐会、戏剧、歌剧、舞剧和室内音乐等古典音乐有广泛的兴趣。流行音乐、民间音乐和爵士音乐也有大批听众，许多城镇都举行音乐节。英国皇家芭蕾舞团、伦敦交响乐团等艺术团体具有世界一流水准。英国每年举行500多个专业艺术节，其中爱丁堡国际艺术节是世界上最盛大的艺术节之一。此外英国约有2 500家博物馆和展览馆对外开放，其中大英博物馆、国家美术馆等闻名于世。

英国通讯社主要有三家，分别是路透社、新闻联合社与交换通讯社。最大的通讯社是路透社，成立于1851年，传播国家和国际新闻，以报道国际新闻为主。路透社的总社设在伦敦，在158个国家内设立了153个分支机构，是著名的国际通讯社之一，它与美联社、合众国际社和法新社并称为西方四大通讯社。

（三）经济

英国作为一个重要的贸易实体、经济强国以及金融中心，是世界上第六大经济体，欧盟内第三大经济体，也是全球最富裕、经济最发达和生活水平最高的国家之一。

英国的农业高度集中，高度机械化，并且效益十分高，1%的劳动人口能够满足大约60%的食品需要。英国是欧盟中能源资源最丰富的国家，主要有煤、石油、天然气、核能和水力等，能源产业在英国经济中占有重要地位。服务业包括金融保险、零售、旅游和商业服务等，是英国经济的支柱产业。伦敦是世界著名金融中心，拥有现代化金融服务体系，从事跨国银行借贷、国际债券发行、基金投资等业务，同时也是世界最大外汇交易市场、最大保险市场、最大黄金现货交易市场、最大衍生品交易市场、重要船贷市场和非贵重金属交易中心，并拥有数量最多的外国银行分支机构或办事处。英国主要工业有采矿、冶金、化工、机械、电子、电子仪器、汽车、航空、轻纺、造纸、印刷、出版、建筑等行业。生物制药、航空和国防是英工业研发的重点，也是英最具创新力和竞争力的行业。2007年英工业产值占国内生产总值的23.4%。同许多发达国家一样，随着服务业的不断发展，英制造业自20世纪80年代开始萎缩，2007年英制造业占国内生产总值的比重仅为13.6%。

2009年英国国内生产总值约22 608亿美元。英国货币名称是英镑，1英镑=100便士。

（四）政治

英国的宪法不同于绝大多数国家的宪法，它并不是一个独立的文件，而是由成文法、习惯法、惯例组成。宪法主要有大宪章、人身保护法、权利法案（1689年）、议会法以及历次修改的选举法、市自治法、郡议会法等。政体为君主立宪制。国王是国家元首、最高司法长官、武装部队总司令和英国圣公会的"最高领袖"，形式上有权任免首相、各部大臣、高级法官、军官、各属地的总督、外交官、主教及英国圣公会的高级神职人员等，并有召集、停止和解散议会，批准法律，宣战媾和等权力，但实权在内阁。

英国议会是最高司法和立法机构，由君主、上院和下院组成。上院议员包括王室后裔、世袭贵族、终身贵族、上诉法院法官和教会大主教及主教。下院也叫平民院，议员由普选产生，采取最多票当选的小选区选举制度，任期五年。但政府可决定提前大选。政府实行内阁制，由女王任命在议会选举中获多数席位的政党领袖出任首相并组阁，向议会负责。

英国司法机构分民事法庭和刑事法庭两个系统。最高司法机关为上院，它是民事、刑事案件的最终上诉机关。英国 1986 年成立皇家检察院，隶属于国家政府机关，负责受理所有的由英格兰和威尔士警察机关提交的刑事诉讼案。总检察长和副总检察长是英政府的主要法律顾问并在某些国内和国际案件中代表王室。英国陪审团的历史可以追溯到中世纪，至今已经是其刑事法制根深蒂固的组成部分了。

二、人文习俗

（一）人口、民族、语言与宗教

英国人口约 6 060 万（截至 2013 年 2 月），其中英格兰人占 83.6%，苏格兰人占 8.6%，其他还有威尔斯人占 4.9%，北爱尔兰人占 2.9%，印度人占 1.8%，非洲人占 1.8%等。官方和通用语均为英语。威尔士北部还使用威尔士语，苏格兰西北高地及北爱尔兰部分地区仍使用盖尔语。英语也是世界上许多国家的通用语，据估计，世界上以英语为国语的人约占 3 亿。

英国居民大多数信奉基督教。一些英国人还信奉罗马天主教、伊斯兰教、佛教、印度教、锡克族、犹太教等。

（二）民间节庆

元旦新年：每年 1 月 1 日人们庆祝新的一年开始。人们举办各种各样的新年晚会，女王发表新年祝辞，各种教堂在除夕夜做守岁礼拜。

情人节：每年 2 月 14 日，是 3 世纪殉教的圣徒圣华伦泰逝世的纪念日。情人们在这一天互赠礼物，故称"情人节"。

复活节：复活节没有固定的日期，通常这个日子是在 3 月 21 日到 4 月 25 日之间。公共假期从星期五一直到复活节后的星期一，这时候又有特别的宗教活动，孩子们会收到巧克力彩蛋。在复活节当天，城镇有复活节游行。在复活节前的星期四，女王每年会访问一座不同的大教堂，送当地居民一些金钱，被称为濯足节救济金，作为象征性的礼物。

万圣节：每年的 10 月 31 日是万圣节，人们相信，在这个晚上，已逝的人会从坟墓中走出来，巫婆和鬼怪也会到处出没。在古代，人们都喜欢在这个晚上在红红火光陪伴下守夜。现在这种传统已经不复存在，取而代之的是一种来自大西洋彼岸的美国的习俗，就是让小孩子装扮成巫婆妖怪，四处到邻居家敲门，要求糖果金钱，如果你不给他们一些好吃的，或者给他们一点钱，他们就可能会戏弄你。

圣诞节：英国的圣诞节是最重要的家庭节日。12 月 25 日和 26 日两天是国家法定节日。在圣诞节这天，人们举行家庭聚会并吃传统的圣诞午餐或晚餐，并互相交换礼物。

国庆日：英国的国庆日期并不固定，而是以国王的正式生日为国庆日。

银行假日：英国还有 8 天的"银行假日"，这是全国性的假日，并不仅限于银行。8 天银行假日是一年中最受欢迎的节日，因其正值同学们放假，许多人设法乘机去海边或乡村度一个较长的周末。

（三）服饰

英国人对穿着十分讲究，最崇拜的是"先敬罗衫后敬人"。英国的男性和女性无论在什么时候对自己的服装和打扮都十分注意，这是他们给人的第一印象。女性的服装几乎都是纯色、无花纹的，她们决不花枝招展，但很注意服饰的搭配：冬天，黑色的呢子外套配上一条醒目的粉红或白色围巾，几乎是英国女性的经典打扮。在工作场合，他们十分注重严肃和庄重的仪表，男士通常穿西装结领带，女士通常穿制服套装并佩戴相应的首饰配件。英国人在休闲或外出旅游时喜欢穿着便装，他们认为那样才能真正回归自然，充分放松，悠闲自得。

另外苏格兰人有他们特殊的民族传统服饰"基尔特"，这是一种用花格子呢料制作的从腰部到膝盖的短裙，它形成于中世纪，是男子专用的裙子。当今苏格兰的男子日常生活中已经不穿"基尔特"，只有遇到传统节日，男子才会穿。

英国人还有各种传统的工作服装和服饰，包括法院开庭时法官穿的黑袍、戴的假发，教堂礼拜时牧师所披的长袍，历届国会开会时女王所穿的白色长裙礼服、戴的王冠，还有王宫卫士所穿的鲜艳的短外衣、黄束腰、高筒黑皮帽，伦敦塔楼卫士的黑帽、黑衣，近卫骑士的黑衣、白马裤、黑长靴等。

（四）饮食

英式菜是世界公认的名流大菜，它历史悠久、工艺考究，很得世人青睐。英国人讲究口味清淡，菜肴要求质好量精，花样多变，注意营养成分。他们喜欢吃牛肉、羊肉、蛋类、禽类、甜点、水果等食品。他们夏天喜欢吃各种水果冻、冰淇淋，冬天喜欢吃各种热布丁。他们进餐时一般先喝啤酒，还喜欢喝威士忌等烈性酒。一般的英国家庭一天通常是四餐：早餐、午餐、午茶点和晚餐。英国人不愿意吃带黏汁的菜肴；忌用味精调味，也不吃狗肉。他们的口味不喜欢太咸，爱甜、酸、微辣味。英国人一般较喜爱的烹饪方式有烩、烧烤、煎和油炸。他们喜欢中国的京菜、川菜和粤菜。

（五）社交礼仪与民俗禁忌

英国人性格孤僻，生活刻板，办事认真，对外界事物不感兴趣，往往寡言少语，对新鲜事物持谨慎态度，具有独特的冷静的幽默。他们保守、冷漠，感情不轻易外露，即便有很伤心的事，也常常不表现出来。他们很少发脾气，能忍耐，不愿意与别人做无谓的争论。英国人做事很有耐心，在任何情况下，他们绝不面露焦急之色。

英国人待人彬彬有礼，讲话十分客气，"谢谢""请"字不离口。英国人对妇女是比较尊重的，在英国，"女士优先"的社会风气很浓。英国人的时间观念很强，拜会或洽谈生意，访前必须预先约会，准时很重要，最好提前几分钟到达为好。他们相处之道是严守时间，遵守诺言。英国人见面相互握手、道安，在进行介绍时，一般先少后老、先低后高、先次后要、先宾后主。英国人遵守纪律，在公共场合有排队的习惯。

英国人交流忌谈个人私事、家事、婚丧、年龄、职业、收入、宗教问题。他们忌讳"13"，英国剧院中找不到13排13号的座位，因为绝大多数英国人忌讳数字"13"，认为这个数字不吉利。英国人请客时总是忌讳宾主共13人，重要的活动也不安排在13日，英国的房间一律没有13号房间。给英国女士送鲜花时，宜送单数，不要送双数和13枝，不要送英国人认为象征死亡的菊花和百合花。

英国人厌恶墨绿色，忌讳黑色，也不喜欢红色。他们忌讳黑猫、孔雀，忌用人像作为商品的装潢。他们喜欢蔷薇花，忌白象、猫头鹰、孔雀商标图案。

英国人最忌讳打喷嚏，他们一向将流感视为一种大病。

三、旅游业概况

（一）主要旅游城市与著名景点

1. 伦敦

伦敦是一座驰名世界的文化名城和旅游城市，市内有许多世界著名的文物古迹。

建于18世纪的大英博物馆，是世界上最大的博物馆，集中了英国和世界各国许多的古代文物。博物馆内的埃及文物馆，陈列着七万多件古埃及的各种文物；希腊和罗马文物馆，陈列着各种精美的铜器、陶器、瓷器、金币、绘画，以及许多古希腊、古罗马的大型石雕；东方文物馆，陈列有大量来自中亚、南亚次大陆、东南亚和远东的文物。馆内还有西亚文物馆、英国文物馆、金币徽章馆、图书绘画馆等。除大英博物馆外，伦敦还有著名的科学博物馆、国家画廊等文化设施。伦敦大学、皇家舞蹈学校、皇家音乐学院、皇家艺术学院和帝国理工学院等是英国的著名院校。

伦敦城东南角的塔山上，建有伦敦塔，该塔曾用作军事要塞、王宫、监狱、档案室，现在是王冠和武器的展览处，藏有维多利亚女王加冕时戴的镶有3 000颗宝石的王冠和伊丽莎白二世加冕时戴的镶有重达109克拉大钻石"非洲之星"的王冠。

威斯敏斯特宫坐落在泰晤士河的西岸，建于公元 750 年，是世界上最大的哥特式建筑。它古时是国王的宫殿，现为英国议会所在地。

在离伦敦城 8 千米的泰晤士河畔，有世界著名的格林尼治山，过去皇家天文台曾设于此。格林尼治设有地球经度的起点线，人们以此为起点，计算地理上的经度。

白金汉宫位于伦敦威斯敏斯特城内，是英国王室的王宫和居所。1703 年由白金汉公爵所建而得名，最早称白金汉屋。白金汉宫 1761 年转卖给英国王室后，几经修缮，逐渐成为英国王宫。从 1837 年起，英国历代国王都居住在这里。维多利亚女王是居住在这里的第一位君主。宫内有典礼厅、音乐厅、宴会厅、画廊等六百余间厅室，宫外有占地辽阔的御花园，花团锦簇。女王的重要国事活动都在该地举行。

伦敦其他著名的旅游点还有伦敦动物园、皇家植物园、特拉法加广场、牛津街、摄政街、蜡像博物馆等。

2. 牛津市

牛津市是英国最具学术气质的城市，没有围墙和校门，三十多个历史悠久的学院散布在城市各个角落，最有名的当属牛津大学。牛津大学是许多人前来造访牛津的最主要原因，这个大学城在过去八百多年中，为全世界孕育出许多杰出人士。牛津大学是英国最古老的大学，创建于 1168 年，以培养高级政界人士而著称，为英国培养了二十九位首相，因此被誉为"象牙之塔"。

3. 剑桥市

剑桥市是英国东南部的城市，剑桥郡的首府，国际著名大学城。从 13 世纪末创办剑桥大学第一所学院彼得学院起，剑桥作为一座大学城存在至今。市内街道狭窄，房屋和教堂均为古典式建筑。剑桥大学 1209 年创建，科学家牛顿、诗人拜伦和小说家福斯特等出自该校。自 1901 年设立诺贝尔奖以来，约有五十位获奖者曾在剑桥就读或任教。因此剑桥大学以造就著名科学家而蜚声世界。

4. 爱丁堡

爱丁堡始于公元 6 世纪，是苏格兰的首府，位于苏格兰北部边境靠海的海滨，是世界公认的欧洲最富吸引力的城市之一，也是英国主要的社交、文化中心。爱丁堡市是历史名城，有许多名胜古迹，如艺术长廊和音乐厅、苏格兰皇家博物馆、皇家植物园、苏格兰国家图书馆、圣伍德皇宫、议会大厦、圣支来大教堂、爱丁堡古城堡等。人们到了这里就会联想起欧洲文化名城雅典，因此爱丁堡被人们称为北方雅典。在 1995 年，联合国教科文组织把爱丁堡的新城区和老城区作为文化遗产，列入《世界遗产名录》。

（二）旅游市场

英国是世界经济强国之一，也是发展旅游业最早的国家。1840年，托马斯·库克首次组织的火车专列旅游活动，标志着旅游业首先在英国诞生。英国是当今世界上旅游业最发达的国家之一，740多亿英镑的旅游业年产值，占世界旅游收入的5%左右，旅游业也是英最重要的经济部门之一，产值占国内生产总值的5%，从业人员有210万。

1. 入境旅游

尽管近年来受全球性经济危机的影响，英国在全球旅游目的地中排名仍然一直稳列第六七名。世界旅行与旅游理事会于2005年发布的英国未来十年旅游预测显示，到2015年英国旅游需求将达到3 098亿英镑，比2005年增长约663亿英镑。入境旅游的强劲增长将为英国旅游业创造460亿英镑的收入，增长11.5%。海外游客的入境游主要包括入境休闲游和国际商务旅行。对大多数国外度假者来说，来英国旅游意味着观光和购物式的包价旅游，但是近年来这种模式也在改变，各种短期和多样化的自我包价旅游更受人们欢迎，尤其是对于来自英国核心市场的西欧国家和美国的旅游者来说，他们已经对英国非常熟悉，因此想要游览一些不那么出名和拥挤的目的地。尽管英国在全球旅游目的地排名一直位于前列，但是英国还是要准备应对来自马来西亚、土耳其和包括中国、巴西、俄罗斯和印度"金砖四国"等新兴市场和主要旅游目的地的竞争，这使英国感到其优势地位日益难以保持。此外，英国开放的国际经济，还吸引了较高比例的国际商务旅行旅客，这对英国经济有很大的影响。然而，目前英国在国际会议和展览方面还相对较弱，英国在国际会议召开的国家世界排名中位列第十一名，占全球市场的3%。借助于大规模的投资和营销手段，这种形势开始有所改观。

2. 出境旅游

大多数英国人海外旅行的目的是度假，2005—2009年英国游客每年出境游的花费都超过200亿英镑，2008年突破了250亿英镑，此外英国人出境游的目的还包括进行商务活动和探亲访友，两项花费每年分别大约有50亿英镑。英国人出国度假的时间至少为一周，通常是两周以上，通过包价团体旅游公司到阳光充足的国家，主要目的地是西班牙或法国。目前这仍然是最受英国人欢迎的度假类型，因此海滨度假型旅游占了英国出国旅游度假的最大比例。但是，这种模式正在迅速发生改变，原因在于英国消费者越来越多地通过互联网来购买旅游度假产品，互联网使不需要旅游运营商的自助式旅游变得更加容易。因此，自助游、短期旅游的比例在增长，同时英国人的出境游目的地范围也更加广泛。而英国旅行社也相应地推出了丰富多样的出境旅游产品，以供游客选择。

英国有人口 6 000 万，每年出国旅游的人数超过 6 100 万人次，其中到亚洲目的地的有 200 多万人次，而到中国的游客仅占很少的份额。近年来，随着印度、泰国、新加坡、马来西亚、斯里兰卡等亚洲国家对英国市场促销的加强，英国赴华旅游的市场份额正在受到威胁。但英国旅华市场是有潜力的，随着中英两国关系的进一步发展，两国政府间签署中国公民赴英国旅游合作备忘录，两国间商务、贸易机会的增加，去中国寻找商机、发展商务成为许多英国商人的一个重要选择。随着两国人民的进一步了解，以及我国对英国旅华市场的进一步开发，英国旅华人数将会有一个巨大的提升。

3. 国内旅游

根据英国政府 2011 年旅游政策中的统计数据显示，同出境游和入境游相比，国内游的花费占到整个旅游业花费的 59%，出境游和入境游的花费分别占到 27% 和 14%，因此国内游实际上在英国的旅游产业中占有更大的比重和更加重要的位置。英国国内游包括一日游和过夜游。一日游对英国经济贡献超过 400 亿英镑，这是英国旅游业最大的一个组成部分。过夜游主要指短期度假，通常是自助式的自我包价旅游，还包括探亲访友和大量的商务旅行，这是英国旅游业第二大组成部分。与一日游相比，过夜游的花费要比一日游高很多，因此对英国经济具有更大的价值。对于英国人而言，因商务、社会和休闲目的而频繁重复的日常离家外出已发展成为生活的一部分。因此，休闲度假意识在英国深入人心。而许多中小型企业提供的完善的旅游设施和无微不至、灵活周到的服务，正适应了英国人喜好休闲度假、讲求随意性的特点，因而，国内旅游具有庞大的市场。

四、中英关系

1950 年 1 月，英国政府宣布承认中华人民共和国。1954 年 6 月 17 日，中英达成互派代办的协议，建立代办级外交关系，升格为大使级外交关系。1997 年，中英顺利完成香港回归的政权交接。2004 年两国宣布建立全面战略伙伴关系和两国政府领导人年度会晤机制。

英国是中国在欧盟内的第三大贸易伙伴，是中国主要外商直接投资来源地，也是中国海外投资主要目的国。中国是英国在欧盟外的第二大贸易伙伴。2013 年，中英双边贸易创历史最高水平，首次突破 700 亿美元大关。

第四节　法国

一、基本概况

（一）自然地理概况

法国，全称为法兰西共和国，现在是法兰西第五共和国，位于欧洲西部，与比利时、卢森堡、德国、瑞士、意大利、摩纳哥、安道尔和西班牙接壤，隔英吉利海峡与英国隔海相望。法国面积约为 55 万平方千米。法国地势东南高西北低。平原占总面积的三分之二。主要山脉有阿尔卑斯山脉、比利牛斯山脉、汝拉山脉等。法意边境的勃朗峰海拔 4 810 米，为欧洲最高峰。河流主要有卢瓦尔河、罗讷河、塞纳河。地中海上的科西嘉岛是法国最大岛屿。西部属海洋性温带阔叶林气候，南部属亚热带地中海式气候，中部和东部属大陆性气候。平均降水量从西北往东南由 600 毫米递增至 1 000 毫米以上。

巴黎时间比格林尼治时间早 1 个小时，比北京时间晚 7 个小时。

（二）基本国情

1. 首都、国旗、国花

首都巴黎是欧洲大陆上最大的城市，也是世界上最繁华的都市之一。巴黎地处法国北部，塞纳河西岸。巴黎是法国最大的工商业城市，北部主要为制造业区，最发达的制造业项目有汽车、电器、化工、医药、食品等。奢华品生产居次，并主要集中在市中心各区，产品有贵重金属器具、皮革制品、瓷器、服装等。巴黎也是法国文化、教育事业的中心，世界文化名城。法国著名的法兰西学院、巴黎大学、综合工科学校、高等师范学校、国立桥路学校以及国家科学研究中心等均设在巴黎。巴黎还有许多学术研究机构、图书馆、博物馆、剧院等。

法国的国旗为三色旗，是法国大革命时巴黎国民自卫队的队旗。白色代表国王，蓝、红色代表巴黎市民，是王室和巴黎资产阶级联盟的象征。今天的法国人民也认为，三色旗上的蓝色是平等的象征，白色是自由的象征，而红色代表了博爱，正如法国人民"自由、平等、博爱"的宣言。1946 年法国宪法确认其为国旗。三色带的宽度比为 30：33：37。

法国的国花是鸢尾科的香根鸢尾，它体大花美，婀娜多姿，与百合花极为相似。法国人民用鸢尾花表示光明和自由，象征民族纯洁、庄严和光明磊落。

2. 历史

公元前高卢人在此定居。公元前 1 世纪，罗马的高卢人总督恺撒占领了全部高卢，从此受罗马统治达 500 年之久。公元 5 世纪法兰克人征服高卢，建立法兰克王国。10 世纪后，封建社会迅速发展，15 世纪末到 16 世纪初法国形成中央集权国家。17 世纪中叶，君主专制制度达到顶峰。随着资产阶级力量的发展，1789 年法国法国爆发大革命，废除君主制，并于 1792 年 9 月 22 日建立第一共和国。1799 年 11 月 9 日，拿破仑夺取政权建立第一帝国。1848 年 2 月法国爆发革命，建立第二共和国。1851 年路易·波拿巴发动政变，翌年 12 月建立第二帝国。1870 年在普法战争中战败后，法国于 1870 年成立第三共和国直到 1940 年 6 月法国贝当政府投降德国，至此第三共和国覆灭。1871 年 3 月 18 日，巴黎人民举行武装起义，成立巴黎公社。同年 5 月底，武装起义被法国军队残酷镇压。第一次、第二次世界大战期间法国遭德国侵略。1944 年 6 月法国宣布成立临时政府，戴高乐担任首脑，1946 年法国通过宪法，成立第四共和国。1958 年 9 月法国通过新宪法，第五共和国成立，同年 12 月戴高乐当选总统。1964 年 1 月 27 日，法国与新中国建交，成为第一个承认新中国的西方大国。

3. 文化

从 17 世纪开始，法国的古典文学迎来了自己的辉煌时期，相继出现了莫里哀、司汤达、巴尔扎克、大仲马、雨果、福楼拜、小仲马、左拉、莫泊桑、罗曼·罗兰等文学巨匠。他们的许多作品成为世界文学的瑰宝。其中的《巴黎圣母院》《红与黑》《高老头》《基督山伯爵》《悲惨世界》和《约翰·克利斯朵夫》等，已被翻译成世界文学作品，在世界广为流传。

法国绘画艺术在世界美术史上占有重要地位，它经历了从古典主义到浪漫主义、现实主义的重大变革，许多重要流派如巴洛克艺术、洛可可艺术等在法国形成，涌现了一大批世界著名的艺术大师。近现代，法国的艺术在继承传统的基础上颇有创新，不但出现了罗丹这样的雕塑艺术大师，也出现了像莫奈和马蒂斯等印象派、野兽派的代表人物。

法国还是电影诞生地，1895 年 12 月卢米埃尔兄弟首次用活动电影机公开放映电影，它标志着电影发明阶段的终结和电影时代的开始。1897 年，乔治·梅里埃建立世界第一家电影制片厂，法国电影节是世界上最大、历史最悠久的电影节之一，其大奖是"金棕榈奖"。

从 17 世纪开始，法国在工业设计、艺术设计领域的世界领先地位世人早已有目共睹。有关实用美术、建筑、时装设计、工业设计专业的学校也早已凭借其"法国制造"的商业硕果而闻名海外。

（三）经济

法国是最发达的工业国家之一，在核电、航空、航天和铁路方面居世界领先地位。钢铁、汽车、建筑为其工业的三大支柱。法国的核能、石油化工、海洋开发、航空和航天等部门近年来也发展较快。核电设备能力、石油和石油加工技术位居世界第二，而航空和航天工业位居世界第三。

法国铁矿蕴藏量约 10 亿吨，但品位低、开采成本高，煤储量几近枯竭，所需矿石完全依赖进口。能源主要依靠核能，水力和地热资源的开发利用比较充分。

法国是欧盟最大的农业生产国，也是世界主要农产品和农业食品出口国，已基本实现农业机械化，农业生产率很高。农业食品加工业是法国对外贸易的支柱产业之一。

服务业在法国的经济和社会生活中占有举足轻重的地位，近年来服务业产值占国内生产总值的 75% 以上。法国也是世界贸易大国。法国时装、法国大餐、法国香水都在世界上闻名遐迩。

（四）政治

根据法国现行的第五共和国宪法，法国总统由普选产生。宪法规定，总统为国家元首和武装部队统帅，任期五年。总统的权力包括：任免总理并批准总理提名的部长；主持内阁会议、最高国防会议和国防委员会会议；有权解散议会，但一年内不得解散两次；可不经议会将某些重要法案直接提交公民投票表决；在非常时期，总统拥有"根据形势需要采取必要措施"的全权等。

法国议会实行国民议会和参议院两院制，拥有制定法律、监督政府、通过预算、批准宣战等权力。国民议会共有 577 名议员，任期五年，采用两轮多数投票制，由选民直接选举产生。参议院共 348 席，由国民议会和地方各级议会议员组成选举团间接选举产生，任期为六年，每三年改选一半。

司法分为两个相对独立的司法管辖体系，即负责审理民事和刑事案件的普通法院与负责公民与政府机关之间争议案件的行政法院。法国的检察机关没有独立的组织系统，其职能由各级法院中配备的检察官行使。法国实行多党制，目前共有三十多个政党。

二、人文习俗

（一）人口、民族、语言与宗教

法国人口约 6 559 万，是欧洲第二人口大国。法国民族以法兰西人最多，约占总人口的 90%，其他少数民族有布列塔尼人、巴斯克人、科西嘉人、日耳曼人、斯拉夫人、北非人和印度支那人等。官方语言为法语，地方方言有普罗旺斯方言、布列塔尼方言、科西嘉方言和日耳曼方言。法国传统上是信奉天主教的国家，目前仍有 65% 的法国人信仰天主教，其他法国人主要信奉基督教、犹太教和伊斯兰教。

（二）民间节庆

元旦节：1月1日。这一天亲朋聚会，馈赠礼品或钱，除夕夜人们要将家中酒喝光，否则来年会遭厄运。

圣母领报节：3月25日。此节是为了纪念圣母玛丽亚领受天使向她传报上帝的旨意，告知她将由"圣灵"感孕而生耶稣。

复活节：春分月圆之后的第一个星期天（3月22日至4月25日间），放假约一周。人们旅游、团聚、吃复活蛋、互赠礼品。

五一国际劳动节：5月1日放假一天。铃兰为五一节传统花卉。各工会举行大规模游行。

国庆日：7月14日放假一天。城乡均有盛大庆祝活动，政府在巴黎香榭丽舍大街上举行大规模阅兵式。

圣诞节：12月25日放假两天，事实上从12月24日起已开始放假，加上周末及元旦，假期可达十天。人们互赠贺卡和礼品，合家团圆，举行圣诞晚宴，基督教徒到教堂参加弥撒。

（三）服饰

世界上最流行的高级时装来自法国，巴黎是世界著名的时装之都。许多人以身着巴黎时装为荣，西方上层社会更以法国名牌时装来显示他们的财富和地位。在路易十四时期，法国就成了世界时装中心，20世纪以来，法国重视服装业的发展。法国设有金针奖和金顶针奖两项时装设计大奖赛，鼓励设计师们发挥其才华。1943年通过的一项法律则给予时装业者的作品与艺术、文学作品同等的荣誉。所以，时装业在法国已不是单纯的纺织工业的一部分，它已成了一种时装文化。

法国时装在世界上享有盛誉的原因有三：一是选料丰富、优异，别出心裁，为一般服装业所不及；二是设计大胆，制作技术高超，时装大师们对生活观察深刻细致，对人们需求敏感，富于想象力，敢于标新立异；三是服装模特儿享有特殊地位，专门为某位特定的高级名模定做时装。巴黎有2 000家时装店，老板们的口号是"时装不卖第二件"。而在大街上，几乎看不到两个妇女穿着一模一样的服装。法国时装分为高级时装和现代时装，高级时装最有名的有"吉莱热""巴朗夏卡""吉旺熙""夏奈尔""狄奥尔""卡丹"和"圣洛朗"。近年来，特别引人注目的是巴黎女郎的裙子，其式样之多，款式之新，在别国很难见到。

（四）饮食

法国人爱美食也会享受美食，法国大菜在世界上享有很高声誉。法国菜具有选料广泛、用料新鲜、装盘美观、品种繁多的特点。菜肴一般较生，法国人还有吃生菜的习惯。法国人在调味上，用酒较重，并讲究不同的原料搭配相应的酒。他们的口味肥浓、鲜嫩而忌辣。法国美食在整体上包括这几大方面：面包、糕点、冷食、熟食、肉制品、奶酪和酒。这些是法国饮食里不可缺少的内容，而其中最让法国人引以为荣的是葡萄酒、面包和奶酪。法国的奶酪在世界上享有盛誉，它是由牛奶、羊奶（包括山羊奶）混合加工而成，并有半凝固态、凝固态以及干块状的，又由于其颜色、味道的不同，可有上百种不同的奶酪。此外咖啡文化也是法国的一大特色。

（五）社交礼仪与民俗禁忌

法国人在人际交往中所采取的礼节主要有握手礼、拥抱礼和吻面礼。他们爱好社交，善于交际。对于法国人来说社交是人生的重要内容，没有社交活动的生活是难以想象的。法国人诙谐幽默，天性浪漫，法国人不仅爱冒险，而且喜欢浪漫的经历。在世界上法国人是最著名的"自由主义者"。他们虽然讲究法制，但是一般纪律性较差，不大喜欢集体行动。与法国人打交道，约会必须事先约定，并且准时赴约，但是也要对他们可能的姗姗来迟事先有所准备。

法国人自尊心强，偏爱"国货"。法国的时装、美食和艺术是世人有口皆碑的，在此影响之下，法国人拥有极强的民族自尊心和民族自豪感，在他们看来，世间的一切都是法国最棒。他们讲究骑士风度，尊重妇女，走路、进屋、入座，都要让妇女先行。

法国人大多喜爱蓝色、白色与红色，他们所忌讳的色彩主要是黄色与墨绿色。他们忌用孔雀图案、仙鹤图案、菊花图案、蝙蝠图案。

法国人所忌讳的数字是"13"，不喜欢星期五。尤其是"13星期五"是不吉利的日子。他们送花的支数不能是双数和13朵，忌送红玫瑰、黄色的花和菊花，鲜花不用纸包扎。

三、旅游业概况

（一）主要旅游城市与著名景点

巴黎：巴黎是法国的首都，历史名城，世界最繁华的大都市之一，素有"世界花都"之称。历史上，巴黎为法国历代王朝的都城，是历届资产阶级共和国的首都，也是法国资产阶级革命的发源地。目前巴黎是世界上最重要的政治与文化中心之一，在教育、娱乐、时尚、科学、媒体、艺术与政治等方面皆有重大影响力，被认为是世界上最重要的城市之一，每年约有4 200万人造访巴黎与邻近都会区，这也让巴黎成为世界上最多观光客造访的城市。巴黎的主要景点有卢浮宫博物馆、埃菲尔铁塔、拿破仑墓、香榭丽舍大道、巴黎歌剧院、意大利广场、自由女神像等。埃菲尔铁塔是巴黎城市的标志，像一个钢铁巨人高高地耸立在巴黎市中心的塞纳河畔。巴黎圣母院是一座法国哥特式建筑，它出名不仅是因雨果的著名小说《巴黎圣母院》，更因为它是巴黎最古、最大和建筑史上最出色的天主教堂。此外，凯旋门和凡尔赛宫等，都是人们参观游览的必到胜地。

马赛：马赛是法国第二大城市和第三大都会区。它位于地中海沿岸，气候温和宜人，是法国最适合居住的城市。它是法国最大的商业港口，也是地中海最大的商业港口。马赛是全世界小资们向往之地普罗旺斯的首府。在马赛老港口的伊夫岛上，有法国名作家大仲马在他的小说《基度山伯爵》里着力描写的伊夫古堡。马赛每年接待游客达三百万人次以上，是法国接待游客人数最多的城市之一。马赛的主要景点有伊福岛、贾尔德圣母院、马赛美术馆等。

里昂：里昂位于法国的东南部，是座历史悠久的古老城市，1998 年被联合国教科文组织列为世界人文遗产城市。里昂旧城的最中心布满了中世纪的建筑和教堂，这使它获得了"拥有一颗粉红的心脏"之城的美称。近年来，里昂在工商、交通和科教等方面都有很大的发展，成为法国仅次于巴黎的第二大都市区和经济文化中心，在国际上也享有越来越重要的地位。

波尔多：波尔多坐落在加伦河的南岸，是一个很传统的法国城市，它那碧水蓝天、得天独厚的自然环境，在法国首屈一指。波尔多处于典型的地中海型气候区，夏季炎热干燥，冬天温和多雨，有着最适合葡萄生长的气候。常年阳光的眷顾，让波尔多形成了大片的葡萄庄园，葡萄酒更是享誉全世界。波尔多葡萄酒口感柔顺细致，风情万种，有"法国葡萄酒皇后"的美称，波尔多也成为世界公认的最大的葡萄酒产地。

（二）旅游市场

法国是世界上最早发展旅游业的国家之一，凭借着丰富而独特的旅游资源，一直保持着世界第一大旅游国的地位。据法国旅游局资料统计，2009 年法国接待外国游客 7 400 万人，居世界首位，旅游外汇收入 532 亿美元，继美国、西班牙之后，居世界第三位。旅游从业人员达 105 万人，旅行社 4 587 家。全国有 21 139 家旅馆和 13 527 家各类小旅店、野外宿营地、青年之家等。当前旅游产业对法国国内生产总值的贡献率超过 7%，是法国的支柱产业之一。随着国际竞争的加剧，旅游发展已成为法国经济增长和解决就业问题的关键。

1. 入境旅游

据世界旅游组织公布的统计数字显示，法国是世界第一大旅游国，平均每年接待外国游客 7 000 多万人次。2010 年，到法国的游客达 7 895 万人，同比增长 2.8%，法国旅游业总收入约为 350 亿欧元。2011 年到法国旅游的外国游客达到近

8 000 万人，比 2010 年增长了 3% 以上，旅游收入超过 500 亿欧元。2012 年，法国旅游业收入约为 770 亿欧元。根据法国旅游局民调机构所做的一项年度调查显示，参观法国最多的外国游客是德国人、英国人和比利时人，他们占抵达法国的外国游客的 46%，此外意大利、西班牙和葡萄牙等南欧国家到法国旅游的人约占游客总数的 17%。美国人则在远程游客中位居第一，美洲其他国家的游客也有所增长，特别是墨西哥人数有大幅增加。近年来来自亚洲和澳大利亚的游客人数总体下降了 6%。但自 2004 年 9 月中国公民组团赴法国旅游业务正式启动以来，法国就成为最受中国游客青睐的欧洲旅游目的地之一，中国公民赴法国旅游规模不断扩大，2012 年中国游客赴法人数约 110 万人次。中国游客数量呈现快速增长的局面。

2. 出境旅游

法国人出境进行国际旅游的人数占全国度假旅游人数的比例不大（近期约为 17%）。他们主要的目的地国家是法国近邻西班牙和意大利。法国人的冬季度假旅游所去的国外目的地首先是西班牙及其所属的加那利群岛。但是远距离的国外旅游，如夏季去美国、亚洲、墨西哥以及加勒比海法属岛屿和法属波利尼西亚，冬季进行远距离阳光度假旅游人数都日益增长。德国作为法国人商业旅游的目的地名列第一，其次则是英国。法国人出境旅游绝大多数经由公路，特别是以驾车为主，参加包价旅游和乘飞机旅行的数量很少。

中法互为重要旅游客源国和旅游目的地。近年来，随着两国全面战略伙伴关系的发展，两国在旅游领域的合作与交流日益深化。1998 年《中法旅游合作协议》签署后，双方旅游部门密切联系，在协议框架下不断推动两国旅游合作与发展。2007 年 6 月，结合中法双方在旅游领域的部分具体合作项目，中国国家旅游局与法国旅游局签订了《中法旅游三年工作计划》（简称《工作计划》）。《工作计划》中提及部分进展中的旅游合作项目，如天津法租界旧址的修复项目、四川的法中旅游规划机构项目、安徽的生态旅游项目、贵州的乡村旅游发展项目等，这些项目的开展，丰富了两国务实合作的内涵。2013 年 4 月，国家旅游局与法国手工业、贸易与旅游事务部签署了《关于进一步扩大旅游合作的谅解备忘录》。

2004 年 9 月中国公民组团赴法国旅游业务正式启动以后，2004 年到中国的法国游客超过 28 万人次，占其到欧洲以外国家旅游人数的 10%。近年来，法国旅华市场快速发展，目前中国是法国在亚洲第一旅游目的地国家。根据国家旅游局的统计数据，2012 年，法国来华人数为 52.5 万人次，同比增长 6.4%。

法国旅华市场是典型的观光型市场，观光客在市场中占比很高，因"观光休闲"来华人数在 50% 以上。为了进一步拓展旅华市场，国家旅游局在法国巴黎设立了旅游办事处，负责我国入境旅游的宣传推广工作。2014 年为庆祝中法建交五十周年，国家旅游局通过驻巴黎办事处开展了一系列的宣传推广、庆祝活动。

3. 国内旅游

法国的国内市场在整个西欧来说并不典型。它主要有以下几个特征：第一，在所有法国人的度假旅游者中，国内旅游的人数占绝对多数，约占全部本国度假旅游者人数的80%以上。因而出境旅游水平比大多数西欧国家低得多。第二，度假旅游的高峰期十分集中，即集中于夏季的7月至8月。法国的假日主要在7月至8月，而冬季的圣诞节、复活节假期都较短。第三，度假旅游的交通工具高度依赖于私人汽车。不论是法国人还是外国人，法国境内的旅游者80%是驾车旅游。第四，城市的度假旅游人口比例高于农村的度假旅游人口比例。城市人口一般有三分之二的人进行度假旅游，而农村人口仅有五分之二。

法国人假日目的地的选择是多种多样的。在夏季旅游者中，大约二分之一的人去沿海，四分之一的人去乡村，不足五分之一的人去山地。在冬季旅游者中，去沿海的不足五分之二，去乡村的约四分之一，去山地参加冬季体育运动的占五分之二。选择国外目的地者很少。

四、中法关系

1964年1月27日，法国同中国建交。法国是在西方大国中第一个与新中国建立大使级外交关系的国家。近几年来，两国高层互访不断。1997年5月，时任法国总统希拉克对中国进行国事访问，两国元首签署《中法联合声明》，决定中法建立面向21世纪的全面伙伴关系。2004年1月，时任中国国家主席胡锦涛对法国进行国事访问，两国元首签署《中法联合声明》。中法两国在经济、科技、文化等各个领域的合作不断取得新进展。2004年10月，希拉克对中国进行国事访问，两国发表《中法联合新闻公报》。2005年4月时任中国司法部长张福森与时任法国司法部长佩尔在巴黎签署《中法刑事司法协助协定》，这是中国与欧盟成员国签署的第一个刑事司法协助协定。2005年12月，时任中国总理温家宝对法国进行正式访问。2010年11月，时任中国国家主席胡锦涛对法国进行国事访问，双方发表《中法关于加强全面战略伙伴关系的联合声明》。2013年4月，法国总统奥朗德对中国进行国事访问，双方共同发表了《中法联合新闻公报》，决定建立高级别经济财经对话机制。2014年3月，国家主席习近平对法国进行国事访问，双方发表了《中法联合声明》和《中法关系中长期规划》。习近平还出席中法建交五十周年纪念大会并发表讲话。

法国是中国在欧盟的第四大贸易伙伴，位于德国、荷兰、英国之后。中国是法国在亚洲最大的贸易伙伴。2013年中法双边贸易额达498.3亿美元。

第五节　意大利

一、基本概况

（一）自然地理概况

意大利地处欧洲南部，包括亚平宁半岛及西西里、萨丁等岛屿，北以阿尔卑斯山为屏障，与法国、瑞士、奥地利和斯洛文尼亚接壤，东、南、西三面临海。意大利国土面积约 30 万平方千米，海岸线长 7 200 多千米。全境五分之四为山丘地带，有阿尔卑斯山脉和亚平宁山脉。意、法边境的勃朗峰海拔 4 810 米，居欧洲第二。意大利有著名的维苏威火山和欧洲最大的活火山——埃特纳火山。最大河流是波河。较大湖泊有加尔达湖、马焦雷湖等。大部分地区属亚热带地中海式气候。年平均气温为 1 月 2~10℃，7 月 23~26℃。年平均降水量 500~1 000 毫米。

罗马时间比格林尼治时间早 1 个小时，比北京时间晚 7 个小时。

（二）基本国情

1. 首都、国旗、国花

首都：罗马位于意大利中部，坐落在台伯河畔，占地面积 1 507 平方千米，是世界著名的历史、文化古城，也是意大利最大的城市。罗马城历史悠久，有近 3000 年的历史，于公元前 753 年建立，是古罗马的发祥地。罗马现在城市的建筑规模基本上是 1 861 意大利统一后建成的。当时以圆柱广场为中心扩建罗马，称之为罗马老区，古城外有一个叫"新罗马"的新城区。

罗马是政府各行政部门、银行、旅游、保险、科研机构及大财团的所在地。工业以食品、服装、电子、通信、建筑、医药和出版等为主。旅游业及服务行业在本地区的经济中占重要地位。

国旗：意大利国旗也叫三色旗，旗面由三个平行相等的竖长方形相连构成，从左至右依次为绿、白、红三色。国旗的绿色表示亚平宁半岛上美丽多情的土地；白色是阿尔卑斯山皑皑白雪的颜色，象征和平、正义的崇高精神；红色是为了纪念爱国者的热血，也昭示自由、平等和友爱。

国花：国花是雏菊，雏菊花细小玲珑，惹人喜爱，具有很高的观赏价值，意大利人十分喜爱清丽娇娆的雏菊，认为它有君子之风，因此将雏菊定为国花。

2. 历史

意大利是古罗马帝国的发祥地。公元 2 世纪至 3 世纪为古罗马帝国全盛时期，版图遍及整个地中海沿岸。14 世纪至 15 世纪，意大利文艺空前繁荣，成为欧洲

"文艺复兴"的摇篮。此后，意大利几经分裂和受到外族入侵，1861年建立王国，1870年完成领土统一。1922年10月墨索里尼上台执政，实行长达二十余年的法西斯统治。1946年意大利废除君主制，成立共和国。二战后意大利政府更替频繁，但政府的内外政策具有相对稳定和延续性的特点。

3. 文化

意大利的文学艺术在世界艺术宝库中占有相当重要的地位。

古罗马时期流传下来的主要是戏剧作品。公元14世纪至15世纪，意大利文艺空前繁荣，成为欧洲"文艺复兴"运动的发源地，但丁、达·芬奇、米开朗基罗、拉斐尔、伽利略等文化与科学巨匠对人类文化的进步做出了无可比拟的巨大贡献。

达·芬奇既是艺术家，又是科学家，他的艺术水平在体现人文主义思想和掌握现实主义手法上都达到了新的高度，从而塑造了一系列无与伦比的艺术典型。肖像画《蒙娜丽莎》被誉为世界美术杰作之冠；壁画《最后的晚餐》则反映了艺术家创造典型人物和戏剧性场面的能力，为后人学习的典范。达·芬奇精深的艺术创作又与广博的科学研究密切结合，他对许多学科都有重大发现，在解剖学、生理学、地质学、植物学、应用技术和机械设计方面建树尤多，被誉为许多现代发明的先驱。

米开朗基罗是艺术上造诣极高的大师，在建筑、雕刻、绘画、诗歌等方面都留有很多不朽的杰作。他创作的罗马梵蒂冈西斯廷礼拜堂的巨幅屋顶壁画，虽属宗教题材，却充满热情奔放、力量无穷的英雄形象，被称为世界上最宏伟的艺术作品。他的许多雕塑，例如《大卫》《摩西》和《垂死的奴隶》等，在技艺上较希腊古典名作有过之无不及。

拉斐尔则是卓越的画家，被后世尊为画圣。他善于吸收各家之长，加以自己的创造，在艺术的秀美、典雅方面大放异彩，留下了许多第一流的杰作。如《花园中的圣母》《西斯廷圣母》以及梵蒂冈教皇宫中的许多壁画。

意大利建筑艺术在文艺复兴建筑中占有最重要的位置。意大利涌现了许多杰出的建筑家，如修建"卢切莱依宫"的阿尔伯蒂、修建罗马"圣彼得大教堂"的布拉曼特、设计维琴察"圆厅别墅"的帕拉迪奥、设计威尼斯"圣马可图书馆"的桑索维诺等。如今，在意大利各地都可见到精心保存下来的古罗马时代的宏伟建筑和文艺复兴时代的绘画、雕刻、古迹和文物。

（三）经济

意大利是发达的工业国家。根据世界经济与发展组织数据，意大利国内生产总值居世界第六位，其服务业、旅游业及对外贸易尤为发达。私有经济是意大利

177

经济的主体，占国内生产总值的 80% 以上。服务业约占国内生产总值的三分之二。国内各大区经济发展不平衡，南北差距明显。意大利中小企业占企业总数的 98% 以上，堪称"中小企业王国"。由于专业化程度较高，意大利企业在制革、制鞋、服装等领域具有较强的竞争力。

（四）政治

意大利现行宪法是 1947 年 12 月 22 日由立宪大会通过的。宪法规定意大利是一个建立在劳动基础上的民主共和国。总统对外代表国家，为国家元首和武装部队统帅，由参、众两院联席会议选出。总理由总统任命，对议会负责。

议会是最高立法和监督机构，由参议院和众议院组成。议会的主要职能是：制定和修改宪法和法律，选举总统，审议和通过对政府的信任或不信任案，监督政府工作，讨论和批准国家预算、决算，对总统、总理、部长有弹劾权，决定战争状态和授予政府必要的政治决定权力等。在总统选举和宣誓就职等特殊情况下，两院举行联席会议。

最高司法委员会是最高司法权力机构，拥有独立司法体制和任命法官的权力，由 33 人组成，总统任主席，最高法院院长和总检察长为当然成员。其他成员由议会选举的 10 位委员（律师和司法教授）和全体法官选出的 20 位法官组成，任期四年，不得连任和兼职。

意大利实行多党制，各主要政党或党派联盟大多分布在中左和中右两大阵营。

二、人文习俗

（一）人口、民族、语言与宗教

意大利人口约 6 074 万（2012 年）。94% 的居民为意大利人，少数民族有法兰西人、拉丁人、罗马人、弗留里人等。官方语言为意大利语，西北部与东北部的少数民族讲法语、德语和斯洛文尼亚语。意大利大部分居民信奉天主教。

（二）民间节庆

意大利全年有大约三分之一的日子属节日，有的是宗教节日，有的是民间传统节日，有的是国家纪念日。由于罗马在基督教世界中的特殊地位，普通的宗教节日也就有了特别的罗马意义。

主显节：1 月 6 日。主显节是纪念耶稣显灵的节日，也是意大利的儿童节。传说这天骑着扫帚的巫婆从屋顶的烟囱钻进屋里来，把礼物装在靴子里送给小孩。于是，大人们就把给孩子的各种礼物装在长筒靴中，放在壁炉上，而淘气的孩子会收到样子像黑炭块的糖。

狂欢节：狂欢节亦称谢肉节，一般在 3 月 21 日至 4 月 25 日之间。狂欢节一般放假一星期，节日高潮时要举办各种游艺活动和文体表演，其中最受欢迎的是化装游行。威尼斯举行的狂欢活动是最著名的。

复活节：每年春分月圆后的第一个星期日是复活节，一般在 4 月初，彩蛋、兔子和小鸡是这个节日的象征，代表着新生命的诞生。

国庆节：国庆节是 6 月 2 日共和国成立的纪念日，这一天国家要举行阅兵仪式。

八月节：8 月 15 日意大利举办盛大的 8 月节舞会。城市的许多广场，从市中心到郊区，都将举办专业的舞蹈表演，音乐由现场演奏，公众也被邀请加入到舞蹈中来。

万圣节：万圣节是 11 月 2 日，类似于中国的清明节，是一个怀念故人的日子，人们要扫墓并以菊花祭奠亡灵。

圣诞节：12 月 25 日在罗马过圣诞节的一个特别节目是教皇在梵蒂冈举行的一系列盛大仪式，其中包括圣诞夜前夕守夜。

（三）服饰

意大利服装大致可分为民族服装、普通服装、正式服装和流行服装四类。民族服装代表着各民族的传统习惯，只是现代人一般很少穿这种服装。在阿尔卑斯山及撒丁岛等一些偏僻的村子里，有的人平时还穿着有当地特色的民族服装。在其他地方，只有遇有重大节日、喜庆活动或表演传统节目时，人们才穿上五彩缤纷的民族服装载歌载舞。

在公共场所和工作时，男士才穿上西服、系好领带，一副衣冠楚楚的样子，女士则穿西服套裙，以示庄严和隆重。意大利人平时的衣着都是很随意的。在意大利，人们穿衣不受性别、年龄的限制。老年男士也经常会穿一件红色上衣和碎花衬衫；男士常穿各种衬衫、T 恤衫、便装夹克、牛仔裤及各种长裤；妇女则常穿绣花衬衣、棉麻丝绸上衣或针织上衣、连衣裙、短裙等服装。工作之余，人们还爱穿各种运动服装和休闲装。

（四）饮食

意大利的菜式非常丰富，不同地区不同镇的菜式都各不相同。意大利饮食以味浓香烂、原汁原味闻名，烹调上以炒、煎、炸、红焖等方法著称，并喜用面条、米饭作菜，而不作为主食用。意大利人吃饭的习惯一般在食物六七成熟时就吃，这是其他国家所没有的。

意大利人喜欢吃烤羊腿、牛排等和口味醇浓的菜，各种面条、炒饭、馄饨、饺子、面疙瘩也受到人们喜爱。意大利的美食如同它的文化：高贵、典雅、味道独特。

与大菜相比，意大利的面条、薄饼、米饭、肉肠和饮料更上一层楼。意大利面条也叫意大利粉，名声很响。意大利薄饼又名"批萨"，系将油蘸面胚置于批萨铁盘中添加多种馅料（如猪肉、牛肉、火腿、黄瓜、茄子、洋葱）烘烤而成，内有干酪番茄酱提味，上面还要点缀橄榄丝和鸡蛋丁。

（五）社交礼仪与民俗禁忌

意大利人很开明，思想解放头脑灵活；性格爽快又耿直，不耍心计。他们在社交场合注重衣着，举止行动端正；意大利人相互见面时，大多都惯行握手礼，常见朋友之间，多招手示意；在与宾客相见时，习惯热情向客人问好，面带笑容地以"您"字来称呼客人。意大利人一般都喜欢客人用头衔称呼他们。他们时间观念不强，对约会总习惯迟到，认为这样是礼节风度。意大利人喜爱绿、蓝、黄三色，视绿色为春天的色彩，认为蓝色会给人带来吉祥，一般将黄色用于美神及婚礼服装上。他们偏爱雏菊，认为雏菊象征着意大利人民的君子风度和天真烂漫。他们对狗和猫两种动物异常喜爱。

意大利人忌讳"13"和"星期五"。认为"13"象征着"厄兆"，"星期五"也是极不吉利的。他们忌以手帕为礼送人。他们忌讳别人用目光盯视他们，认为用目光盯视人是对人的不尊敬，可能还有不良的企图。他们在与客人闲谈时，不喜欢议论有关政治方面的问题，以及美国的橄榄球等话题。

三、旅游业概况

（一）主要旅游城市与著名景点

罗马：罗马是意大利的首都，是全国政治、经济、文化和交通中心，世界著名的历史文化名城，古罗马帝国的发祥地，因建城历史悠久而被称为"永恒之城"。罗马位于台伯河下游的平原，市区跨台伯河两岸，架有桥梁24座，总面积约1 285平方千米。罗马是全世界天主教会的中心，有700多座教堂与修道院，7所天主教大学，市内的梵蒂冈是天主教教宗和教廷的驻地。罗马是意大利文艺复兴的中心，也是第二次世界大战中少数没被战火波及的城市之一，保存有相当丰富的文艺复兴与巴洛克风貌。1980年，罗马的历史城区被列为世界文化遗产。

威尼斯：威尼斯是意大利北部威纳托大区的首府，威尼斯省的省会，世界著名的历史文化名城，威尼斯画派的发源地，其建筑、绘画、雕塑、歌剧等在世界有着极其重要的地位和影响。威尼斯及其泻湖由118个岛屿组成。威尼斯素有"水都""水城""桥城"和"百岛之城"的美称。这座世上独一无二的水上城市景色旖旎、风光独好，城内历史古迹比比皆是，是一座风景如画而又古韵十足的历史名城，这里的所有景色都离不开水。威尼斯全市都是河道，运河共计177条，靠 401 座各式桥梁把它们连接起来。威尼斯水道是城市的马路，市内没有汽车和自行车，也没有交通指挥灯，船是市内唯一的交通工具。除了小艇以外，所有交通工具都是禁止的。

佛罗伦萨：佛罗伦萨是意大利中部的一个城市，托斯卡纳区的首府，意大利语原意为"花之都"。佛罗伦萨是极为著名的世界艺术之都、欧洲文化中心、欧洲文艺复兴运动的发祥地、歌剧的诞生地、举世闻名的文化旅游胜地。全市有 40 多个博物馆和美术馆，乌菲齐和皮提美术馆举世闻名，世界第一所美术学院、世界美术最高学府佛罗伦萨美术学院蜚声世界，意大利绘画精华荟萃于此学院。米开朗基罗广场位于亚诺河对岸，是眺望佛罗伦萨的最佳据点，广场中央有大卫雕像的复制品。米开朗基罗创作的原"大卫像"收藏在学院美术馆。百花大教堂是佛罗伦萨的地标，又称"圣母寺"。乌菲兹美术馆和国立巴吉洛美术馆珍藏着文艺复兴时期艺术家们的杰作。

（二）旅游市场

意大利旅游业发达，旅游收入是弥补国家收支逆差的重要来源。据意大利《欧洲侨报》报道，作为全球第五大、欧洲第三大旅游国，意大利旅游业产值占国民生产总值近 10%，提供约 10% 的就业机会，是仅次于服装业的第二大产业，在国家经济中发挥着举足轻重的作用。

1. 入境旅游

意大利旅游资源丰富，气候湿润，风景秀丽，文物古迹很多，有良好的海滩和山区，公路四通八达，所有这些都吸引着国外游客。2000 年旅游业营业额约合 714 亿美元，约占国内生产总值的 6%，净收入约合 252 亿美元。其营业额和净收入都是近年来的最高纪录。但随后意大利旅游业发展缓慢，逐渐被其他传统旅游大国如法国、西班牙、美国超越，按入境人数衡量，意大利已由 20 世纪 80 年代世界第一滑落到世界第五，位居西班牙、法国、美国、中国之后。由于受世界经济危机的影响，2009 年意大利旅游业遭到进一步打击，收入只有 165 亿欧元，而 2008 年有 200 亿欧元。意大利政府于 2009 年投资 16 亿欧元巨资采取多种措施力图重振旅游业，并已经取得显著效果。2011 年意大利旅游收入达到 2 700 亿美元左右，位居世界第四，接待外国游客达 4 400 万。赴意大利旅行者以德国、美国和法国游客居多。近年来，中国赴意游客逐年增加，根据意大利国家旅游局的统计数据，2010 年到意大利旅游的中国游客数量接近 100 万，中国已经成为意大利一个重要的客源地。

2. 出境旅游

意大利人境外游目的地主要集中在欧洲地区，总消费约 100 亿欧元，意大利人境外旅游平均 9.5 天，人均日消费为 74 欧元。最受意大利人欢迎的旅行地为法国，西班牙、德国、瑞士、英国等国也位居前列。

意大利一直是我国欧洲旅游市场中最重要的国家之一，由于近两年经济不景气，外国游客到中国旅游出现了一些新的变化，意大利游客的购买力与以前相比有所下降，不少意大利民众因囊中羞涩不得不节省旅游开支甚至干脆放弃出境旅游的打算。针对这样的困况，中国的一些旅行社特别推出了廉价旅游产品。国旅总社意大利语区首席销售经理胡小胜说："我们主要是通过和客户的关系，把他们的产品进行一些重新的包装，能够适合目前的阶段。举个例子说，比如它的倾向性，旅程稍微短一点儿。原来比较标准的到中国旅游的线路是两个星期，现在以七八天、十天、十一二天为主，然后旅游产品的档次也从原来的豪华向中等转变，举个例子说从五星级酒店向四星级酒店过渡，就是为了适应目前的这种形势。"中国驻罗马旅游办事处每年都牵头邀请国内相关部门共同参加推广中国旅游的活动。比如 2012 年，办事处重点向意大利业界和市场推出海南的滨海度假旅游，安排海南旅游代表团与意大利主要经营海滨度假旅游以及传统中国旅游的大型旅行社和航空公司见面洽谈，并组织海南产品说明会，使意大利业界对海南有一个更深入和全面的了解，进一步增强了海南旅游度假产品对意大利游客的吸引力。据统计，2012 年中国的入境游客总人数已接近 2 800 万，其中意大利到中国的游客数量大约有 25.4 万，同比增长 7%。

3. 国内旅游

按传统，意大利人每年至少外出旅游一次，或在国内度假休养，或出国做长途旅行。每年到各地旅游、观光的居民超过 150 万人次。且意大利是一个传统的旅游国家，1919 年，意大利就成立了全国旅行社，作为国家推动旅游事业发展的专门组织和机构。1931 年，意大利又单独成立了受政府领导的旅游局。在政府的鼓励和支持下，意大利旅游设施有了很大的改进。据 2005 年 3 月 30 日《世界商业评论》报道，至 2005 年意大利星级酒店总数有 3.3 万家，其中五星级酒店有 197 家，另有 5 万多家旅馆。从事旅游业的人员有 150 万，每年接待 4 000 万游客，意大利酒店业以 290 亿欧元的年度营业额名列欧洲第一，世界第三。

四、中意关系

1970 年 11 月 6 日中意两国正式建交。建交以来，双边关系发展顺利，高层互访不断。意大利时任总统佩尔蒂尼、卡尔法罗、时任总理阿马托等曾先后在任内访问中国。时任中国国家主席李先念、江泽民，时任总理李鹏、朱镕基等也曾先后应邀访问过意大利。2009 年 7 月，时任中国国家主席胡锦涛对意大利进行国事访问，就加强中意务实合作提三点建议。2010 年 10 月，时任中国总理温家宝对意大利进行正式访问，中意双方发表了加强经济合作的三年行动计划。同年 10 月，时任意大利总统纳波利塔诺总统对中国进行国事访问。2011 年 6 月，时任中国国家副主席习近平出席"意大利统一 150 周年"庆典活动并对意大利进行正式访问。2012 年 3 月，时任意大利总理蒙蒂对中国进行正式访问。

近年来，两国政治互信稳固，经贸、科技、文化、教育等领域合作取得务实成果，在联合国等国际组织中保持良好磋商与合作。2010 年中意两国贸易额为 452 亿美元，中国是意大利在亚洲的第一大贸易伙伴。

● 第六节　西班牙

一、基本概况

（一）自然地理概况

西班牙面积约 50 万平方千米。西班牙位于欧洲西南部伊比利亚半岛，西邻葡萄牙，东北与法国、安道尔接壤，北临比斯开湾，东面和东南面濒临地中海，海岸线长约 7 800 千米。境内多山，是欧洲高山国家之一。全国 35% 的地区海拔在 1 000 米以上，平原仅占国土面积的 11%。中部高原属大陆性气候，北部和西北部沿海属海洋性温带气候，南部和东南部属地中海型亚热带气候。

马德里时间比格林尼治时间早 1 个小时，比北京时间晚 7 个小时。

（二）基本国情

1. 首都、国旗、国花

首都：首都马德里，是全国最大的城市，也是西班牙政治、经济、金融、交通和文化中心。马德里自治区是西班牙 17 个自治区中的第一大区，位于伊比利亚半岛的中部，交通网络发达，战略位置十分重要。马德里自治区是西班牙运输、物流、研发、消费和高新技术产业的中心。国内生产总值（GDP）占全国的 17%。马德里自治区也是南欧地区的旅游、文化中心，历史文化遗迹丰富，现代旅游设施齐全，服务业发达。

国旗：国旗是长方形，长宽之比为 3∶2。旗面自上而下由红黄红三个平行长方形组成。中间黄色部分占旗面的二分之一，左侧绘有国徽。红、黄两色是西班牙人民深爱的传统色彩，象征着人民对祖国的一片赤胆忠心。

国花：国花是石榴花。在西班牙，不管是高原山地，或是海滨城市，还是乡村的房前屋后，到处都栽有石榴花。西班牙人把这火红的石榴花看作富贵吉祥的象征，甚至在西班牙的国徽上，也绘有红色的石榴花图案。

2. 历史

公元前 9 世纪凯尔特人从中欧迁入。从公元前 8 世纪起，伊比利亚半岛先后遭外族入侵，长期受罗马人、西哥特人和摩尔人的统治。西班牙人为反对外族侵略进行了长期斗争，1492 年取得"光复运动"的胜利，建立了欧洲最早的统一中央王权国家。1492 年 10 月，哥伦布发现西印度群岛。此后，西班牙逐渐成为海上强国，在欧州、美州、非州、亚州均有殖民地。1873 年，西班牙爆发资产阶级革命，建立第一共和国。1936 年 7 月佛朗哥发动叛乱，经三年内战，于 1939 年 4 月夺取政权，实行独裁统治达 36 年之久。1947 年 7 月佛朗哥宣布西班牙为君主国，自任终身国家元首。1966 年 7 月佛朗哥立末代国王阿方索十三世之孙胡安·卡洛斯为承继人。1975 年 11 月佛朗哥病死，胡安·卡洛斯一世登基，恢复君主制。1976 年 7 月，国王任命原国民运动秘书长阿·苏亚雷斯为首相，开始向西方议会民主政治过渡。

3. 文化

西班牙最早的文学作品，是 10 世纪时出现的史诗。其中流传至今比较完整的《熙德之歌》，约写定于 1140 年。到 16 世纪，西班牙成为称霸于欧、美两大洲的强大王国。在王权鼓励下，国内资本主义工商业一度得到繁荣发展，同时在文化上也开始向文艺复兴时代过渡，出现了一批著名的文学巨匠，塞万提斯的长篇小说《堂吉诃德》为世界文学宝库增添了一块瑰宝，洛佩·德·维加被誉为"西班牙戏剧之父"，代表作是戏剧《羊泉村》。

西班牙的音乐与演奏水平在世界上享有盛誉。著名的有作曲家与小提琴家萨拉萨蒂，他的代表作小提琴独奏曲《流浪者之歌》被誉为"小提琴名曲中之名曲"。作曲家与钢琴家阿尔贝尼斯的代表作是钢琴组曲《伊比利亚》《西班牙》。作曲家罗德里戈的代表作是吉他协奏曲《阿兰胡埃斯》，该协奏曲被誉为吉他音乐史上里程碑式的不朽名作。

西班牙还是古典吉他音乐的发祥地，吉他演奏家及作曲家索尔被誉为"吉他界的贝多芬"，他的代表作是吉他曲《莫扎特"魔笛"主题变奏曲》《月光》。

西班牙美术家在世界美术史上占有重要的地位，著名的有毕加索、米罗和达利。

（三）经济

西班牙是中等发达的资本主义工业国。20 世纪 80 年代初，西班牙开始实行紧缩、调整、改革政策，采取了一系列经济自由化措施，1986 年加入欧共体。随后，西班牙以此为契机，经济发展出现高潮。1998 年 5 月西班牙加入欧元区后，经济持续快速增长，年增幅高于欧盟国家平均水平。但近年来，受国际金融危机影响，西班牙经济急速下滑，社会发展面临严峻挑战。

西班牙主要工业部门有食品、汽车、冶金、化工、能源、石油化工、电力等部门。纺织、服装和制鞋业是西班牙的重要传统产业。汽车工业是西班牙支柱产业之一，生产量居世界第八。西班牙葡萄酒产量居世界第三，橄榄油产量居世界第一。

服务业是西班牙国民经济的一个重要支柱，包括文教、卫生、商业、旅游、科研、社会保险、运输业、金融业等，其中尤以旅游和金融业较为发达。2007 年西班牙服务业产值占国内生产总值的 60.4%。

（四）政治

西班牙宪法规定西班牙是社会与民主的法治国家，实行议会君主制，王位由胡安·卡洛斯一世的直系后代世袭。国王为国家元首和武装部队最高统帅，代表国家。政府负责治理国家并向议会报告工作。宪法承认并保证各民族地区的自治权。

议会由参议院和众议院组成，行使立法权，审批财政预算，监督政府工作。政府负责治理国家并向议会报告工作。立法权以众议院为主，参议院为地区代表院。议员由普选产生，任期四年。司法领导机构是司法总委员会，由 20 名成员组成，最高法院院长兼任主席。司法机构分司法法院和行政法院两大系统。最高检察机构是国家总检察院，下辖各级检察院及派驻各司法部门的检察官。西班牙西实行多党制。

二、人文习俗

1. 人口、民族、语言与宗教

西班牙人口约 4 702 万（2010 年），其中卡斯蒂利亚人（即西班牙人）占人口总数的 70%以上，少数民族有加泰罗尼亚人、加里西亚人和巴斯克人。官方语言和全国通用语言为西班牙语。96%的西班牙居民信奉天主教。

2. 民间节庆

元旦：1 月 1 日。在西班牙，当元旦前夜 12 点的钟声刚开始敲第一声时，人们便争着吃葡萄，如果能按钟声吃下 12 颗，便象征着新年的每个月都平安如意。元旦这天，西班牙家长特别"仁慈"，他们会满足孩子的一切要求，因为按照当地风俗，孩子们骂人、打架和哭啼都是不祥之兆。同时，大多数西班牙人身上会携一枚金币或铜币以示吉祥。

三王节：1 月 6 日。三王节也称儿童节，是传说中"东方三王"向圣婴耶稣献礼的日子。西班牙的孩子们被告知，给他们带来礼物的是三位国王，而不是圣诞老人。

奔牛节：7月7日至14日。奔牛节是为纪念潘普洛纳的保护神——圣佛明而举行的庆典，最著名的活动是人们在狭窄的街道上与斗牛一起狂奔。虽然每年都会有人受伤甚至死亡，但当地人和游客仍乐此不疲。

保护神节：7月25日。该节也称圣地亚哥节。据传说，耶稣的12个弟子之一——圣徒圣地亚哥来到西班牙西北部加利西亚地区进行传教活动，为西班牙宗教的传播和发展做出了重要贡献。他死后葬在今天的圣地亚哥，被尊为西班牙守护神，他的逝世日定为守护神节。

圣诞节：12月25日。这一天，西班牙的儿童会放鞋子在门外或窗外，接收圣诞礼物。在许多城市里有礼物给最美丽的子女。牛在那天也能得到很好的待遇。据说在耶稣诞生时，曾有一头牛向他吐气来使他得到温暖。

3. 服饰

在漫长的岁月里，西班牙各民族和地区形成了独具特色的传统服装，但是随着时代的发展，现在已经没有人穿了，只能在一些传统节日、庆祝活动、舞蹈、戏剧或一些旅游点的传统节目表演中看到这些服装了。受各种不同文化和气候及地理条件的影响，各地的传统服装也千差万别，多彩多姿。从风格上讲，北方地区比较朴素，色调以灰黑白为主，而南方则艳丽夸张，热情奔放。

现代西班牙人穿着比较随意，特别是在休闲场所，穿着以舒适为主，但在会谈等正式场合要求穿西装，特别隆重的场合要求穿礼服（如燕尾服等）。参加外事活动时男士穿西装，内穿白衬衫，打领带，穿黑色皮鞋；女士穿职业套装（或套裙），尽量避免下身穿裤子，而是穿裙子。他们去剧院看演出或去赌场，也一定要穿正装。绝对避免穿便装，如牛仔裤等。

4. 饮食

西班牙人的主食以面食为主，也吃米饭，喜食酸辣味的食品，一般不吃过分油腻和咸味太重的菜。他们的早餐习惯吃酸牛奶、水果，午餐和晚餐通常要喝啤酒、葡萄酒或白兰地酒，饭后则喝咖啡及吃水果。西班牙菜肴具有独特的风味，融合了地中海和东方烹饪的精华：有浓郁的橄榄油味和喷香的蒜茸味。他们喜欢中国的川菜、粤菜，喜爱喝中国绿茶。

5. 礼仪与民俗禁忌

西班牙人非常健谈，他们乐于谈天闲聊，无论是斗牛、政治或是文艺及生活琐事，都是他们的好话题。西班牙人在官方场合与客人见面时，惯行握手礼。亲朋好友相见，通常情况下，男人要相互抱一抱肩膀，女人要轻轻搂一搂并亲吻双颊。他们宴请与约会应提前用电话通知，只有观看斗牛赛才必须准时到达。与西班牙人初次见面，不宜送礼物，但赴家宴须向主人送礼。常送的礼品有酒、巧克力、工艺品等，一般不宜送鲜花，不要送太个人化的物品，如衣服、化妆品、香水。他们最爱石榴花，视其为富贵和吉祥的象征，并尊其为国花。他们偏爱红色、黄色，也喜欢黑色。他们认为红色象征吉祥、热烈，黄色象征高贵、明朗，黑色象征庄严。西班牙人最忌讳"13"和"星期五"。认为这些数字及日期都是很不吉利的，遇其将会有厄运或灾难临头。他们不愿谈论宗教、家庭及个人工作等问题，更不愿听到有人说斗牛活动的坏话。在西班牙，女人上街若不戴耳环，简直就像一个正常的人没有穿衣服一样。

三、旅游业概况

（一）主要旅游城市与著名景点

马德里：西班牙首都马德里是欧洲著名古城，这里风光秀丽，阳光灿烂，空气清新，1992 年被评为"欧洲文化名城"。马德里名胜古迹遍布全城，有 1 000 多个凯旋门，3 000 多个广场，50 座博物馆。三个主要广场——太阳门广场、中心广场和西班牙广场之间的三角地带就是马德里的市中心。太阳门广场是马德里的中央广场，在广场中间的花坛，竖立着一只攀依在莓树上粗壮雄健的棕熊雕塑，这是马德里的城微。从太阳门通向四面八方的大街上可以看到许多古代和中世纪的宫殿、教堂、雕塑，这些建筑和艺术作品有哥特式的、阿拉伯式的，还有许多形式汇集于一体的。西班牙广场上有西班牙著名的塞万提斯纪念碑，纪念碑的一面是西班牙开国女王伊莎贝尔像以及象征平静的地中海和汹涌的大西洋的两个水池，另一面是享誉世界的堂吉诃德和桑丘主仆铜像。"中心广场"是 16 世纪、17 世纪文艺复兴式的建筑。

马德里西部的"东方之宫"是西班牙古代王宫，是现存的世界上最完整、最精美的宫殿之一。"东方之宫"于 1764 年由意大利名师设计，外形具有典型的法国风格，雄伟壮观，内部装饰却是地道的意大利情调，豪华绝论。它是西班牙旅游业的一颗明珠，宫殿内宽大华丽的厅堂，陈设精美，使来访者叹为观止。壁毯展馆内珍藏着世界上最罕见的、最有价值的大型壁毯。

巴塞罗那：巴塞罗那位于西班牙东北部地中海岸，是西班牙的第二大城市，有"伊比利亚半岛的明玫瑰珠"之称。海滩平坦宽阔，气候宜人。在老区有古罗马城墙和 6 世纪的宫殿遗迹。哥特式天主教堂矗立在老城中央，内有巴塞罗那守护神圣欧拉利亚的地下墓室，里面安放着白大理石棺。在港口有一艘哥伦布发现新大陆时的帆船复制品，广场上的哥伦布纪念碑俯临港口。巴塞罗那是西班牙文化中心，有巴塞罗那大学、利塞奥大剧院和各种博物馆（毕加索博物馆、现代艺术馆、酒类博物馆、西班牙村）20 余处。每年 4 月份的玫瑰花展览和斗牛及最大的国际贸易展览十分吸引游客。

塞维利亚：塞维利亚位于西班牙西南部，是一座有两千多年历史的著名文化古城。优美的吉普赛音乐、弗拉门科舞和斗牛著称全欧。金子塔是 12 边形，有 30 米高弧形塔顶，建于 1220 年，为阿拉伯风格的堡垒形建筑。这里曾是贮存黄金的金库，当年从拉美回来的船只在这里卸下黄金上缴王室。哥德式塞维利亚大教堂建于 15 世纪，其细长的尖塔、五个教堂中殿和十个侧面小教堂及古围墙，是西班牙最漂亮的教堂，据称仅次于罗马圣彼得和伦敦圣保罗大教堂，在世界基督教教堂中位居第三。

（二）旅游市场

西班牙是世界著名的旅游王国，旅游业是国家重要经济支柱和外汇的主要来源之一。旅游业产值占国内生产总值的 12% 左右，相关行业就业人数占全国就业人数的 16%，入境人数和旅游收入都位于世界前列。全国共有近一万家旅行社，共有各种旅馆 14 228 家，床位约 130 万张。

1. 入境旅游

根据世界旅游组织统计，2010 年西班牙旅游外汇收入 525 亿美元，位居世界第二，仅次于美国；接待入境旅游人数 5 270 万，位居世界第四，仅次于法国、美国和中国。西班牙《五日报》2013 年 1 月报道，2012 年西班牙入境旅游人数为 5 789 万人，同比增长 2.9%，创 2008 年以来新高。入境旅游收入 557.77 亿欧元，同比增长 5.9%。其中来自英国的入境游客数量最多，达到 1 370 万，其次分别为德国（934 万）、法国（894 万）、北欧国家（414 万）和意大利（360 万）。西班牙之所以成为世界旅游强国，一方面其有得天独厚的气候条件和吸引游客的旅游资源，地处近距离的周边客源市场；另一方面，其在旅游管理、宣传促销、环境保护、产品开发、法制建设等方面，走出了一条符合本国国情的旅游发展的路子。

第一，重点打造海滨休闲度假产品，创品牌效应。发展海滨旅游，主打阳光、海水、沙滩的旅游产品，是西班牙的旅游优势，也是其发展旅游的一大显著特点。西班牙大规模发展海滨旅游是在 20 世纪五六十年代，最负盛名的海滨旅游地是沿地中海岸长达 300 千米海岸线的阳光海岸。现代化的基础设施使阳光海岸成为西班牙乃至世界的海滨旅游目的地。

第二，积极发展文化旅游，旅游产品多样化。西班牙有九个人类遗产城市群，在世界上享有重要的地位。这些城市中不仅有保护完好的自然景观，更有许多名胜古迹和富有浓郁地方色彩的建筑，以及风格各异的生活方式。西班牙的城市风格充分体现了西班牙文化的多元化特点，这些拥有丰富的历史和艺术财富的城市吸引着众多的旅游者前往观光。

第三，重视旅游宣传推广，强调整体促销和联合促销。西班牙政府非常重视旅游宣传推广，设有专门的旅游宣传促销机构，即西班牙旅游促进会，其在国外设有 31 个驻外旅游办事处。从 20 世纪 80 年代以来，西班牙的宣传推广分为四个阶段。第一阶段是 1982—1989 年，口号为"西班牙，一切都在阳光之下"；第二阶段是 1989—1995 年，口号为"西班牙——生活激情（对生命的热爱）"；第三阶段是 1995—1999 年，口号为"西班牙真棒"；第四阶段是 1999—2004 年，口号为"西班牙品牌"，这是西班牙整体形象的宣传口号。

第四，实施旅游质量计划，提高旅游业的竞争力。为了应对竞争和以质量替代价格竞争，西班牙于 1992 年启动了"旅游业全面质量管理计划"。政府推出的旅游质量认证标准与 ISO9000 相比，更加具体、细化，操作性更强。质量标准不仅规定企业和从业人员应该做什么，而且还告诉企业和从业人员应该怎么做；不仅涵盖技术性操作程序，而且还包括企业的组织结构如何设置等。

第五，保护环境，西班牙坚持旅游业的可持续发展。西班牙坚持开发就是保护的理念。西班牙国内古城堡分布广、数量多。为了保护城堡，政府按原貌修复。西班牙政府还以国有方式购买古城堡，将古城堡改建为饭店。为此，西班牙还专门成立古建筑饭店管理公司进行管理，该公司隶属经济部，城堡饭店的产权归国家所有。通过古城堡饭店赚来的钱又去收购更多的古城堡，这不仅保护了文化古迹，又获取了经济效益，用赚得的钱去再开发新产品，如发展航海旅游、置业旅游，以其作为旅游业新的增长点。西班牙的海滨城市充分利用其优良的海域、港口及其资源，大力发展航海旅游、置业旅游，产生了很好的经济效应。

2. 出境旅游

西班牙出境旅游市场较小，但是近年来，随着西班牙经济的发展，每年出国旅游人数的增长值都在 10% 以上。西班牙人出境旅游的主要目的地为欧共体国家，约占 83%~85%，去得最多的国家依次是法国、葡萄牙、意大利、奥地利，其次是美洲国家（约占 4%）和远东国家（约占 4%），其余游客则到中东、地中海和非洲。

近年来中国作为旅游目的地在西班牙的知名度越来越大，来华旅游人数呈现稳步上升的态势，我国接待西班牙旅游人数在东亚和南亚地区排名也逐步提前，但是占西班牙出境旅游总人数的比例依然不高。随着西班牙政府投资中小企业以进军中国市场政策的出台，商务旅游将有大幅增加。在交通方面，西班牙两家国家航空公司首航中国，特别是西班牙欧洲航空公司自 2004 年年底与马德里办事处联手持续对首航的促销宣传，在西班牙掀起了中国旅游热。在宣传方面，最近西班牙媒体对中国的正面报道不断增加，西班牙国家 2 台在中国国家旅游局的支持下拍摄了长达 1 小时的中国旅游风光片，该片在黄金时段播出，此外还在西班牙国际台上播放，产生了积极的效果。在旅行经销商方面，据马德里办事处进行的市场调查显示，目前多家大旅游批发商增加了对中国目的地的销售。此外，西班牙主要的旅游零售商销售中国旅游线路的热情也很高涨。西班牙最大的两个旅游零售商集团在全国 1 000 多个销售网点销售中国产品。

四、中国与西班牙关系

1973 年 3 月 9 日，时任西班牙与中国建交。建交后两国在政治、经贸、科技和文化等领域的交往与合作不断扩大，双方领导人保持经常性往来。

2005 年 7 月，时任西班牙首相萨帕特罗对中国进行正式访问。2005 年 11 月，时任中国国家主席胡锦涛对西班牙进行国事访问，两国宣布建立全面战略伙伴关系。2006 年 7 月，西班牙王储费利佩对中国进行正式访问。2007 年 6 月，时任西班牙国王卡洛斯一世对中国进行国事访问。2009 年 1 月，时任中国总理温家宝对西班牙进行正式访问，双方发表进一步深化两国全面战略伙伴关系的联合声明。

在经贸领域，西班牙是中国在南欧最重要的贸易伙伴之一，在欧盟内的第七大贸易伙伴，中国是西班牙在欧盟外的第一大贸易伙伴。2011 年双边贸易额达 273 亿美元。

 思考题

1. 俄罗斯、英国、法国、德国、西班牙、意大利民俗风情有何异同？
2. 分析法国旅游市场和德国旅游市场发展概况。
3. 中国应该如何拓展欧洲旅华市场？

实训题

1. 客源国风采展示

培养目标：培养学生对客源国民风民情的理解和掌握，训练学生应用知识的能力和表现能力。

采取方式：学生分小组，自制课件，并分角色扮演，展示欧洲主要客源国的民俗风情。老师从展示的正确性、清楚性、生动性、灵活性等方面进行考核。

2. 接待各国朋友

培养目标：培养学生对客源国民风民情的理解和掌握，考查学生对接待礼仪的掌握，锻炼学生的表现能力和创新能力。

采取方式：学生分小组，进行角色扮演，分别扮演中国导游和外国朋友。老师根据学生表现出的接待礼仪是否规范，对社交礼仪、生活禁忌是否熟悉了解，进行考评。

3. 设计客源市场开发方案

培养目标：培养学生对旅游资源类产品的创意能力、市场推广能力、广告文案撰写能力、纪念门票设计能力等。

采取方式：以小组合作形式，考察欧洲某一客源国的景观特色，再将其进行品牌设计塑造，以文案形式创作，融入文字与艺术包装，最后在校园媒体发布，投放学生市场，并检验其成果。

第六章 北美洲地区主要客源国

学习目标

1. 了解北美洲地区我国主要客源国的基本国情概况
2. 掌握北美洲地区主要客源国的民俗禁忌
3. 掌握北美洲地区中美国、加拿大成为我国主要客源国的主要原因

重点和难点

1. 美国的礼仪和民俗禁忌
2. 加拿大的礼仪和民俗禁忌

本章内容

1. 美国
基本概况 人文习俗 旅游业概况 中美关系
2. 加拿大
基本概况 人文习俗 旅游业概况 中加关系

●第一节　美国

一、基本概况

(一) 自然地理概况

美国全称"美利坚合众国"(United States of America)，位于北美洲中部，领土还包括北美洲西北部的阿拉斯加和太平洋中部的夏威夷群岛。其本土北与加拿大接壤，西南与墨西哥为邻，东南靠墨西哥湾，西临太平洋，东濒大西洋，面积为962.9万平方千米（其中陆地面积为915.896万平方千米），位居世界第四，仅次于俄罗斯、加拿大、中华人民共和国。本土东西长4 500千米，南北宽2 700千米，海岸线长22 680千米。

美国本土的地势与北美大陆一致，两侧高，中间低。地形大体分为三个地形区。东部为阿巴拉契亚山脉和大西洋沿岸低地，阿巴拉契亚山脉长约3 000千米。西部属科迪勒拉山系，纵贯北美洲西部，在美国境内包括落基山脉、海岸山脉、内华达山脉、喀斯喀特岭以及一系列山间高原、盆地和谷地。山系宽800~1 600千米，海拔一般为2 000~3 000米。落基山脉北起加拿大，向南伸延到墨西哥境内，是北美最大的分水岭，美国所有的大河均发源于此；内华达山脉的最高峰惠特尼山海拔4 418米，为本土最高峰；内华达山脉东侧的"死谷"，最低处低于海平面85米，为美国最低点；山脉之间夹着哥伦比亚高原、科罗拉多高原和内陆盆地。中部为大平原，约占美国面积的一半，一般海拔在500米以下。位于阿拉斯加州的麦金利山海拔6 193米，为美国最高峰，也是北美洲的最高峰。

美国本土位于北温带，大部分地区属于大陆性气候。由于美国幅员辽阔，地形复杂，各地气候差异较大。阿拉斯加州位于北纬60°和70°之间，属北极圈内的寒冷气候。北回归线穿过夏威夷州，夏威夷属热带气候。南部属亚热带气候。中北部平原温差很大，芝加哥1月平均气温-3℃，7月平均气温24℃；墨西哥湾沿岸1月平均气温11℃，7月平均气温28℃。西部沿海地区分布有温带海洋性气候和地中海气候。

美国河流湖泊众多。位于落基山以东的河流均注入大西洋，主要有密西西比河、圣劳伦斯河及其支流。其中密西西比河全长6 020千米，居世界第三位。注入太平洋的河流主要有科罗拉多河、哥伦比亚河、育空河等。东北边境的苏必利尔湖、密歇根湖、休伦湖、伊利湖和安大略湖等五大湖为世界最大的淡水湖群，总面积 24.5 万平方千米，素有"北美地中海"之称，其中密歇根湖属美国，其余四湖为美国和加拿大共有。苏必利尔湖为世界最大的淡水湖，面积在世界湖泊中仅次于里海。

美国自然资源丰富，矿产资源总探明储量居世界首位。森林面积约 44 亿亩（1 亩≈666.67 平方米），覆盖率达 33%。

美国主大陆分为四个时区：

太平洋时区：代表城市洛杉矶，比格林尼治时间晚 8 个小时，比北京晚 16 小时。

山地时区：代表城市盐湖城，比格林尼治时间晚 7 个小时，比北京晚 15 小时。

中部时区：代表城市芝加哥，比格林尼治时间晚 6 个小时，比北京晚 14 小时。

东部时区：代表城市纽约、华盛顿，比格林尼治时间晚 5 个小时，比北京晚 13 小时。

（二）基本国情

1. 首都、国旗、国徽

首都华盛顿（Washington，D. C），全称"华盛顿哥伦比亚特区"，位于美国东北部的波托马克河与阿考娜蒂河汇合处北端。全市最高的建筑物是坐落在詹金斯山上的国会大厦，它与白宫、最高法院的位置形成三角形，以显示美国的立法、司法和行政的三权分立。

国旗呈横长方形，长与宽之比为 19∶10。主体由 13 道红、白相间的宽条组成（7 道红条，6 道白条）。旗面左上角为蓝色长方形，其中分 9 排，横列着 50 颗白色五角星。13 道宽条代表最早发动独立战争并取得胜利的 13 个州，50 颗五角星代表美国现有 50 个州。

国徽主体为一只胸前带有盾形图案的秃鹰。盾面上半部为蓝色横长方形，下半部为红、白相间的竖条，其寓意同国旗。鹰之上的顶冠象征在世界的主权国家中又诞生一个新的独立国家——美利坚合众国；顶冠内有 13 颗白色五角星，代表美国最初的 13 个州。鹰的两爪分别抓着橄榄枝和 13 支箭，象征和平和武力。

2. 简史

美国原为印第安人的聚居地。15 世纪末，西班牙、荷兰、法国、英国等开始向北美移民。英国后来居上，到 1773 年，英国已建立了 13 个殖民地。1775 年爆发了北美人民反对英国殖民者的独立战争。1776 年 7 月 4 日第二次大陆会议在费城召开，"大陆军"形成，乔治·华盛顿任总司令，通过了《独立宣言》，正式宣布建立美利坚合众国。1783 年独立战争结束，1787 年美国制定联邦宪法，1788 年乔治·华盛顿当选为第一任总统，1812 年后美国完全摆脱英国统治。1860 年反对黑奴制度的共和党人亚伯拉罕·林肯当选总统，1862 年 9 月林肯宣布《解放黑奴宣言》后，南部奴隶主发动叛乱，爆发了南北战争。1865 年，战争以北方获胜而结束，从而为资本主义在美国的迅速发展扫清了道路。19 世纪初，随着资本主义的发展，美国开始对外扩张。在 1776 年后的一百年内，美国领土几乎扩张了十倍，第二次世界大战后，美国国力大增。

3. 文化

美国的文化产业非常发达，产值占 GDP 的 20%左右，其总体竞争力位居世界首位。美国文学自其殖民地时期初具雏形，至 2014 已经历了两百多年的发展历程，变得日趋成熟。而作为反映社会发展的历史潮流，预示社会发展方向的一面镜子，美国文学也体现出美国人独特的哲学观、价值观。美国早期的移民多是从英国或者欧洲来到这片新大陆的，他们想摆脱欧洲旧的封建传统，追求自由、民主。而这些要求体现在文学方面，个人主义成为贯穿早期美国文学的一个特色。就此而言，美国文学的发展是承前启后，极具连贯性的。

拓展阅读

美国的绰号叫"山姆大叔"（Uncle Sam）。传说 1812 年英美战争期间，美国纽约特罗伊城商人山姆·威尔逊（1766—1854 年）在供应军队牛肉的桶上写有"u. s"，表示这是美国的财产。这恰与他的昵称"山姆大叔"（"Uncle Sam"）的缩写（"U. S."）相同，于是人们便戏称这些带有"u. s"标记的物资都是"山姆大叔"的。后来，"山姆大叔"就逐渐成了美国的绰号。19 世纪 30 年代，美国的漫画家又将"山姆大叔"画成一个头戴星条高帽、蓄着山羊胡须的白发瘦高老人。1961 年美国国会通过决议，正式承认"山姆大叔"为美国的象征。

（三）经济

美国有高度发达的现代市场经济，其国内生产总值和对外贸易额均居世界首位。2001 年美国经济在经历长达十年的增长后陷入短暂衰退，之后进入新一轮繁荣期。2008 年 9 月，随着雷曼兄弟等多家金融机构接连破产、被兼并或由政府接管，美国次贷危机迅速升级演变成大萧条以来最严重的国际金融危机，创近六十年来最严重衰退纪录。奥巴马政府上台后实施大规模刺激经济计划，2009 年下半年起美国经济金融形势开始好转,国内生产总值恢复增长。2010 年美经济继续复苏,全年 GDP 增长率达 3%,经济总量基本恢复至危机前的水平。2011 年美经济继续保持温和复苏势头,全年经济增长率为 1.8%。

2012 年以来,美经济继续保持温和增长,工业生产、商品零售、居民收入、房地产价格等均有所回升。2012 年国内生产总值为 15. 693 万亿美元(居世界国家和地区第一名),人均国内生产总值为 48 147 美元(居世界国家和地区第七名)。但经济增势总体低于市场预期。此外,美经济还面临去杠杆化仍未完成、投资和消费信心不足、国债上限再次触顶以及欧债危机反复发作、新兴经济体增速放缓等内外问题。

(四) 政治

美国实行总统内阁制。总统是国家元首、政府首脑兼武装部队总司令,总统的行政命令与法律有同等效力。总统通过间接选举产生,任期四年。政府内阁由各部部长和总统指定的其他成员组成。

美国有多个党派,但在国内政治及社会生活中起重大作用的只有共和党和民主党。

美国 1776 年 7 月 4 日制定了宪法性文件《联邦条例》,1787 年 5 月制定了宪法草案,1789 年 3 月第一届国会宣布生效。宪法草案是世界上第一部作为独立、统一国家的成文宪法。宪法的主要内容是建立联邦制的国家,各州拥有较大的自主权,包括立法权;实行三权分立的政治体制,立法、行政、司法三部门鼎立,并相互制约。

国会是最高立法机构,由参、众两院组成。两院议员由各州选民直接选举产生,均可连任,任期不限。参众议员均系专职,不得兼任政府职务。

美国设联邦最高法院、联邦法院、州法院及一些特别法院。联邦最高法院由首席大法官和 8 名大法官组成,终身任职。联邦最高法院有权宣布联邦和各州的任何法律无效。

二、人文习俗

(一) 人口、民族、语言、宗教

美国总人口有 3.1 亿,白人占 80%,其余分别为非洲裔、亚裔等。51.3% 的居民信奉基督教新教,其他居民信奉天主教、犹太教等。由于没有联邦地位的官方语言,部分州将英语定为官方语言,但英语是事实上的官方语言,就整个联邦而言,并没有统一的官方语言。

(二) 重要节庆

新年:1 月 1 日是美国人的新年,最热闹的是在除夕晚上。是夜,人们聚集在教堂、街头或广场，唱诗、祈祷、祝福、忏悔，迎候除旧更新的一刻。午夜十二点整，全国教堂钟声齐鸣，乐队高奏有名的怀旧歌曲 Auld Lang Syne（原文是古苏格兰方言，大意为"逝去已久的日子"）。

圣诞节：12 月 25 日是圣诞节，是纪念耶稣诞辰、美国最大最热闹的节日。

耶稣受难日：复活节前的星期五。这天是一个公众假日，基督徒在这一天纪念耶稣被钉上十字架。

复活节：复活节是基督教纪念耶稣复活的一个宗教节日。每年春分之后的第一次月圆后的第一个星期日就是复活节。如果月圆那天正好是星期日，复活节将延迟一周。复活节的象征有彩蛋和兔子，传统食品主要有羊肉和火腿。

万圣节：万圣节是西方的传统节日，时间为 10 月 21 日。万圣节前夜，孩子们装扮成妖魔鬼怪，手提"杰克灯"，跑到邻居家门前，高声喊着"Trick or Treat"，不给糖果的邻居就会遭到小孩的恶作剧。

感恩节：11 月的最后一个星期四是感恩节，是美国人合家欢聚的节日。当天，人们还要按习俗前往教堂做感恩祈祷。火鸡是感恩节餐桌上的传统主菜。

独立日：独立日即美国的国庆节，日期为 7 月 4 日，以纪念 1776 年 7 月 4 日大陆会议通过《独立宣言》。每逢这一天，全美大大小小的教堂钟声齐鸣，首先敲响的是费城自由钟，各地居民自发地进行庆祝游行。

情人节：2 月 14 日是美国情侣们交换礼物、表示爱意的欢乐节日。

（三）礼仪与民俗禁忌

1. 社交礼仪

在美国，如果要登门拜访，必须先打电话约好；名片一般不送给别人，只是在双方想保持联系时才送；当着美国人的面想抽烟，必须问对方是否介意，不能随心所欲。

2. 宴请礼仪

美国人一般乐于在自己家里宴请客人，而不习惯在餐馆请客。他们不喜欢清蒸和红烩菜肴，不喜欢过烫过热的菜肴；喜欢少盐、偏甜的食物，喜欢喝可口可乐、啤酒、冰水、矿泉水、威士忌、白兰地等。他们不喜欢人在自己的餐碟里剩食物，认为这是不礼貌的；喜爱中国的苏菜、川菜、粤菜。

3. 小费问题

美国人凡搭计程车、到餐厅吃饭、服务生或机场人员代提行李，都须给小费。小费虽然是自由给付的行为，但有一约定俗成的习惯，最好能入乡随俗，以免出丑。一般而言，到餐厅吃饭，付小费约为餐费的 10%～15%。

4. 禁忌礼仪

美国人喜爱白色，认为白色是纯洁的象征；偏爱黄色，认为黄色是和谐的象征；喜欢蓝色和红色，认为它们是吉祥如意的象征。他们喜欢白猫，认为白猫可以给人带来运气。

美国人对握手时目视其他地方很反感，认为这是傲慢和不礼貌的表示。他们忌讳向妇女赠送香水、衣物和化妆用品。美国妇女因有化妆的习惯，所以他们不欢迎服务人员送香巾擦脸。

在美国千万不要把黑人称作"Negro"，最好用"Black"一词，黑人对这个称呼会坦然接受。跟白人交谈如此，跟黑人交谈更要如此；否则，黑人会感到你对他的蔑视。

美国人忌讳别人冲他伸舌头，认为这种举止是侮辱人的动作。他们讨厌蝙蝠，认为它是吸血鬼和凶神的象征；忌讳数字"13""星期五"等；忌讳问个人收入和财产情况；忌讳问妇女婚否、年龄以及服饰价格等私事；忌讳黑色，认为黑色是肃穆的象征，是丧葬用的色彩；特别忌讳赠送带有公司标志的便宜礼物，因为这有做广告的嫌疑。

三、旅游业概况

（一）主要旅游城市及著名景点

1. 主要城市

华盛顿（Washington，D. C）：华盛顿是美国首都，全称"华盛顿哥伦比亚特区"，是为纪念美国开国元勋乔治·华盛顿和发现美洲新大陆的哥伦布而命名的。华盛顿也是美国的文化中心之一。创建于1800年的国会图书馆是驰名世界的文化设施，华盛顿歌剧院、国家交响乐团、肯尼迪艺术中心等都是美国著名的文化机构。此外，华盛顿还有美国国家艺术博物馆、自然历史博物馆、宇航博物馆等许多著名博物馆。

纽约（New York）：纽约位于纽约州东南哈德孙河口，濒临大西洋。它是美国第一大都市和第一大商港，不仅是美国的金融中心，也是全世界金融中心之一。纽约还是联合国总部所在地，总部大厦坐落在曼哈顿岛东河河畔。

旧金山（San Francisco）：旧金山是美国西部最早开发的大都市，是早期华人集居的地方，因此亦称为"大埠"。它是美国太平洋岸的大商港，也是美国西部的金融中心，旧金山弥漫着浪漫的艺术气氛，它是各种稀奇古怪文化滋生的地方，如20世纪60年代的"嬉皮"和近年来的"同性恋"都是旧金山的产物。

夏威夷（Hawaii）：夏威夷位于北太平洋上的夏威夷群岛，首府位于欧胡岛上的檀香山。夏威夷属于海岛型气候，终年有季风调节，每年温度在20℃～31℃。整个夏威夷群岛均是火山爆发而形成的大大小小岛屿，蔚蓝的海岸、干爽宜人的气候、洁净的沙滩、丰富的水上活动、到处林立的高级度假饭店，当地人民、音乐及舞蹈中，自然而然散发出的悠闲、浪漫情怀。

2. 著名景点

美国著名景点众多，其中主要的自然景观有黄石国家公园、科罗拉多大峡谷、尼亚加拉瀑布、大沼泽地国家公园、夏威夷死亡谷国家公园、红杉国家公园、猛犸洞国家公园、麦金利山、老忠实喷泉、迷失之海、渔夫塔、岩石城；主要的人文景观有好莱坞影城、日落大道、国会大厦、白宫、林肯纪念堂、金融中心华尔街、联合国大厦、自由女神像、圣帕特里克大教堂、国际购物街——第五大道、洛克菲勒广场、世贸中心遗址、帝国大厦、费城自由钟、金门大桥、渔人码头、艺术宫、赌城拉斯维加斯。

黄石国家公园，简称黄石公园，是世界第一座国家公园，成立于1872年。公园位于美国中西部怀俄明州的西北角，面积达8 956平方千米。黄石国家公园自然景观分为五大区，即玛默区、罗斯福区、峡谷区、间歇泉区和湖泊区。五个景区各具特色，但有一个共同的特色——地热奇观。

科罗拉多大峡谷位于美国亚利桑那州（Arizona）西北部，科罗拉多高原西南部。科罗拉多大峡谷全长446千米，平均宽度16千米，最深处1 829米，平均深度超过1 500米，总面积2 724平方千米。峡谷内的山石多为红色，从谷底到顶部层次清晰，色调各异，并且富含生物化石。

（二）旅游市场

1. 入境旅游

美国的入境旅游一直居于世界前列。外国游客主要来自加拿大、墨西哥、英国、法国、巴西、日本、中国等国。外国游客参观的主要城市依次为纽约、洛杉矶、旧金山、迈阿密、奥兰多等；主要州依次为纽约、加利福尼亚、佛罗里达、内华达、夏威夷等。

目前，旅游业已成为美国最大服务出口行业。据美国商务部数据显示，2011年美国旅游业接待外国游客6 270多万人次，同比增长4%；旅游业带来的直接产出为8 141亿美元，累计总产值约1.37万亿美元，吸纳了750.5万就业人口。2012年1月，美国总统奥巴马签署了促进旅游业发展的行政命令，并责令商务部长和内政部长牵头成立工作组，就促进旅游业制定战略规划。美国国务院宣布将简化部分赴美签证申请人办理签证的手续，并为符合条件的首次申请人提供免面签的待遇。美国2012年接待外国游客6 648万人次，居世界第二位，旅游外汇收入 1 681 亿美元，居世界第一位。

2. 出境旅游

（1）美国出境旅游市场发展现状

美国是世界上最重要的客源输出国之一，2011 年世界入境旅游接待人数为 6 230 万人次，旅游外汇收入 1 163 亿美元，位居世界第一位。出境旅游消费（国际支出）791 亿美元，是第二大出境旅游消费国。每年约有三分之二的人选择去相邻国家旅游，其中出境游客总数的三分之一去加拿大，三分之一去墨西哥，除此两国外，美国人出游欧洲人数居首位，其次是加勒比海地区和远东地区。美国旅游者到访较多的亚太国家和地区中日本居首位，其次是中国香港、韩国、菲律宾、中国台湾、新加坡、泰国、澳大利亚、印度、印度尼西亚、新西兰、中国澳门、马来西亚、关岛、巴基斯坦和尼泊尔。

（2）美国旅华市场现状

多年以来，美国一直是世界上许多旅游目的地的主要客源市场。在过去的三十年里，中国一直将美国视为最重要的国际游客客源市场之一。2011 年有超过 200 万人次美国游客到中国旅游。如今，美国已是中国旅游第三大国际市场客源国。

四、中美关系

中美关系或美中关系指中华人民共和国与美利坚合众国之间的国家关系。一些媒体将中美关系称为 21 世纪最重要的双边关系。2011 年的《中美联合声明》确认中美双方将共同努力，建设互相尊重、互利共赢的中美合作伙伴关系。这是中美双方对中美关系的最新的定位和表述。

两国关系的复杂之处主要在于两国由于历史、文化等原因对彼此的不同看法。总体讲，合作多于冲突，共同利益远大于彼此分歧。中美关系已成为当今世界最重要、最富活力的双边关系之一。这体现在以下几个方面：

一是中美两国的利益联系日益紧密。中美互为第二大贸易伙伴，双边贸易额达 4 466 亿美元，是两国建交时的 182 倍。

二是中美高层往来和对话磋商频繁、深入。双方新建了中美战略与经济对话、人文交流高层磋商、战略安全对话、亚太事务磋商、中东事务磋商、省州长论坛等多个重要对话机制。

三是中美在国际和地区问题上保持着密切沟通与合作。两国加强宏观经济政策对话，在应对国际金融危机中进行建设性合作，为推动世界经济复苏和增长做出重要贡献。

● 第二节　加拿大

一、基本概况

（一）自然地理概况

加拿大（Canada）国土面积为998.467万平方千米，居世界第二位，其中陆地面积909.3507万平方千米，约占91%，淡水覆盖面积89.1163万平方千米，占8.9%。加拿大位于北美洲北部，东临大西洋，西濒太平洋，南接美国本土，北靠北冰洋，西北与美国的阿拉斯加州接壤，东北隔巴芬湾与格陵兰岛相望。大陆和沿海岛屿海岸线长约24.4万千米，是世界上海岸线最长的国家。

加拿大地势东西高，中间低。东部和东南部为拉布拉多高原及山地与丘陵区，平均海拔500~600米，最高处约1800米。中部和中西部为劳伦琴低地，约占全国面积的一半，环绕哈得孙湾分布，河湖密布。西部为科迪勒拉山系，是加拿大最高的地区，许多山峰在海拔4000米以上，包括落基山脉、海岸山脉、喀斯喀特岭及山间高原。最高山洛根峰，位于西部的落基山脉，海拔5951米。

加拿大位于北半球的高纬度地带，气候严寒，大部分地区属大陆性温带针叶林气候。北部为寒带苔原气候，一年仅两三个月温度在0℃以上。北极群岛，终年严寒，北极地区的温度每年只有几个月在0℃以上。加拿大冬季比较漫长，1月份全国三分之二的地区的平均气温在-18℃左右。春秋季节很短。南部气候温和，四季分明。西海岸由于受太平洋暖湿气流的影响，夏季凉爽干燥，冬季温和潮湿。但由于科迪勒拉山系的遮挡，东部气温稍低。秋季是加拿大最漂亮的季节，每到秋季，满山遍野的枫叶或呈橘黄，或显嫣红，宛如一堆堆燃烧的篝火，因此加拿大也有了"枫叶之国"的美誉。

境内水系发达，主要河、湖有马更些河、圣劳伦斯河、纳尔逊河以及与美国共有的五大淡水湖群等。

加拿大共分六个时区，其中东部时区（西五区，如渥太华）比格林尼治时间晚3个小时，比北京晚11小时。

（二）基本国情

1. 首都、国旗、国徽

首都是渥太华（Ottawa），地处安大略省。首都地区（包括安大略省的渥太华市、魁北克省的赫尔市和其周围城镇）人口有112.889万，面积是4662平方千米。

国旗呈横长方形，长与宽之比为2∶1。旗面中间为白色正方形，内有一片11

个角的红色枫树叶；两侧为两个相等的红色竖长方形。白色正方形代表加拿大辽阔的国土；两个红色竖长方形分别代表太平洋和大西洋；红枫叶代表全体加拿大人民，枫树是该国的国树，枫叶是加拿大民族的象征。

国徽图案中间为盾形，盾面下部为一枝三片枫叶；上部的四组图案分别为：三头金色的狮子，一头直立的红狮，一把竖琴和三朵百合花，分别象征加拿大在历史上与英格兰、苏格兰、爱尔兰和法国之间的联系。盾徽之上有一头狮子举着一片红枫叶，这既是加拿大民族的象征，也表示对第一次世界大战期间加拿大的牺牲者的悼念。狮子之上为一顶金色的王冠，象征英女王是加拿大的国家元首。盾形左侧的狮子举着一面联合王国的国旗，右侧的独角兽举着一面原法国的百合花旗。底端的绶带上用拉丁文写着"从海洋到海洋"，表示加拿大的地理位置——西濒太平洋，东临大西洋。

2. 简史

加拿大原为印第安人和因纽特人的居住地，16世纪沦为法、英殖民地。1867年，英将加拿大省、新布伦瑞克省和诺瓦斯科舍省合并为联邦，成为英国最早的自治领。此后，其他省也陆续加入联邦。1926年，英国承认加拿大的"平等地位"，加拿大始获外交独立权。1931年，加拿大成为英联邦成员国，其议会也获得了同英议会平等的立法权，但仍无修宪权。1982年，英国女王签署《加拿大宪法法案》，加拿大议会获得立宪、修宪的全部权力。

3. 文化

土著人文化是唯一真正属于加拿大自己的本土文化，因为加拿大人其他的文化都是由来自世界各地的移民引进的。加拿大最早期的移民是从17世纪开始向加拿大迁移的，他们给加拿大带来了他们的着装风格、饮食爱好和风俗习惯。20世纪初，加拿大向世界各地敞开了移民的大门，并于1988年通过了《多种文化法案》，从而使加拿大的多元文化得到了正式承认。

（三）经济

随着2009年经济的逐渐复苏，2010年加拿大实现了经济的稳定增长，为未来经济的发展奠定了更加稳固的基础，这主要体现在商业投资的增加、贸易数额的扩大、失业率的降低等。这些利好形势刺激了消费的增长，提升了商业投资市场的信心。2010年，加拿大各省和地区的出口额均实现了增长，贸易额在经历了前半年的滑落后，在后半年上升了3.1个百分点。就业问题的解决措施初见成效，就业率初步达到经济衰退前的水平。

（四）政治

1. 政体

加拿大采用联邦制、国会制及君主立宪制。国家的首领是加拿大君主，由英国君主兼任。总督由总理提名，并由君主任命。总理由众议院最大政党——执政党的领袖担任。

2. 宪法

1867年，英国国会通过《英属北美法案》，加拿大获得内务自主权，但外交和军事仍由英国控制。1931年《威斯敏斯特法令》将加拿大升格为自治领，拥有外交和军事自主权，但仍归于英王名下。

宪法规定，加实行联邦议会制，尊英王为加国家元首，总督为英女王在加代表，英、法语均为官方语言。宪法的宗旨是和平、秩序和良政。

3. 议会

加拿大议会由参议院和众议院组成，参众两院通过的法案由总督签署后成为法律。总督有权"在总理的请求下"召集和解散议会。

4. 司法机构

加拿大设联邦、省和地方三级法院。联邦法院一般受理财政、海事和有关经济方面的案件。各省设有省高等法院和省法院，主要审理刑事案件及其他与该省有关的重要案件，但也有一些省级法院审理民事案件。地方法院一般审理民事案件。

5. 政党

加拿大现执政党为加拿大保守党，议会正式反对党为加拿大自由党，其他政党还有魁北克集团、新民主党、社会信用党、加拿大党、绿党和加拿大共产党等。

二、人文习俗

（一）人口、民族、语言与宗教

原住民只占人口的2%，其他98%全部是移民和后代。大部分加拿大人是欧裔，尤其是英裔和法裔，其中英裔为61.3%，法裔为25.7%，另外是从亚洲来的移民家庭和后裔。官方语言是英语和法语，其中英语是较广泛使用的语言。使用法语的人的79.3%集中在魁北克，加拿大无国教，人民主要信仰基督教，其中45%是天主教徒，35%是新教徒。

（二）民间节庆

新年：1月1日。这天是公定假日，大多数的商店都关门。

加拿大国庆日：7月1日。这是加拿大的全国性节日，是一个公众假日。

枫糖节：加拿大盛产枫叶，其中以东南部的魁北克省和安大略省的枫叶最多最美。每年 3 月底至 4 月初，人们采集糖枫叶，熬制枫糖浆。生产枫糖的农场被粉饰一新，人们披上节日的盛装，在一起品尝大自然送给他们的甜蜜礼品。

情人节：2 月 14 日。这一天不是公众假日，但几乎是全世界公认的一个特殊日子。

感恩节：感恩节在加国是在 10 月的第二个星期一，而在美国则是在 11 月的第三个星期四。感恩节一般的习俗有烤火鸡、烤番薯和烤番瓜派。加拿大的感恩节源自于英国的丰收纪念日。

加拿大的圣诞节、耶稣受难日、复活节、万圣节等和美国的庆祝情况极为相似，具体内容详见前一节美国节日介绍。

此外，每个省都有自己的省立假日。

（三）服饰

加拿大是一个比较自由奔放的社会，所以它的服饰文化也体现出这一点，每一个年龄层次的特点发挥到了极致。

年轻人的服饰是最夸张的，而中年人则追求服饰的随意、宽松和方便。服饰搭配对于上层人物和政界人物来说就是一种繁琐了，出门的领带一定要和服饰相配，衬衫一定要烫挺，西服的口袋里，露出的白绢造型要工整，发型不能太随便，说话不能张狂，绅士、淑女的形象要维持好。人们拿酒杯的动作要优美，吃东西不能太快，更不能发出声音。人们要顾前后和左右，还要学会使用幽默的语言。人们最好每一次出席派对，都穿不同款式的服装等。

（四）饮食

加拿大由于历史的原因和人种的构成因素，生活习俗及饮食习惯与英、法、美、相仿。其独特之处是他们养成了特别爱吃烤制食品的习惯，这主要是由于地理环境天寒地冻的影响。他们在餐具使用上，一般都习惯用刀叉。他们极喜欢吃家乡风味的烤牛排，尤以半生不熟的嫩牛排为佳。他们习惯饭后喝咖啡和吃水果；讲究菜肴的营养和质量，注重菜肴的鲜和嫩；一般不喜欢太咸，偏爱甜味；主食以米饭为主，副食喜欢吃牛肉、鸡、鸡蛋、沙丁鱼、野味类等，以及西红柿、洋葱、青菜、土豆、黄瓜等新蔬菜；调料爱用番茄酱、盐、黄油等。

此外，加拿大是一个移民国家，拥有丰富多彩的饮食文化。其中，不设烟酒、不吃热食、不排桌席的"三不"饮食文化别有一番情趣。

（五）社交礼仪与民俗禁忌

加拿大人社交习俗总的特点可以用这样几句话来概括：加拿大人很友好，性格坦诚心灵巧；平易近人喜幽默，谈吐风趣爱说笑；枫叶极为受崇敬，视为友谊与国宝；白雪特别受偏爱，生活为伴离不了；白色百合为丧花，"十三""周五"

惹烦恼。

加拿大因纽特人（爱斯基摩人），性格乐观、慷慨大方、友善和气、喜欢说笑。他们异常好客，被喻为是世界上"永不发怒的人"。

1. 礼节礼仪

加拿大人在社交场合与客人相见时，一般都惯行握手礼。亲吻和拥抱礼虽然也是加拿大人的礼节方式，但它仅适合于熟人、亲友和情人之间。

（1）一般礼仪

要记住加拿大是由许多不同族群组成的，尽管其习俗在全国大致相同，但仍有某些差别。按照常情，最好的办法是客随主便。与美国公民相比，加拿大公民较为保守。

（2）称谓与问候

加拿大人见面与分别时握手是合宜的。

（3）约会与准时

在加拿大大多地方都要求遵守时刻。款待与馈赠招待会多在饭店或夜总会举行。如果你在私人家里受到款待，礼貌的做法是给女主人带去鲜花或送去鲜花。不要送白色的百合花，它们是与葬礼联系在一起的。

（4）交谈

在谈话中不要偏袒分裂主义——把加拿大分成讲法语和讲英语的两个国家。加拿大以自己的国家为自豪，反对与美国作言过其实的比较。谈到肯定成绩的事例并对加拿大人及其国家给予好评是最受欢迎的。

2. 信仰忌讳

加拿大人大多数信奉新教和罗马天主教，少数人信奉犹太教和东正教。他们忌讳"13""星期五"，认为"13"是厄运的数字，"星期五"是灾难的象征。他们忌讳白色的百合花，因为它会给人带来死亡的气氛，人们习惯用它来悼念死人。他们不喜欢外来人把他们和美国比较，尤其是拿美国的优越方面与他们相比。加拿大妇女有美容化装的习惯，因此他们不欢迎服务员送擦脸香巾。他们在饮食上，忌吃虾酱、鱼露、腐乳和臭腐等有怪味、腥味的食物；忌食动物内脏和脚爪；也不爱吃辣味菜肴。

三、旅游业概况

（一）主要旅游城市与著名景点

1. 旅游城市

渥太华：渥太华是加拿大的首都和政治文化中心。渥太华的四季气温相差特别大，冬夏两季相差五十多度，在这里你可以看到气势磅礴的国会山庄、神秘的圣约瑟大教堂、野生动物园、加蒂诺公园、总督府、国家美术馆、里多运河等。

温哥华：温哥华位于太平洋边上，由于属暖性海洋性气候，即使冬季的气温也在 0 度以上，是一个气候宜人的移民选择地之一。推荐景点有卡皮拉诺吊桥公园、范度森植物园、英吉利湾、斯坦利公园、温哥华岛、华人社区等。

2. 著名景点

尼亚加拉瀑布：尼亚加拉瀑布位于加拿大安大略省和美国纽约州的尼亚加拉河上，是世界第一大跨国瀑布，也是美洲大陆最著名的奇景之一。瀑布平均流量 5 720 立方米/秒，与伊瓜苏瀑布、维多利亚瀑布并称为世界三大跨国瀑布。

加拿大的千岛湖：千岛湖位于渥太华西南 200 多千米的金斯顿附近。千岛湖的千岛是指圣劳伦斯河与安大略湖相连接的河段，散布着 1 800 多个大小不一的岛屿。最小的只是一块礁石，大的可以达到数平方千米。在千岛湖里对岛的定义很有意思，据说只要可以有两棵树生长的露出水面的土地，就可以被称之为岛，这些岛屿如繁星般遍布在圣劳伦斯河上，宛若童话中的仙境。

锡格纳尔山：锡格纳尔山是加拿大的著名古迹，位于纽芬兰省圣约翰斯港。站在此山可鸟瞰圣约翰斯全景。正午可听到延传一个世纪的午炮轰鸣声。

卡博特之路：卡博特之路位于新斯科舍省，该路长 294 千米。卡博特之路的中心点是布雷顿角高地国家公园。这里海岸岩石高峻削陡，森林密布，苔原、沼泽盖地；溪流纵横，生机盎然；林中飞禽走兽，使人犹如身居原始森林之中。

白求恩故居：白求恩故居在加拿大安大略省的格赫文雷斯特镇。白求恩故居房屋矮小典雅，具有北美洲农村的古老风韵。小楼旁种有苍翠的松柏。1974 年，白求恩故居已建成白求恩纪念馆。纪念馆陈列着白求恩生活战斗的实物和照片，这些照片记载着这位国际共产主义战士不平凡的一生。

（二）旅游市场

1. 入境旅游

加拿大 2009 年接待外国游客 2 469.6 万人次（含一日游和游轮游客）；2011 年接待外国过夜游客 1 597.6 万人次。2011 年接待外国过夜游客人数与本国人口之比为 46：100。加拿大的外国旅游者中，83% 以上是美国旅游者，其次为英国、德国、日本、法国、中国香港的游客。加拿大的外国旅游者中，商务、会议、就业的占 15% 左右，消遣、度假的占 32%。2013 年接待外国游客 3 890.27 万人次，其中接待主要客源市场美国游客 3 550 万人次；美国游客的消费为 63 亿美元。在加拿大旅游入境手续十分简便。欧洲、美洲和大洋洲大多数国家居民去加拿大旅游不需要事先申请入境签证。加拿大还允许外国旅游者驾车入境旅游。

2. 出境旅游

加拿大不仅是世界上重要的旅游接待国，也是世界上重要的客源产出国。2011 年出境游客 3 013.7 万人次，旅游外汇支出 283.2 亿加元。2011 年出境旅游人数与本国人口之比为 88∶100。

据中国驻多伦多旅游办事处统计，2011 年 1 月至 10 月，加拿大旅华人数共计 62.23 万人次，同比增长 10.49%，继续领先于我欧美主要客源市场。从全年情况看，上半年游客增长率明显高于下半年，特别是 1 月至 4 月增幅分别达 31.66%、16.34%、23.21%、15.64%。2011 年全年实现了 8%～10% 的增长，旅华人数达到 75 万人次。加拿大 2012 年旅华人数为 70.83 万人次，是中国第十大客源国。

四、中加关系

1. 双边政治关系回顾

中国和加拿大自 1970 年 10 月 13 日建交以来，两国关系取得长足发展。1973 年 10 月，时任加拿大总理特鲁多访华，这是自两国建交后加总理首次访华。此后，两国高层交往不断增多。

2. 双边经贸关系和经济技术合作

中加两国自 20 世纪 50 年代就有民间贸易活动，正式贸易关系始于 1961 年中加签订的小麦协定。自 1970 年两国建交并于 1973 年签订政府间贸易协定以来，两国经济贸易关系发展顺利，友好合作保持良好发展势头。

 思考与练习

1. 在旅游接待服务中，对美国客人应该注意他们哪些风俗习惯？
2. 在旅游接待服务中，对加拿大客人应该注意他们哪些风俗习惯？
3. 分析美国旅华市场迅速发展的原因。

 案例和实训

拓展阅读

美国联邦储备局（FED）

联邦储备系统（Federal Reserve System），是美国的中央银行体系，由美国国会通过 1913 年的《联邦储备法案》而创设，以避免再度发生类似 1907 年的银行危机。该系统包括联邦储备系统理事会、联邦公开市场委员会、联邦储备银行、约三千家会员银行及三个咨询委员会。美国联邦储备系统是以私有形式组织的行使公共目的的政府机构。美国政府虽不拥有美联储的股份，但美联储94%的利润（2009年总利润为450亿美元）转交给美国财政部，剩余6%用于给会员银行发放股息。

联邦储备委员会：联邦储备系统的核心机构是联邦储备委员会（Federal Reserve Board，简称美联储；它的全称叫 The Board of Governors of The Federal Reserve System，即联邦储备系统管理委员会，也可以称之为联邦储备系统理事会），其办公地点位于美国华盛顿特区。该委员会由七名成员组成（其中主席和副主席各一名，委员五名），须由美国总统提名，经美国国会上院之参议院批准方可上任，任期为十四年（主席和副主席任期为四年，可连任）。美国联邦储备局以"独立"和"制衡"为基本原则。在制衡方面，该局的七名理事（包括主席、副主席在内）悉由总统提名，并需经参议院同意。对于货币政策的决议，如调高或调低再贴现率，采用合议兼表决制，一人一票，并且为"记名投票"，主席的一票通常投给原本已居多数的一方。

公开市场委员会（FOMC）：公开市场委员会由十二名成员组成，包括七名美联储理事会成员（即主席、副主席和五位常任理事，其成员由美国总统提名，参议院批准，为了防止总统操控联储，委员任期长达十四年，且原则上不允许连任，然而在实际操作中，联储委员经常在任期满之前就自动辞职，并由总统再次提名、参议院批准而获得实际连任）、纽约联储主席以及其他四位成员，这四位成员主要由十一位州联储主席每年一次轮流担任。

银行分行：按照1913年国会通过的联邦储备法，在全国划分十二个储备区，每区设立一个联邦储备银行分行。其中，纽约、芝加哥和旧金山三座联邦储备银行的资产是最大的，占到了总资产的一半。在其他的二十五座大中城市，美国联邦储备银行也设立了分支机构。管理方面，每家联邦储备银行都由九名兼职董事组成的董事会来管理。每家区域性储备银行都是一个法人机构，拥有自己的董事会。会员银行是美国的私人银行，除国民银行必须是会员银行外，其余银行是否加入全凭自愿而定。加入联邦储备系统就由该系统为会员银行的私人存款提供担保，但必须缴纳一定数量的存款准备金，对这部分资金，联邦储备系统不付给利息。在克林顿竞选总统之前，美联储就已经运用货币政策这一"唯一杠杆"对经济进行调控，即把确定货币供应量作为调控经济的主要手段，并正式决定每六个月修订一次货币供应量目标。1993年7月，时任美联储主席艾伦·格林斯潘突然宣布，今后以实际利率作为对经济进行宏观调控的主要手段。这是由于美国社会投资方式发生了很大变化，大量流动资金很难被包括在货币供应量之内，使货币供应量与经济增长之间的必然联系被打破，因此以"中性"的货币政策促使利率水平保持中性，对经济既不起刺激、也不起抑制作用，从而使经济以其自身的潜在增长率在低通胀预期下增长。美联储是以实际年经济增长率为主要标准作为调整利率主要依据的，全部政策安排以逆向思维为基本出发点。美联储认为，美国劳动力年均增长率为1.5%、生产率年均增长率为1%，因此，美国潜在的年经济增长率为2.5%左右，美联储的主要任务就是通过调控利率，使年经济增长率基本稳定在2.5%左右，以解除通胀之忧。

联邦公开市场委员会（The Federal Open Market Committee——FOMC）：该委员会最主要的工作是利用公开市场操作（主要的货币政策之一），从一定程度上影响市场上货币的储量。另外，它还负责决定货币总量的增长范围（即新投入市场的货币数量），并对联邦储备银行在外汇市场上的活动进行指导。

实训题

请收集美国近二十年经济发展的主要趋势，并调查美联储在这二十年经济发展过程中发挥的作用。在此基础上，分析美国经济状况对其出境旅游的影响。

第七章 中东和非洲地区主要客源国

学习目标

1. 了解中东和非洲地区我国主要客源国的基本国情概况
2. 掌握中东和非洲地区主要客源国的民俗禁忌
3. 掌握中东和非洲地区中埃及、以色列、南非成为我国主要客源国的主要原因

重点和难点

1. 埃及的礼仪和民俗禁忌
2. 以色列的礼仪和民俗禁忌
3. 南非的礼仪和民俗禁忌

本章内容

1. 埃及
基本概况 人文习俗 旅游业概况 中埃关系
2. 以色列
基本概况 人文习俗 旅游业概况 中以关系

3. 南非

基本概况 人文习俗 旅游业概况 中南关系

● 第一节 埃及

一、基本概况

（一）自然地理概况

埃及，全称为"阿拉伯埃及共和国"，面积为 100.2 万平方千米，海岸线长约 2 700 千米。埃及地形平缓，全境大部属海拔 100~700 米的低高原。尼罗河是埃及的生命线，是"埃及的母亲"。它自南向北注入地中海，是非洲第一长河，也是世界上最长的河流，全长 6 671 千米。

埃及全国干燥少雨，气候干热。埃及南部属热带沙漠气候，夏季气温较高，昼夜温差较大。尼罗河三角洲和北部沿海地区，属亚热带地中海气候，气候相对温和，其余大部地区属热带沙漠气候，炎热干燥，气温可达 40℃。

开罗时间比格林尼治时间早 2 个小时，比北京时间晚 6 个小时。

（二）基本国情

1. 首都、国旗、国花

开罗是埃及最大的城市，也是北非及阿拉伯世界最大的城市，横跨尼罗河，是整个中东地区的政治、经济和交通中心。开罗由开罗省、吉萨省和盖勒尤卜省组成大开罗市。开罗是当今世界上少有的遭受战争破坏最少的古城，是世界上最古老的城市之一。

埃及国旗呈长方形，长与宽之比为 3：2。自上而下由红、白、黑三个平行相等的横长方形组成，白色部分中间有国徽图案。红色象征革命，白色象征纯洁和光明前途，黑色象征埃及过去的黑暗岁月。

埃及国徽为一只金色的鹰，称萨拉丁雄鹰。鹰胸前为盾形的红、白、黑三色国旗图案，底部座基饰带上用阿拉伯文写着"阿拉伯埃及共和国"。

埃及的国花为睡莲花，代表不断的再生和更新。

2. 简史

埃及和古巴比伦、古印度、古中国并称"四大文明古国"。1953 年 6 月 18 日，埃及废除君主制，建立共和国，穆罕默德·纳吉布出任第一任总统兼总理。1958 年 2 月，埃及同叙利亚合并，成立阿拉伯联合共和国（简称阿联）。1961 年 9 月，叙利亚政变后脱离阿联。1967 年 6 月 5 日，以色列又一次对阿拉伯国家发动侵略战争（第三次中东战争），侵占了阿联的西奈半岛。1971年埃及改国名为阿拉伯埃及共和国。1973年10月（第四次中东战争）后，埃以实行部队脱离接触，1982年4月（第五次中东战争前），在美国的调停下，根据埃以戴维营协议以色列全部撤出西奈半岛。穆巴拉克修改宪法，连任五届总统，2011年2月12日，埃及发生群众示威，穆巴拉克下台。

3. 文化

埃及文化是具有非洲特点的阿拉伯文化，历史文化名城有亚历山大城和开罗。其间夹杂着利凡特文化的特点，即埃及文化是法国、希腊、土耳其和叙利亚文化的混合体。

（三）经济

埃及是非洲第三大经济体，属于开放型市场经济，拥有相对完整的工业、农业和服务业体系。服务业产值约占国内生产总值的50%。工业以纺织、食品加工等轻工业为主。农村人口约占总人口的55%，农业产值约占国内生产总值的14%。石油天然气、旅游、侨汇和苏伊士运河是四大外汇收入来源。

（四）政治

埃及宪法规定，总统是国家元首和武装部队最高统帅；总统由人民议会提名，公民投票选出。2012年12月，新宪法明确列出立法、行政、司法三套权力系统，限定总统任期四年，最多可连任一届。

二、人文习俗

（一）人口、民族、语言与宗教

埃及是阿拉伯世界中人口最多的国家，人口达9 200万（截至2013年3月），其中绝大多数生活在河谷和三角洲，主要是阿拉伯人，其他有科普特人、柏柏尔人和努比亚人。官方语言为阿拉伯语，通用英语和法语。伊斯兰教为国教，其信徒主要是逊尼派，占总人口的84%，科普特基督徒和其他信徒约占16%。

（二）民间节庆

一般来说，埃及的公众节假日分为三类：法定节日、伊斯兰教节日、基督教节日。其中影响最大的节日是惠风节。有关伊斯兰教节日、基督教节日请见前面有关章节相关的介绍。

惠风节，又称闻风节，是埃及古老的节日之一。此节日在埃及已有7000年的历史。基督教传入埃及后，每年春分月圆后的第一个星期日是基督教的复活节，所以信奉基督教的埃及人把惠风节和复活节和在一起庆祝，一般把惠风节定于复活节的第二天。目前，惠风节成为埃及的民间节日，无论是穆斯林还是基督徒，大多数埃及人都过这个节日。惠风节当天，早上人们吃着五颜六色的彩蛋，下午吃鲜鱼、鲱鱼、沙丁鱼、洋葱和生菜，亲朋好友集体出游，有的家庭带食品逛公园，有的家庭则到亚历山大去游玩。

（三）服饰

埃及不论男人还是女人都喜欢穿袍子，他们认为这是最方便的服装，也是他们的民族服饰。男士裹头带，身着色泽单一的长袍，北方人以灰色为主，南方人面容是黑的但长袍可是白的；女士的传统服装应该从头到脚清一色是黑的，从伊斯兰的教义来说，女性都是如钻石般珍贵，她们的头发、面容和肌肤是不能被外人随便看的。

（四）饮食

埃及人喜吃甜食，正式宴会或富有家庭正餐的最后一道菜都是上甜食。著名甜食有"库纳法"和"盖塔伊夫"。"锦葵汤""基食颗"是埃及人日常生活中的最佳食品。"盖麦尔丁"是埃及人在斋月里的必备食品。"蚕豆"是必不可少的一种食品。

（五）礼仪与民俗禁忌

1. 社交礼仪

埃及人的交往礼仪既有民族传统的习俗，又通行西方人的做法，上层人士更倾向于欧美礼仪。

埃及人见面时异常热情。一般情况下，见到不太熟悉的人，先致问候的人说全世界穆斯林通行的问候语——安塞俩目尔来库姆（直译为"和平降于你"，意为"你好"）。如果是老朋友，特别是久别重逢的老朋友，则拥抱行贴面礼，即用右手扶住对方的左肩，左手搂抱对方腰部，先左后右，各贴一次或多次。埃及人社交习俗总的特点可以用这样几句话来概括：北非国家埃及人，大多均为穆斯林；教义教规重恪守，文明历史永长存；一般都很爱仙鹤，"5""7"数字喜光临；黑、蓝、黄色属忌讳，更为特殊禁说"针"；讨厌当众吐唾沫，赞女窈窕为不纯。

对于每个人来说，首先要注意自己的仪容与形象。男士应刮胡，头发整齐；女士可适当化淡妆，但不应浓妆艳抹，否则给人以轻浮风骚之感。人们穿着要整洁，并要注意场合。在埃及，人们在正式场合穿西服，家访穿衬衣不扎领带，外出游玩宜着T恤衫和旅游鞋。

2. 禁忌礼仪

（1）亲吻的方式。埃及人称亲吻为"布斯"，嘴对嘴的接吻局限于情人和夫妇之间，而且在公开场合是禁止的，夫妻一方出远门，在车站或机场送别和迎接时，丈夫只能吻妻子的脸颊。此外，有表示喜悦感情的吻，是亲吻他们的脸颊；表示尊敬的吻，则是吻手背，儿女对父母，弟弟对兄长，年轻人对长者，地位低的人对地位高的或有权势威望的人实行吻手背。

（2）肮脏的左手。埃及人（穆斯林皆如此）认为"右比左好"，右是吉祥的。做事要从右手和右脚开始。握手、用餐、递送东西必须用右手。"方便"和做脏活时都用左手，因此左手被认为是不干净的，用左手与他人握手或递东西是极不礼貌的，甚至被视为污辱性的。

（3）妇女的禁忌。按伊斯兰教义，妇女的"迷人之处"是不能让丈夫以外的人窥见的。即使是同性之间，也不应相互观看对方的私处。

（4）不要打哈欠。通常在埃及人面前尽量不要打哈欠或打喷嚏。如果实在控制不住，应转脸捂嘴，并说声"对不起"。埃及人讨厌打哈欠，认为哈欠是魔鬼在作祟。

（5）颜色的喜好。一般来说，埃及人喜欢绿色和白色，讨厌黑色和蓝色。他们在表示美好的一天时，称"白色的一天"，而不幸的一天，则被称作"黑色的一天或蓝色的一天"。他们对真诚坦率的人称为"白心"，而称充满仇恨、奸诈的人为"黑心"。埃及的丧服为黑色。有地位或年老者喜好黑色或深色服装，以表示庄重和显示其威望。

三、旅游业概况

（一）主要旅游城市与著名景点

1. 主要旅游城市

开罗：开罗是非洲最大的城市，是世界上人口排名前十位的城市，也是阿拉伯和非洲国家人口最多的城市，同时还是非洲及阿拉伯国家的文化中心。开罗的著名景点有埃及博物馆、金字塔、尼罗河、萨卡拉金字塔、古城堡、汗·哈利里等。

亚历山大：亚历山大位于尼罗河三角洲西部，濒临地中海，人口有 305 万，是埃及和非洲的第二大城市，也是埃及和东地中海最大的港口。亚历山大风景优美，气候宜人，是埃及的"夏都"和避暑胜地，被誉为"地中海新娘"。著名景点有夏宫、卡特巴城堡、"自由"号游艇、珍宝馆、卡特巴城堡、孔姆地卡等。

阿斯旺：阿斯旺位于东南部尼罗河"第一瀑布"下游的东岸，距开罗 900 千米，是阿斯旺省首府，有"全埃及街道最清洁、最漂亮的城市"之称。它是埃及与非洲其他国家进行贸易的重镇，也是通往苏丹的门户，现在是省行政和工商业中心。著名景点有菲莱神庙、古采石场、阿布辛贝勒神庙等。

2. 著名景点

被评为世界遗产的景点有孟菲斯及其墓地金字塔、底比斯古城及其墓地、阿布辛拜勒至菲莱的努比亚遗址、伊斯兰开罗、阿布米那基督教遗址、圣卡特琳娜地区。

孟菲斯：在开罗市南方 24 千米孟菲斯曾是古埃及的都城，已有 5000 年历史。金字塔距孟菲斯 8 千米，是世界上古代"七大奇迹"中仅存的一处。

阿布米那：阿布米那又译作阿布米奈，是埃及的一座基督教圣城，位于亚历山大西南部约 45 千米。

努比亚遗址：该遗址主要的建筑是古埃及典型的宗教建筑，位于埃及东南部尼罗河上游的阿布辛拜勒至菲莱地区，1979 年列入联合国教科文组织世界遗产名录。

（二）旅游市场

旅游业是埃及外汇收入的主要来源之一，埃及政府非常重视旅游业的发展，国家专设旅游部主管旅游事项，并制定全国长远的旅游战略规划，以便推动旅游业向前发展，为国家创造更多的外汇收入。旅游业收入占埃及外汇总收入的 25%，已占到国民总收入的 18% 左右，成为埃及发展的"火车头"，创汇收入已超过其他"经济支柱"。

1. 入境旅游

2005 年前往埃及旅游的外国游客有 860 万，其中 70% 是欧美游客、25% 来自中东和海湾地区、5% 来自亚洲，其中中国游客有 4 万，比 2003 年增长了 20%，中国游客人数超越日本，中国成为埃及在亚洲地区排名第一位的旅游客源国。

2. 出境旅游（旅华市场）

2004 年，埃及出境游游客人数达到 230 万人次，主要旅游目的地国家是欧洲和地中海沿岸各国。其中，前往中国的埃及旅游人数在逐年增加，2002 年为 10 133 人次。随着两国之间经贸往来的进一步加深，到 2008 年，埃及已成为中国在非洲及中东地区的第一大旅游目的地国。

3. 国内旅游

截至 2004 年 4 月，埃及全国共有五星级饭店 32 家，饭店客房 14.2 万间。餐饮业和宾馆业的从业者数量达到 253.3 万人。2013 年埃及酒店业在现有 16 万间客房的基础上，每年还增加 1 万~1.2 万间客房，能为游客提供优质的硬件服务。旅游业是埃及的支柱产业之一，是埃及最主要的外汇来源，创造了埃及 11% 的国内生产总值和八分之一的就业机会。2010 年埃及境内旅游者为 1 270 万人次，收入达 130 亿美元，占国内生产总值的 11.3%。

四、中埃关系

（一）中埃双边政治关系

中埃自 1956 年 5 月 30 日建交以来，两国关系一直发展顺利。1999 年 4 月，两国建立战略合作关系。2006 年 6 月，两国签署关于深化战略合作关系的实施纲要。2007 年 5 月，中国全国人大和埃及人民议会建立定期交流机制。自 2007 年 1 月 27 日起，中埃两国互免持中国外交和公务护照、埃及外交和特别护照人员签证。

（二）中埃双边经贸关系

2006 年 11 月，埃及宣布承认中国完全市场经济地位。近年来，两国政府积极推动双方企业扩大经贸合作，双边贸易额持续保持增长态势。2012 年，双边贸易额为 95.4 亿美元，同比增长 8.4%，其中中方出口额为 82.2 亿美元，同比增长 12.9%，进口额为 13.2 亿美元，同比下降 13%。中方向埃主要出口机电产品和纺织服装等，自埃主要进口原油、液化石油气和大理石等。

（三）中埃双边文化、教育、旅游交流与合作

中埃文教、新闻、科技等领域交流合作活跃。近年来，双方举办了文化周、电影节、文物展、图片展等丰富多彩的活动，深受两国人民欢迎。

● 第二节 以色列

一、基本概况

（一）自然地理概况

以色列位于亚洲西部的巴勒斯坦地区，地形可以分为四个不同的区域：海岸平原、中部丘陵、约旦大裂谷以及内盖夫沙漠。以色列全国总面积为 2.5 万平方千米，其中内盖夫地区占一半以上面积，达到 1.2 万平方千米。

以色列属于夏季干热的地中海型气候，从海拔 2810 米的黑门山，一直到降至水平线以下 392 米的地球最低处——死海，气候区域性明显，状况各不相同。海岸平原夏季湿热，冬季略冷有雨，在山丘区域偶有小雪。在约旦山谷区域夏季干燥炎热，南方区域则属半干燥型气候，白天暖热，夜晚凉爽。

耶路撒冷时间比格林尼治时间早 2 个小时，比北京时间晚 6 个小时。

（二）基本国情

1. 首都、国旗、国徽

耶路撒冷意思是"和平之城"，它原是巴勒斯坦的首都，20世纪30年代以色列复辟，于1950年定都耶路撒冷。

国旗长为220厘米，宽为160厘米；底色为白色，上下各有一条宽25厘米的蓝色条子，该蓝条各距上下边沿15厘米；两根蓝条中间的白底上有一个"大卫盾"；"大卫盾"是由6根长5.5厘米的蓝色线条组成的两个等边三角形；"大卫盾"在旗帜中与四方边沿等距。

以色列国徽来自圣经中的七盏金灯台，国徽上的造型取自《撒加利亚书》的描述。金灯台象征以色列是神在地上的见证。灯台两旁有橄榄枝，灯台上有金油流出到两枝橄榄枝，撒加利亚书中说是油的儿子，象征以色列圣殿重建时期的大祭司约书亚和省长所罗巴伯。

以色列的国花为银莲花，国歌为《希望之歌》。

2. 简史

以色列历史悠久，是世界主要宗教犹太教、伊斯兰教和基督教的发源地。

犹太人曾在埃及旅居430年之久，约在公元前1450年（公元前13世纪）离开埃及迁回迦南地（现今的巴勒斯坦）。1896年，维也纳记者和剧作家西奥多·赫茨尔发起锡安主义运动（又称"犹太复国主义运动"），号召全世界犹太人回归故土，恢复本民族的生活方式。

后来连续经过五次回归浪潮。1948年5月14日，以色列国正式宣布成立。1949年5月11日，以色列取得联合国的席位，成为第59个会员国。

（三）经济

以色列是世界第24大经济体，GDP总值为2 170亿美元。以色列2010年成为世界经合组织（OECD）的成员国，以色列与美国、欧盟、土耳其、墨西哥和更多国家签署了自由贸易协议。以色列的经济属于自由市场经济，政府可适度干预。部分服务如医疗保健、教育、电力和住房等由政府补贴或指导。

（四）政治

以色列是议会制国家，议会是以色列最高权力机构，拥有立法权，负责制定和修改国家法律，对政治问题表决，批准内阁成员的任命并监督政府工作，选举总统、议长等。议会有权解除总统职务，也可自行宣布解散并提前举行新的选举。

二、人文习俗

（一）人口、民族、语言与宗教

据以色列中央统计局的资料显示，在以色列第63个建国日之前，总人口达到

77.46万。目前，犹太人约占75.3%，阿拉伯人占20.5%，其他族裔约为4.2%。有76.1%的以色列人信仰犹太教、16.2%是穆斯林、2.1%是基督徒、1.6%是德鲁兹教派、3.9%未分类。

以色列有两种官方语言——希伯来语和阿拉伯语。

（二）主要节日

犹太新年：犹太新年为犹太历（太阴历）一年的开始。

赎罪日：赎罪日是犹太新年过后的第十天，为重要宗教节日。

住棚节：此节正赶在收获季节，因此也称收获节。家家户户搭草棚是节日期间的主要特征。节日庆祝八天，此间，国防军通常在特拉维夫市市政广场举办坦克展览。

诵经节：犹太教徒诵读犹太经典"Torah"通常要一年时间，诵经节即为庆祝读完"Torah"而设，宗教气氛浓厚。

阵亡将士纪念日：此节日设在独立日前一天，为纪念解放战争以来，为保护国家安全而献身的国防军将士而设。

独立日：独立日为纪念以色列于1948年独立而设。

篝火节：篝火节意即逾越节首日后的第三十三天。

耶路撒冷日：该节日是为纪念1967年以色列统一耶路撒冷而设的节日。

五旬节：五旬节在逾越节首日后第四十九天，是纪念摩西获得"十戒"的日子。因此节正赶上小麦和水果收获，因此也叫丰收节。

禁食节：禁食节是犹太历阿夫月的第九天。

其他还有点烛节（也称灯节）、燔祭日（也称大屠杀纪念日）、普尔节、逾越节等。

（三）服饰

以色列人贴身穿一种长袍，这种长袍用皮革或亚麻布加工而成。长袍有两种，一种有袖子，一种没袖子。以色列人每逢外出，都要束腰带。在希伯来语中，"束好了腰带"意思就是做好了出发准备。腰带可以用来装钱或其他东西，也可以挎刀、剑等，所以，腰带是以色列人装束中很重要的一部分。以色列人常穿的外衣多用羊毛或棉布制成，一般为深褐色，间或有白色条纹，白天穿它可以挡风防雨，夜晚可以遮身，天热时也可以防晒。一般妇女都戴面纱，但这种习俗不很严格，特别是劳动阶层的妇女，干活时常常不蒙面纱。

（四）饮食

由于以色列人来自四面八方，所以也带来了风格迥异的烹调术和饮食习惯。在"以色列餐桌"上，你会看到来自约80个不同国家的有独特烹调背景的菜肴。

对以色列影响最大的烹调术是中东、北非、地中海盆地以及中欧和东欧的烹调风格。许多人一心偏爱家乡食品，以致这些各式各样的风格保持了自己的纯正，并无掺杂。对以色列人而言，由宗教决定的犹太教饮食规定，对烹调术和饮食习惯起着决定性作用。

（五）礼仪与民俗禁忌

1. 仪态礼仪

以色列人举止有度，他们对在别人面前不停地跺脚、用力吹吸气等，会甚为不满，对身子歪斜着或双手抱在胸前同别人谈话也很看不惯。在公开场合，阿拉伯男女不会表示任何形式的亲热，也不相互搀扶着出现在公众面前。

2. 相见礼仪

犹太人见面时，对年老者问候时一般都会恭恭敬敬地献上一句："祝您活到120岁。"称呼时，一般只用全名中的某一个部分来代替全名。初次见面以握手为礼，若是关系甚好而且双方都是男子的话，也可行拥抱、贴面礼。拥抱之后，还应接着握手一次。

3. 餐饮礼仪

犹太人以面、米等为主食，一般爱吃西餐，有节制地喝些白酒等饮料。这里的阿拉伯人以面食、玉米为主食，但不吃猪肉，主要副食是牛肉羊肉等。人们用餐时不能大声谈笑。

4. 喜丧礼仪

在以色列的犹太族中，去世的男子若没有子嗣，其遗孀就应嫁与他的兄弟之一，她如果要免去这种义务，就要经过"开脱礼"。以色列的犹太人有守丧七天的习俗。其间人们不得理发、刮脸和从事其他日常工作。亲友前来吊唁，男子满中即可在死者家中举行正式祈祷。如遇安息日或重大宗教节日则不守丧或中止丧期。

5. 商务礼仪

在商务接触中，他们习惯使用商务名片。客人接到名片后，应认真看完名片上的内容并轻轻装进名片夹中，不要随便一看就顺手插进口袋里，更不能放到裤袋里。

6. 主要禁忌

每逢星期六，是犹太教的"安息日"，以色列的某些大厦的电梯事先都安排自动按钮，无需按扭，每隔一层楼自动停一次。在犹太人居住区禁止拍照，特别是外来人员不可犯忌。在公共场所不许吸烟。

三、旅游业概况

（一）主要旅游城市与著名景点

1. 主要城市

耶路撒冷：耶路撒冷著名的地标是哭墙，对于犹太人来说，耶路撒冷旧城中最神圣的地方莫过于 3 000 多年以前，由所罗门所建造供奉"十诫"法柜的圣殿，圣殿曾先后被巴比伦和罗马人摧毁，现在仅存的只有外墙残垣。长久以来，流放至世界各地的犹太人都会回到这面象征犹太信仰和苦难的墙前低声祈祷，为缅怀昔日民族光荣和历史沧桑而悲恸，这面墙长而久之便被称作哭墙。哭墙高约 20 米、长 50 米，中间以屏风相隔，祈祷时男女有别进入广场墙前，男士必须戴上传统帽子，如果没有帽子，入口处亦备有纸帽供应。

2. 著名景点

死海：死海是一个内陆盐湖，位于以色列和约旦之间的约旦谷地。西岸为犹太山地，东岸为外约旦高原。死海水位具有季节性变化，从 30~60 厘米。死海长 80 千米，宽处为 18 千米，表面积约 1 020 平方千米，平均深 300 米，最深处有 415 米。湖东的利桑半岛将该湖划分为两个大小深浅不同的湖盆，北面的面积占四分之三，深 415 米，南面平均深度不到 3 米。死海无出口，进水主要靠约旦河，进水量大致与蒸发量相等，为世界上盐度最高的天然水体之一。

（二）旅游市场

1. 入境旅游

2000 年，以色列旅游收入达到 38 亿美元，接待国际游客量 241 万人次；2001 年游客数量减少了 54%，仅为不到 106 万人次；2004 年上半年，旅游收入同比增长 66%，游客人数达 67.39 万人次，同比增长 69%；2010 年上半年游客为 160 万人次，比去年同期增长 39%，创历史新高，并为以色列带来 15.5 亿美元的直接经济收入。

2. 出境旅游

以色列出境旅游率高达 44%，出境旅游的主要目的地为：欧洲地区是土耳其、英国、法国、意大利和德国；北美地区主要是美国和加拿大；周边国家为约旦、埃及等。

3. 国内旅游

以色列的国内旅游相当发达。人们多利用节日和假日外出旅行。交通工具多以私家车为主，坐火车和坐飞机旅游的人也占很大比例。

四、中以关系

1948 年 5 月 14 日，以色列国宣告成立。1956 年 10 月，英法勾结以色列发动了侵略埃及的举世震惊的苏伊士战争。中国坚决支持埃及纳赛尔政府反击侵略维护主权的正义斗争。从此，中国对阿以冲突的态度和对以色列的看法开始发生转折性变化，中国与以色列关系进入了长达二十多年的冰封状态。

在中国改革开放之后，随着埃以关系的逐步缓和，中国对以色列的冰封关系也开始松动。时任中国外交部副部长杨福昌 1991 年 12 月的特拉维夫之行和时任以色列副总理兼外交部长戴维·利维 1992 年 1 月的北京之行最终完成了两国关系正常化的外交程序。1992 年 1 月 24 日，中以两国外长正式签署建交公报，宣布建立大使级外交关系，从而揭开了中以两国、中犹两个民族关系史，甚至中国对巴以政策崭新的一页。

● 第三节　南非

一、基本概况

（一）自然地理概况

南非位于非洲大陆最南部，其纬度自南纬 22° 至南纬 35°，经度从东经 17° 至东经 33°。面积有 1 221 038 平方千米，海岸线长 2 500 千米，全境大部分为海拔 600 米以上的高原。德拉肯斯山脉绵亘东南，卡斯金峰高达 3 660 米，为全国最高点。南非大部分地区属热带草原气候，西部沿海为热带沙漠气候，南部沿海为地中海式气候。全境气候分为春夏秋冬四季。12 月至次年 1 月为夏季，最高气温可达 32~38℃；6 月至 8 月是冬季，最低气温为 −10~−12℃。全年降水量由东部的 1 000 毫米逐渐减少到西部的 60 毫米，平均 450 毫米。首都比勒陀利亚年平均气温 17℃。

开普敦时间比格林尼治时间早 2 个小时，比北京时间晚 6 个小时。

（二）基本国情

1. 首都、国旗、国徽、国花

南非是世界上唯一同时存在三个首都的国家。行政首都是比勒陀利亚；立法首都是开普敦；司法首都是布隆方丹。

国旗呈长方形，长宽之比为 3：2。国旗由红、绿、蓝、白、黑、黄六种颜色组成，呈 Y 形。旗面上区为红，下区为蓝，各占旗宽的三分之一，代表鲜血。旗面中央是一横 Y 形三色条，占旗宽的三分之一。

国徽中的太阳象征光明的前程；展翅的鹭鹰是上帝的代表，象征防卫的力量；万花筒般的图案象征美丽的国土、非洲的复兴以及力量的集合；取代鹭鹰双脚平放的长矛与圆头棒象征和平以及国防和主权；鼓状的盾徽象征富足和防卫精神；盾上取自闻名的石刻艺术的人物图案象征团结；麦穗象征富饶、成长、发展的潜力、人民的温饱以及农业特征；象牙象征智慧、力量、温和与永恒；两侧象牙之间的文字是"多元民族团结"。

南非的国花帝王花原产于南非，是一种当地普遍种植的花。帝王花的花体巨大，色彩异常美丽，造型优雅脱俗，在世界名贵花卉中占有十分重要的地位，因而被称作帝王花。久开不败的帝王花，自然代表着旺盛而顽强的生命力，同时，它还象征着胜利、圆满、富贵与吉祥。

2. 简史

最早的土著居民是桑人、科伊人及后来南迁的班图人。1652 年荷兰人开始入侵，19 世纪初英国开始入侵，1806 年夺占"开普殖民地"，荷裔布尔人被迫向内地迁徙，并于 1852 年和 1854 年先后建立了"奥兰治自由邦"和"德兰士瓦共和国"。1994 年 4 月至 5 月，南非举行了首次由各种族参加的大选，南非举行首次不分种族大选，非国大与南非共产党、南非工会大会组成三方联盟并以 62.65% 的支持率获胜，曼德拉出任南非首任黑人总统，非国大、国民党、因卡塔自由党组成民族团结政府。这标志着种族隔离制度的结束和民主、平等新南非的诞生。1994 年 6 月 23 日，联合国大会通过决议恢复南非在联大的席位。

3. 文化

南非土著居民具有历史悠久的传统绘画与雕刻艺术文化。其中最著名的布什曼人的洞穴壁画雕刻是人类原始艺术的瑰宝，也是南非现代艺术的组成部分，记录了从远古的狩猎时代到现代的原始部落的非洲黑人生存的情况。

此外，南非拥有多样的音乐风格。南非国民来自于欧洲、亚洲和非洲，音乐风格包括爵士乐、古典音乐、传统音乐、Kuwaiti 音乐、民间音乐、嘻哈音乐（Hip Hop）、摇滚乐、阿非利加音乐；舞蹈方面，家庭音乐、Trance 和新兴的欧洲"Down Tempo"风格在南非相当流行。

（三）经济

南非是非洲第一大经济体，人均生活水平在非洲名列前茅，工业体系是非洲最完善的，深井采矿技术位居世界前列，矿产是南非经济主要来源。此外，南非的农业、渔业和外贸也相当发达，主要出口产品有黄金、金属及金属制品、钻石、食品、饮料和烟草、机械及交通运输设备等制成品。主要进口机械设备、交通运输设备、化工产品、石油等。

（四）政治

南非全国分为 9 个省，地处南半球，有"彩虹之国"的美誉。南非还是非洲最安全的国家。南非拥有三个首都：行政首都（中央政府所在地）为比勒陀利亚，司法首都（最高法院所在地）为布隆方丹，立法首都（议会所在地）为开普敦。

二、人文习俗

（一）人口、民族、语言与宗教

南非总人口有 5 177 万，分黑人、有色人、白人和亚裔四大种族，分别占总人口的 79.6%、9%、8.9% 和 2.5%。白人、大多数有色人和 60% 的黑人信奉基督教新教或天主教；亚裔人约 60% 信奉印度教，20% 信奉伊斯兰教；部分黑人信奉原始宗教。

南非的官方语言有 11 种，分别是英语、阿非利卡语（南非荷语）、祖鲁语、科萨语、斯佩迪语、茨瓦纳语、索托语、聪加语、斯威士语、文达语和恩德贝勒语。

（二）民间节庆

独立日：5 月 31 日。1961 年 5 月 31 日南非退出"英联邦"，成立了南非共和国。

自由日：4 月 27 日。南非于 1994 年 4 月 27 日首次举行不分种族的全国大选，黑人领袖纳尔逊·曼德拉成为新南非首任总统，南非历史上第一部体现种族平等的宪法生效，这一天成为南非自由日。

宣誓日：12 月 26 日。宣誓日在南非原称"丁冈日"或"誓言日"，是为了纪念 1838 年 12 月 26 日的这一天向北迁徙的南非布尔人（荷兰人后裔）打败祖鲁王丁冈、夺取了南非内陆大片土地而设立的。1994 年新南非政府成立后，这一天被改名为"和解日"，寓意是希望南非黑白两大种族面向未来，和平共处。

元旦：1 月 1 日。

人权日：3 月 21 日。

耶稣受难日：复活节前的星期五。

劳动节：5 月 1 日。

自由日：4 月 27 日。

青年日：6 月 16 日（纪念 1976 年索韦托惨案）。

曼德拉日：7 月 18 日（纪念南非国父、前总统曼德拉）。

全国妇女日：8 月 9 日。

遗产日：9 月 24 日。

（三）服饰

在城市中，南非人的穿着打扮基本西化。在正式场合，他们都讲究着装端庄、严谨。因此进行官方或商务交往时，最好穿样式保守、色彩偏深的套装或裙装，不然就会被对方视为失礼。另外，南非黑人通常还有穿着本民族服装的习惯。不同部族的黑人在着装上往往会有自己的特色。

（四）饮食

南非的正餐很符合人体的需要，将科学饮食表现得淋漓尽致。在南非的正餐上，基本上都是口味清淡的菜。除了西餐，南非的传统美食也是味美可口的，比如非洲传统美食粑粑。基本上南非烹调都采用蒸煮烧熏的方式，虽然它的菜量通常不是很多，但样样都做得很精致，让人回味无穷。南非的饮水是世界上最卫生、最清洁的。

（五）民族禁忌

南非人在公共场合不要大声喧哗、随地吐痰或扔杂物，保持衣着整齐、得体。信仰基督教的南非人，忌讳数字 13 和星期五。南非黑人非常敬仰自己的祖先，他们特别忌讳外人对自己的祖先言行失敬。跟南非人交谈，有四个话题不宜涉及：不要为白人评功摆好；不要评论不同黑人部族或派别之间的关系及矛盾；不要非议黑人的古老习惯；不要为对方生了男孩表示祝贺。

三、旅游业概况

（一）主要旅游城市与著名景点

开普敦：开普敦是南非的立法首都，也是全国第二大城市和重要港口。开普敦是世界公认的最漂亮最迷人的海滨城市，是南非最古老的城市，也是南非共和国的发祥地。

约翰内斯堡：约翰内斯堡是南非第一大城市，是交通、文化及工商业中心，又有金都之称。

比勒陀利亚：比勒陀利亚是南非的行政首都，位于约翰内斯堡北方 56 千米的内陆高原上，是全国四大城之一。南非共和国的总理府、外交部及司法部等政府单位，都集中在比勒陀利亚的同一座联合大楼中。除了聚集了南非重要行政单位之外，各国大使馆、著名的比勒陀利亚大学国家文化开放博物馆等都位于此，比勒陀利亚是名副其实的全国文化政治中心。

南非著名景点包括桌山、罗本岛、花园大道、海滩、纳马夸兰花海、人类摇篮、克鲁格国家公园、德拉肯斯山脉等。

（二）旅游市场

旅游业是当前南非发展最快的行业之一，产值约占国内生产总值的 8%，从业人员达 120 万人。南非旅游资源丰富，设施完善。南非有 700 多家大饭店，2 800 多家大小宾馆、旅馆及 10 000 多家饭馆。旅游点主要集中于东北部和东南沿海地区。生态旅游与民俗旅游是南非旅游业两大最主要的增长点。2009 年到南非旅游的外国游客达 990 万人次。旅游业是南非第三大外汇收入和就业领域。

就各地区入境南非的游客增长率而言，美洲市场增幅最大，同比增长了 37.4%；其次为亚洲和澳洲市场，增长了 34.6%。去年，南非长线旅游市场发展迅速，上涨了 21%。此外，非洲大陆航空到达的旅客增长了 14%，这一数据也十分鼓舞人心。

2010 年，英国、美国、德国、荷兰和法国仍然是南非五大主要客源市场。除此之外，其他国家向南非输送的游客数也得到了大幅增长，其中巴西和中国游客增幅较大，分别为 66.7% 和 62.3%，印度增长了 29.7%，尼日利亚游客基数相对较小，增长了将近 10%。

四、中非关系

1. 双边政治关系

中华人民共和国与南非共和国于 1998 年 1 月 1 日建交。建交以来，双边关系全面、迅速发展。2013 年 3 月，习近平主席对南进行国事访问，双方发表联合公报，中南全面战略伙伴关系迈上新台阶。

2. 经贸关系及经济技术合作

中国是南非最大的贸易伙伴，南非是中国在非洲最大的贸易伙伴。2011 年双边贸易额为 599 亿美元，同比增长 31.8%，其中中方出口 153 亿美元，进口 446 亿美元。中国对南主要出口电器和电子产品、纺织产品和金属制品等，从南主要进口矿产品。2004 年 6 月，南非承认中国的市场经济地位。两国双向投资规模不断扩大。截至 2012 年年底，我在南非直接投资 42.3 亿美元，南在华实际投资 6.4 亿美元。

3. 文化、教育等领域合作

中南两国签有文化合作协定及其执行计划，多层次、多渠道文化交流与合作发展顺利。中国已有十余所大学与南非的大学建立合作关系。2002 年，南非成为中国公民出境旅游目的地国，是目前接待中国游客最多的非洲国家之一。2010 年，南非旅游局在华设立常驻代表机构。2012 年，中国公民首站赴南旅游人数为

8.2万人，南约有7.2万多人次来华。

 思考与练习

1. 在旅游接待服务中，对埃及客人应该注意他们哪些风俗习惯？
2. 在旅游接待服务中，对以色列客人应该注意他们哪些风俗习惯？
3. 在旅游接待服务中，对南非客人应该注意他们哪些风俗习惯？
4. 以色列为什么能成为中东地区的旅游大国？
5. 简述中国与埃及、以色列、南非的旅游关系？

 案例和实训

拓展阅读

犹太教、基督教、伊斯兰教历史渊源分析

共同之处：

共同的源头。犹太教、基督教、伊斯兰教均源自同一个原始宗教——古犹太教。基督教是古犹太教的一个新兴教派，而伊斯兰教则是在吸收了犹太教与基督教的经典和教义思想的基础上创立的。

共同的一神。犹太教、基督教、伊斯兰教信仰同一个神祇，分别称为"雅威""耶和华"和"阿拉"，但是三个宗教对于这个神的诠释有很大的不同。

共同的祖先。犹太人和阿拉伯人都认为亚伯拉罕（易卜拉欣）是他们的祖先。

共同的圣地。耶路撒冷是上述三大一神教的共同圣地。犹太教的圣殿哭墙便在此处，《圣经》曾多次述及此城是上帝祝福的城市；作为先知穆罕默德的升天之地，耶路撒冷也是回教三大圣地之一，是全世界最美丽的回教寺——金顶回教寺所在地；对于基督教（天主教）来说，这里是耶稣传福音、背十字架受钉以及复活的圣地。

不同之处：

犹太教——犹太教认为亚伯拉罕和摩西是先知，直接受命于唯一神上帝"雅威"，上帝通过摩西和以色列人订立约定《十戒》，只要以色列人遵守约定，只崇拜唯一上帝，上帝将保佑以色列人。信仰方面，犹太教只承认《圣经》中的旧约部分，即希伯来圣经或叫希伯来手稿。犹太教不接受圣子论，他们并不认为耶稣基督是他们的弥赛亚（救世主），并继续等待弥赛亚的来临。

基督教——基督教（基督宗教）脱胎于公元 1 世纪左右一个新兴犹太教派。该教派认为犹太人违背了上帝（雅威的拉丁化名称为"耶和华"）和以色列人定的约（即旧约），所以派他的儿子耶稣作为弥赛亚（救世主）以自己的生命为人类赎罪，不仅和以色列人，而且和全体人类订立"新约"。

伊斯兰教——伊斯兰教（在中国又称为回教）不接受圣子论，他们认为基督宗教内的三一神（圣父、圣子、圣灵）是三个神而非一神，所以回教徒不相信上帝会生儿子。他们认为上帝（阿拉伯语尊称至高无上者为"安拉"）每隔一段时间选出一位先知，赐予一部经卷，亚伯拉罕、摩西、大卫王、尔萨（耶稣）都是先知，穆罕默德是上帝选出的最后一位先知，所谓"封印至圣"。信仰方面，伊斯兰教相信上帝给人类的启示一共有 104 部，现在已经大部分失传，剩下在世界上只有 4 部：第一部叫做 Torah，即旧约中的律法书；第二部叫做 Zabur，即旧约中的诗篇；第三部叫做 Injil，即新约中的福音；第四部叫做 Koran，即《古兰经》。"旧约"和"新约"《圣经》都是上帝赐予的经卷，后赐的经卷对以前的经卷进行修正和补充，《古兰经》是上帝发出的最后一部最完善的经卷，是众经中最权威的。

实训题

请结合中东地区沙特、埃及、以色列三个国家宗教信仰的特点，分析这三个国家出入境旅游的特点。

第八章　中国港澳台地区

学习目标

1. 了解港澳台地区主要客源国的基本国情概况
2. 掌握港澳台地区主要客源国的民俗禁忌
3. 掌握港澳台地区成为我国大陆地区主要客源地区的主要原因

重点和难点

1. 香港的礼仪和民俗禁忌
2. 澳门的礼仪和民俗禁忌
3. 台湾的礼仪和民俗禁忌

本章内容

1. 香港
基本概况　人文习俗　旅游业概况
2. 澳门
基本概况　人文习俗　旅游业概况

3. 台湾

基本概况 人文习俗 旅游业概况

●第一节　香港

一、基本概况

（一）自然地理概况

香港位于珠江口东侧，背靠中国大陆，面朝南海，为珠江内河与南海交通的咽喉，南中国的门户；又地处欧亚大陆东南部、南海与台湾海峡之交，是亚洲及世界的航道要冲。

香港位于北纬 22.5°以南的热带地区，但因其地处我国亚热带季风的过渡地带，香港全境受亚热带季风的控制和影响，因此，香港的气候属于南亚热带季风气候类型。气候特征为湿热多雨，四季分明，夏秋多台风，四季各有特色，春季温暖多雾，夏季炎热多雨，秋季晴朗暖爽，冬季微干凉冷。香港年平均气温为 22.8℃，最高气温可达 33℃，最低气温为 3℃，高山顶部为−4℃。年平均降水量为 2 224.7 毫米，降雨最多的年份约 3 100 毫米，最少的年份约 900 毫米。

（二）基本情况

1. 区旗、区徽

中华人民共和国香港特别行政区区旗为"五星花蕊的动态紫荆花红旗"。区旗以红色作底色，中央有一朵五星花蕊的白色洋紫荆花图案。旗帜的底色是红色，与中华人民共和国国旗的底色一样，象征香港为中华人民共和国的一部分，红色也有庆祝和爱国的意味。紫荆花则是香港的象征。

香港特别行政区区徽模仿香港特别行政区区旗的设计，内圆有一朵白色洋紫荆花，底色为红色。外圈则为白底红字，写有繁体中文"中华人民共和国香港特别行政区"及英文 HONGKONG（香港）。香港的区花为紫荆花。

2. 简史

早在远古时代，香港地区就已经有人居住，秦始皇扫灭六国，统一中原后，又派兵平定了越族聚居的岭南地区，将之纳入秦朝的版图，设置了南海、桂林、象郡三个郡，并从中原迁移了 50 万商人和罪犯到这一地区进行守卫和开发。自秦始皇开始，香港地区就一直在中国中央政府的管辖之内，直到英国侵占香港以前，从未间断过。

鸦片战争后英国占领香港，进行殖民统治。1997 年 7 月 1 日香港人顺利地接管香港政权，中央人民政府代表国家对香港特别行政区行使主权。

3. 文化

香港气候怡人，全年均适合进行多项户外活动。

（1）文化活动

香港设有多家博物馆，重点介绍区内历史、中国文物及现代艺术。位于尖沙咀的文化中心定期有百老汇剧作、歌剧、芭蕾舞、中乐及戏剧表演举行。

（2）夜生活

香港是一个璀璨多姿的不夜城，各式会所、餐厅及酒吧有不少是全日二十四小时营业，兰桂坊更是各类新式酒吧及民族餐厅的集中地，而湾仔与尖沙咀仍以豪华夜总会林立见称。

（3）艺术

香港全年均举办多项文化节目，由本地及访港艺术工作者表演不同类型的演艺节目，包括百老汇式剧作、歌剧、芭蕾舞、古典音乐及戏剧。

（三）经济

香港经济经历了两次转型。1950 年以前香港经济主要以转口贸易为主。从 20 世纪 50 年代起香港开始工业化，到 1970 年，工业出口占总出口的 81%，标志着香港已从单纯的转口港转变为工业化城市，实现了香港经济的第一次转型。20 世纪 70 年代初，香港推行经济多元化方针，香港金融、房地产、贸易、旅游业迅速发展，特别是从 20 世纪 80 年代始，内地因素成为推动香港经济发展的最主要的外部因素，香港的制造业大部分转移到内地，各类服务业得到全面高速发展，实现了从制造业转向服务业的第二次经济转型。

今天的香港已发展成为亚太地区的国际贸易、金融和航运中心。2000 年，香港的本地生产总值达到 12 717 亿港元，贸易总额达 32 307 亿港元，是世界第十大贸易实体。港口集装箱吞吐量达到 1 810 万箱，居世界第一位；有 154 家银行机构，拥有外资银行数量居世界第三位；2000 年年底香港股市总市值达 48 625 亿港元，居世界第九位；外汇市场每日成交额达 790 亿美元，居世界第七位；2000 年年底外汇储备高达 1 075 亿美元，居世界第三位。

（四）政治

香港自 1997 年 7 月 1 日起成为中华人民共和国的特别行政区。根据《中华人民共和国香港特别行政区基本法》（以下简称《基本法》），除外交事务和防务外，香港特别行政区实行高度自治，享有行政管理权、立法权、独立的司法权和终审权。《基本法》亦确定香港特区实行以行政为主导、司法独立、行政机关与立法机关既互相配合又互相制约的政治体制。

二、人文习俗

（一）人口、民族、语言与宗教

1. 人口

香港虽是弹丸之地，但现时人口大约有 700 多万人，是世界上人口密度较高的地区之一。据 2007 年统计，香港总人口有 692.17 万，包括约 21 万名流动居民，经 2011 年最新统计，香港总人口达 709.76 万，人口密度为每平方千米 6 420 人，市区人口密度平均高达每平方千米 21 000 人。

香港的人口特点是：女多男少、老龄化严重。

2. 民族

居于香港的外籍人士数目相当多，人数最多的国籍首三位如下：菲律宾、印尼和泰国。中国人占 98% 以上，以汉族为主，当中最多为广东人，其次是福建人及上海人；而其他依次是英国人、菲律宾人、印度人及美国人。

3. 语言

香港以中文及英文为官方语言，由于香港的人口绝大多数为华人，大部分原籍广东，所以广州话（粤语）仍为最主要的语言，但英语也很流行，说潮州话和其他方言的人也不少。新界土著居民很多说客家话，近年普通话甚流行，一般机关和机构也鼓励应用普通话。

4. 宗教

香港是一个宗教开放的城市，佛教、天主教、基督教、道教、回教、孔教、印度教、锡克教等都有不同种族的人士信奉，华人主要信仰佛教、道教，伊斯兰教中半数以上是华人，还有一些印度教徒、锡克教徒和犹太教徒。许多宗教团体除了弘扬教义外，也兴办学校、提供卫生福利设施等。其他教派，如摩门教（即耶稣基督后期圣徒教会）、神道教、创价学会及拜火教，在香港亦有信徒。

（二）民间节庆

香港一年四季都有精彩的节庆盛事，从初春的农历新年、盛夏的龙舟竞渡，到金秋的美味盛宴，以至冬日的欢腾派对，一整年无间断。香港的公众节日融合了东西文化的特色，既有中国传统的节日，又有西方的圣诞节、复活节、万圣节等，其中圣诞节是香港最盛大的节日。香港主要节庆如表 8-1 所示。

表 8-1　　　　　　　　　　　　香港主要节庆表

时　间	节　庆	时　间	节　庆
1月1日	元旦节（香港公众假期、法定假日）	农历四月初五至初九	长洲太平清醮（包山节）
农历十二月三十	除夕	农历四月初八	佛诞（公众假期）
农历正月初一	春节（香港公众假期、法定假日）	农历五月初五	端午节（香港公众假期、法定假日）
农历正月初二	车公诞	7月1日	香港特别行政区成立纪念日（香港公众假期、法定假日）
2月14日	情人节	农历六月廿四	关帝诞
农历正月十五	元宵节	农历七月初七	七姐诞
农历二月十三	洪圣爷诞	农历七月十五	盂兰节
3月至4月期间	香港国际电影节	农历八月十五	中秋节（香港公众假期、法定假日）
3月29日	耶稣受难日（公众假期）	10月1日	国庆节（香港公众假期、法定假日）
农历二月十九	观音诞	农历九月初九	重阳节（香港公众假期、法定假日）
3月31日（春分月圆之后第一个星期日）	复活节（香港公众假日）	10月31日	万圣节
4月4日	清明节（香港公众假期、法定假日）	12月22日	冬至（香港法定假日）
5月1日	劳动节（香港公众假期、法定假日）	12月25日	圣诞节（香港公众假期、法定假日）
农历三月二十三	天后诞	12月26日	节礼日（香港公众假期）

（三）香港饮食

　　香港为东方文化及西方文化的交汇所在，发展出了一个糅合中国菜（主要为粤菜）和西餐的饮食习惯，因而被誉为"美食天堂"。香港人以米饭为主食。作为全球各地人们的汇聚点，日、韩、越南、泰、印度等餐厅于香港均十分常见。

　　1. 香港人饮食嗜好及特点

　　（1）注重：讲究菜肴鲜、嫩、爽、滑，注重菜肴营养成分。

（2）口味：一般口味喜清淡，偏爱甜味。

（3）主食：以米为主食，也喜欢吃面食。

（4）副食：爱吃鱼、虾、蟹等海鲜及鸡、鸭、蛋类、猪肉、牛肉、羊肉等；喜欢茭白、油菜、西红柿、黄瓜、柿子椒等新鲜蔬菜；调料爱用胡椒、花椒、料酒、葱、姜、糖、味精等。

2. 香港饮食种类

香港饮食种类有传统中式饮食、早茶、外江菜。特色饮食有大排档、丝袜奶茶、街头小吃和港式甜品。

（四）礼仪与民俗禁忌

香港人社交习俗总的特点可以用这样几句话来概括：香港同胞讲友谊，态度和善重礼仪；传统特别喜吉祥，逢事人人图吉利。

1. 社交礼仪

香港人几乎在所有场合都是矜持和拘礼的。在香港，与人见面前应该先电话预约，去人家家里做客可以准备一些水果饼食作为礼物，千万不要空手去。对一般的男士称"先生"，女士称"小姐""太太"，如果是对年纪大的男子可称"阿叔"或"阿伯"，对年长的女子称"师奶""阿婶"更显亲切，对男侍者和售货员可称"伙计"，对女侍者称"小姐"，在非正式场合，对中年以上的男士可称"阿叔"或"阿伯"，对年轻男女可称"哥哥""姐姐"，除极相熟者外，不宜在姓氏前冠以"老"字。

在社交场合，与香港客人见面或告别时通常采用握手礼。亲朋好友相见时，也有用拥抱礼和贴面颊式的亲吻礼的。香港友人向客人表达谢意时，往往行叩指礼，即把手指弯曲，以几个指尖在桌面上轻轻叩打，以表示感谢。据说，叩指礼是从叩头礼中演化而来的，叩指头即代表叩头。

香港人的商务活动和一般社交大多约于酒楼、茶室或餐厅，只有必要时才告诉他人自己的家庭地址和电话。香港人生活节奏紧张，业余生活各有安排，互相探访者少，多以电话问候，需要拜访时先电话联络。

香港人邀约宴请之类，多在晚上9点开席，主人下午4点左右已开始恭候客人，并设麻将台娱宾，不打麻将者一般晚上7点左右到达为好。入席后，客人要待主人说"起筷"才开始进食。用餐时，手肘不可横抬、枕桌；不可伸筷取远处碟子中的菜，更不能将碟子拿起来倒菜；喝汤不要发出声响；餐毕，碗中不要留食。饮酒吃菜时，不宜手不离筷。上鱼时，鱼头要对着客人方向，吃时不要翻转鱼身（寓"翻船"之意）。

2. 社交禁忌

（1）忌询问妇女年龄。和西方一样，人们在交谈中不要询问对方的年龄，尤其是对妇女，否则会被认为是对她不尊重。

（2）忌询问个人隐私，如工资收入、男女朋友、感情生活等。

（3）忌过分赞美和恭维。爱听恭维话本是人之常情，但恭维范围应仅限于对方的健康、气色以及子女成就等。香港人一般不喜欢唱赞美歌，也不习惯听不切实际的溢美之词，像"您真是英明伟大""您是我们的楷模""您的话可说到我们的心坎里了"等赞语，会令人感到尴尬。

（4）忌在交谈中动手动脚，拉拉扯扯。香港人一般不大喜欢肢体触碰，在排队、坐车、走路时也尽量避免推挤和肢体接触，男女恋人除外。

（5）忌在公共场所里大声呼朋唤友。当街大声呐喊，虽不彷徨，却会令友人尴尬，也会令路人受到惊吓。

（6）忌做"不速之客"。到普通朋友家做客或拜访，一般都要事先约好。突然登门造访，会使主人措手不及，令人感到尴尬和不悦。

（7）忌要求主人留宿。由于香港人一般住所狭小，对客人通常是留餐不留宿。

3. 生活习俗

（1）香港人衣着"随心所欲"。大多数人穿短袖衬衫或 T 恤及长裤，大街上穿西装打领带的十有八九是内地的"观光客"。

（2）香港人对麻将牌的热衷胜于吃饭睡觉。在饮宴场所，主人喜欢在开席前以"雀局"招待亲戚朋友；朋友谈心事、商人谈生意、同事谈工作，也喜欢将搓麻将作为联络感情之举。

（3）香港人对六合彩情有独钟，男女老少趋之若鹜。

（4）香港人嗜赌举世闻名，尤其以赛马为最。香港马迷约占总人口的三分之一。

（5）香港人必须随身携带身份证明文件，忘记带身份证会被控罚款。香港人在公众场合乱扔垃圾，会被称为"垃圾虫"并罚款，且会在指定时间接受聆讯。

（6）"3"在香港很吃香，原因是香港人读"3"与"升"是谐音，"升"意味着"高升"。"8"和"6"在香港也很时髦。在粤语中"8"是"发"的谐音，"发"意味着"发财"。"6"与"禄"同音，也有"六六顺"之意。香港人过节时，常相互祝愿"恭喜发财"。"9"表示长寿、永远，也是吉祥数字。

4. 生活禁忌

（1）香港人忌讳别人打听自己的家庭地址，因为他们不欢迎别人去他们家里做客，一般都乐于到茶楼或公共场所。他们忌讳询问个人的工资收入、年龄状况等情况，认为个人的私事不需要他人过问。

（2）香港人颇忌讳不吉利同音字，他们对"节日快乐"之语很不愿意接受，因为"快乐"与"快落"谐音，是很不吉利的。在香港，酒家的伙计最忌讳首名顾客用餐选"炒饭"，因为"炒"在香港话中是"解雇"的意思，开炉闻"炒"声，被认为不吉利。香港人对菜名很讲究，不吉祥的名字得改个吉祥的叫法，如猪肝叫猪润，因为"肝"与"干枯"同音，丝瓜称胜瓜，因"丝"与"输"同音。

（3）香港人喜欢红、黄等鲜艳的颜色，不喜欢白、黑、灰等颜色。

（4）香港人会见亲朋忌伸"香蕉手"。香港民间对空手上门的客人称为"香蕉手"，意为两手空空，让人看不起。

（5）香港人送礼时忌送钟（送终）、书籍（输）、毯子（压财）。礼物一般以送土特产品为宜，比如"北京蜂王浆""北京虎骨酒"等。

（6）赌马、打麻将时，他们忌讳借钱、取钱。做生意时，第一宗必望其成交，多减些价也在所不惜，香港人最忌客人讲价而不买。

（7）香港人忌单数。结婚、祝寿、开张、入伙等喜庆活动的贺仪均在双日子，表示成双成对、如意吉祥。

（8）香港人忌讳"4"，因为"4"与"死"谐音，故一般不说不吉利的"4"。人们送礼等也避开"4"这个数，非说不可的情况下，常用"两双"或"两个二"来代替。受基督教的影响，"13"也不受欢迎。

三、旅游业概况

（一）著名景点

1. 太平山顶

这是香港最著名的游览胜地之一。在这里设有很多专供游客观景的设备，从山上俯瞰维多利亚港及九龙半岛，一览无余。

2. 会议展览中心（湾仔）

会议展览中心位于港仔海旁，1988年11月落成启用。中心内有旅馆、办公室、商店及住宅。中心设有大型展览厅，水准一流的会议厅、演讲厅、会议室、餐厅和咖啡室等。

3. 铜锣湾天后宫

天后宫位于铜锣湾道和天后庙交会处，建于18世纪中期，原称盐船湾红香炉庙。顶上红瓦碧筒，梁脊游龙雕饰，庙前石狮香案，均具传统气息。

4. 海洋公园

海洋公园是东南亚规模最大的游乐园和水族馆之一,每年游人超过 400 万。游人可利用缆车或户外扶手电梯登山(此电梯长度位居全球第二),参观全球最具规模的珊瑚礁水族馆、海洋馆,或欣赏一场令人拍案叫绝的海豚表演及高空跳水。

5. 浅水湾沙滩

这是香港最具代表性的沙滩,海滩绵长,水清沙细,风平浪静,是有人必到的风景区。沙滩上建有中国古典色彩的镇海楼公园,门前塑有十米多高的天后娘娘及大慈大悲观世音菩萨像,旁边还有长寿桥等胜景。附近有深水湾、中湾和南湾,都是海浴胜地。

6. 尖沙咀

尖沙咀,又称尖沙头,是香港九龙主要的游客区和购物区。尖沙咀是九龙油尖旺区的一部分,位于九龙半岛的南端,北以柯士甸道至康庄道为界,与香港岛的中环及湾仔隔着维多利亚港相望。在尖沙咀可以找到不少异国文化,尖沙咀属于游客区,因此街上有很多外国游客,也令人有身处异国之感。

7. 天坛大佛(大屿山宝莲寺)

天坛大佛位于大屿山,是最受游客欢迎的旅游点,亦是香港的佛教圣地。

8. 青马大桥

香港青马大桥是公铁两用桥,主跨 1 377 米,但 300 米边跨侧主缆不设吊杆,实际上只有 2 跨加劲桁。桥塔高 131 米,在青衣岛侧采用隧道式锚碇,在马湾岛侧采用重力式锚碇,加劲桁梁高 754 米,高跨比 1∶185,纵向桁架之间为空腹式桁架横梁,中部空间可容纳行车道及路轨。

9. 迪斯尼乐园

香港迪斯尼乐园面积为 126 公顷,是全球面积最小的迪斯尼乐园,是世界上的第五个迪士尼乐园。

10. 文武庙

文武庙位于上环荷李活道和楼梯街交界处,建于 19 世纪中期,青砖碧瓦,丹门金字。文武庙因奉祀文昌帝和关帝而得名,是传统的中国建筑,历来香火鼎盛,有中英文界签书出售。

(二)旅游业现状

香港的旅游业非常发达,是香港经济的支柱产业。香港推出的"动感地带""东方之珠""购物天堂"等旅游产品以及青马大桥、天坛大佛、迪士尼乐园等吸引了无数游人。

香港旅游业近期发展的特点可以从以下几个方面来看:

1. 访港旅客人次多和旅游业收入大，且都快速增长

2008—2012 年访港游客人次年均增长达 12.3%；2008—2012 年旅游收入年均增长 11.7%。

2. 访港游客和旅游业收入构成中，内地游客比重逐年上升并占主体地位

内地游客比重从 2008 年的 30.0% 增长至 2012 年的 53.7%。同时内地游客占香港旅游业收入比重从 2008 年的 33.2% 增长至 2012 年的 58.3%。而且，香港旅游业发展的客源市场相对集中。2012 年客源市场为：中国内地 53.7%、中国台湾 9.1%、东南亚 10.3%、北亚 7.9%、美国 5.0%、其他 14%。

3. 旅客访港目的以度假、商务、会议为主

香港自然环境优越，城市风光秀丽。同时香港又是一个商贸城市，地理位置优越，吸引了众多跨国公司在香港设立总部和分支机构，每年有许多国际商务会议和展览会在香港举行。统计数据显示，在旅客访港目的的比重中，度假和商务、会议占绝大比重。2009——2012 年间，度假比重约占 50.7%，商务、会议比重平均约占 30.6%。

4. 访港游客消费模式以购物和酒店餐饮消费为主

香港是自由贸易港，一般进口货物都免税，且不存在消费税及工商业增值税，商品价格低廉，加上有良好的购物环境和众多的购物商场，享有"购物天堂"的美称。香港酒店业也发达，美食融贯东西方口味，也是"美食天堂"。2009—2012 年，购物与酒店餐饮收入占旅游消费比重平均分别为 50% 和 40%，可见旅游业对香港商业和酒店餐饮等产业的带动效应之大。

● 第二节　澳门

一、基本概况

（一）自然地理概况

澳门特别行政区位于中国东南部沿海，地处珠江口西岸，北回归线以南。隔海东望即是香港，北方的澳门半岛连接广东珠海，而南方则是凼仔、路环和路凼城所组成的大岛，属海岛市，暂未有正式的名称。2007 年统计的澳门面积为 29.2 平方千米。1840 年澳门半岛面积仅有 2.78 平方千米，由 1866 年开始澳门不断进行填海，而达到今日的规模。

澳门属亚热带季风气候，年平均气温约为 22.3℃，全年温差变化在 11~14℃，年降水量为 1 000 多毫米。春、夏季潮湿多雨，秋、冬季相对湿度较低且雨量较

少。台风季节为 5 月至 10 月，以 7 月至 9 月最为频密。每年 10 月中旬至 12 月天气和暖并且阳光充沛、湿度不高，最为舒适。

（二）基本情况

1. 区旗、区徽

澳门特别行政区区旗为五星莲花绿旗，它是绘有五星、莲花、大桥、海水图案的绿色旗帜。其长和宽之比为 3：2。五颗呈弧形排列的五角星，象征着国家的统一，象征着中华人民共和国恢复对澳门行使主权，澳门是祖国不可分割的一部分；含苞待放的莲花是澳门居民喜爱的花种，既与澳门古称"莲岛"，旧称的"莲花地""莲花茎""莲峰山"相关，又寓意澳门将来的兴旺发展；三片花瓣表示澳门由澳门半岛和氹仔、路环两附属岛屿组成；大桥、海水反映着澳门自然环境的特点。底色象征着和平与安宁，寓意澳门四周是中国的领海。

澳门特别行政区区徽上有五星、莲花、大桥、海水图案，以绿色为底色。区徽中间是五星、莲花、大桥、海水，周围以中文书写"中华人民共和国澳门特别行政区"，下为澳门的葡文名"MACAU"。区徽图案的含义与澳门特别行政区区旗相同。

2. 简史

澳门的名称改变和所属问题经历了漫长的历史演变。澳门古称濠镜澳，与香山的历史关系极其密切。早在春秋战国时期，香山已属百粤海屿之地。约公元前 3 世纪（秦始皇统一中国时），澳门就正式纳入中国版图，属南海郡地的番禺县。

1844 年 9 月 20 日，即第一次鸦片战争以后，葡萄牙女王玛丽亚二世宣布澳门为自由港。1849 年，葡萄牙停止向中国交澳门地租。1851 年，葡萄牙占领氹仔。1864 年，葡萄牙再占领路环。1883 年，葡萄牙再占领望厦、青洲。1908 年，葡萄牙要求展界，并划定澳门的界址。第二次世界大战期间，由于葡萄牙属中立国，没有被日本占领。1955 年，葡萄牙颁布了《澳门海外省组织法》。1961 年，葡萄牙海外部确定澳门为旅游区，特准设赌；同年 11 月澳门政府颁布《承投赌博娱乐章程》。在 1974 年澳门首条陆路连接工具——澳氹大桥落成启用前，民间或运输往来两离岛和湾仔皆用船只，曾有航班设立。葡萄牙人在澳门一直拥有特权或特殊地位，这使普遍居民有大小程度的不满；1974 年 4 月 25 日葡萄牙革命成功，新政府实行非殖民地化政策，承认澳门是被葡萄牙非法侵占的，并首次提出把澳门交还中国。

1999 年 12 月 20 日零时中华人民共和国正式恢复对澳门行使主权。

3. 文化

数百年来，随着中国内地居民不断迁入澳门，中国的传统文化也被带入澳门，形成了澳门华人的主体文化。妈祖文化在澳门得到广泛传播，澳门仅供奉天后的庙宇就有十多间，作为民间信仰的妈祖信仰融入佛教、道教，成为多元信仰。

澳门是东西方文化的交汇地。澳门在 16 世纪和 17 世纪成为贸易和传教中心后，大大促进了东西方文化交流，使中国的传统文化和来自欧洲、东南亚等地的文化相互碰撞、交流、汇聚、融合，长达 400 年之久。澳门高等教育近年来发展非常迅速，高等院校有澳门大学、澳门科技大学、澳门理工学院、澳门旅游学院、澳门城市大学等。

（三）政治

根据《中华人民共和国澳门特别行政区基本法》，澳门特别行政区行政机关为澳门特别行政区政府；政府首长为澳门特别行政区行政长官，任期为五年，最多可连任一次。行政长官下有五个司，再下为局、厅、处（组、科）。行政会由政府主要官员、立法会议员及社会人士组成，协助行政长官决策。

（四）经济

自 20 世纪 60 年代起，由于世界经济发展的不断转型，澳门的经济结构开始发生多种变化。20 世纪 70 年代澳门经济发展速度较快。经过近二十年的发展，到 20 世纪 80 年代澳门形成以出口加工业、旅游娱乐业、建筑地产业和金融业为支柱的多元化经济体系。20 世纪 80 年代后期中国内地经济急速发展，澳门的制造业才得以迅速发展，制衣、纺织、玩具等都极其蓬勃发展起来。这主要是当时香港厂商受产地来源证及进口配额限制，故转移到澳门设厂，澳门经济也因此受惠。国内投资者大量涌入澳门，至今已有两百余家中资公司在澳门营业，澳门成为外商对内地投资和中国企业走向世界的桥梁。澳门政府致力发展的目标有电子行业，和工业有关的生产管理、产品开发和设计等辅助行业，服务行业如银行、保险业等。

1. 博彩业

一直以来澳门的主要收入都来自旅游业和博彩业。2002 年，博彩业收入提供四成以上的国民生产总值，而在 2006 年，博彩业为澳门带来 558.84 亿澳门币（约 69.5 亿美元）的收入，比 2005 年增加 100.84 亿澳门币，占财政总收入的 73%，比 2004 年同期增长了 13.4%。澳门 2009 年共引进 239 亿澳门币的外来直接投资，其中博彩业占七成。

2. 旅游业

澳门定位为以旅游博彩业为龙头发展的城市，而且 2003 年内地开展港澳个人游方式后，内地居民来澳更为方便。根据澳门统计普查局资料，2006 年本澳入境旅客总数为 2199 万人次，较 2005 年上升 17.6%。旅客主要来自中国大陆（占总数的 54.5%)、香港（占总数的 31.6%）和台湾（占总数的 6.5%）。

3. 创意工业

创意工业在澳门还处在发展中的阶段，很多本地的创作如音乐、电影和书籍的知名度还未及邻埠高。但随着社会的发展，市场对创意产业的需求越来越多，现今澳门很多的院校、职业中学都已开设美术及设计的科目，而澳门理工学院更有专门的艺术学校来培训艺术人才。

自 20 世纪 90 年代末，澳门有好几部独立电影制作诞生。人们所熟悉的是许国明的《枪前窗后》（2000）、陈建德的《钟意无罪》（2003）、吴兆妍的《澳门·圣诞·2005》（2005）、许国明的《夜了又破晓》（2006）等。

（五）交通

澳门拥有较为完善的海陆空交通网络，来自世界不同国家和地区的旅客可以选择不同的交通工具往来澳门。

1. 陆路交通

澳门陆路的主要交通工具为巴士以及的士。

2. 水路交通

水路客运方面，澳门现有三间船公司提供来往港澳两地的航班，包括来往上环至澳门的喷射飞航、来往尖沙咀至澳门的新渡轮和来往上环至氹仔北安的金光飞航，所有船只会停泊于新港澳码头，航程大约 1 小时。

3. 航空交通

澳门国际机场位于氹仔，于 1995 年开始投入服务。澳门政府致力把机场发展成为区内低成本航空的营运中心。据机场资料显示，澳门国际机场 2006 年全年的客运量达 497 万人次，主要与中国城市和亚洲主要城市有航班往来。

二、人文习俗

（一）人口、民族、语言与宗教

1. 人口

澳门统计暨普查局资料调查报告显示，截至 2007 年 3 月 31 日，澳门的居住人口估计约为 52 万人，当中以华人为主，占总人口的 97%，葡萄牙人（包括在澳门的土生葡人）及其他外国人则占 3%，其中外地雇员有 71 182 名。在居住人口中，48.8% 为男性，51.2% 为女性。女性人口的比例较男性高，主要原因是外地雇员及来澳的移民当中，女性约占六成。全区居住人口平均年龄为 35 岁，在居住人口的年龄结构方面，0~14 岁的青年人口占 15.2%；而 65 岁及以上的老年人口占 7.0%。

2. 语言文字

中文和葡萄牙文是澳门现行的官方语言。

3. 宗教

由于澳门是华洋共处和实行信仰自由的地区，其内居民的宗教信仰亦呈多元化。由于多数居民为华人，信仰以儒、释、道及民间神祇为主。

至于基督宗教方面，天主教澳门教区成立于 1576 年 1 月 23 日，首任主教为贾耐劳（仁慈堂创办人）。首位华人主教为林家骏主教。由于回归前大量土生葡人离开澳门，故现时信徒以华人为主。

除主流信仰外，澳门亦存在不同种类的宗教。例如伊斯兰教可能在明代以前由波斯商人传入澳门，其社团组织为澳门伊斯兰会。巴哈伊教在宣教运动中也选中澳门为传教地区之一，在 1935 年由来自美国加州的巴哈伊教徒法兰西斯·希拉太太传入，现其社团组织为澳门巴哈伊总灵体会。另外，新兴宗教的国际基士拿知觉协会、日本的神慈秀明会、澳门创价学会等都有在澳门活动，只是规模较主流宗教相对小。

（二）民间节庆

1. 节假日

澳门的节日、假日具有中西合璧的特点，大体上可分为政治、宗教、节令、习俗几类。

澳门特别行政区成立日：12 月 20 日。该节日是为庆祝 1999 年 12 月 20 日中华人民共和国对澳门恢复行使主权而设立。

追思节：11 月 2 日。这是追思亡者的瞻礼日。

佛诞节：农历四月初八。佛诞节是佛教的重要庆典。

春节：农历正月初一至初三（共 3 天），公历 1 月下旬至 2 月上旬。春节在中国民间也叫过年、农历新年。

清明节：通常在公历 4 月 4 日、5 日或 6 日。清明节当天，是传统扫墓祭祖之日。

端午节：农历五月初五，通常在公历 5 月尾至 6 月期间。这是全国统一节日。

中秋节：农历八月十五，通常在公历 9 月至 10 月初期间。这是国家传统节日。

重阳节：农历九月初九，通常在公历 10 月。重阳节亦称"老人节"。

此外，澳门重要的节日还有元旦（公历 1 月 1 日）、耶稣受难日（通常在公历 3 月尾至 4 月中旬）、复活节前日（通常在公历 3 月尾至 4 月中旬）、劳动节（5 月 1 日）、国庆日（10 月 1 日）、圣母无原罪瞻礼（12 月 8 日，庆祝圣母玛利亚获得无原罪的恩赐）、圣诞节（12 月 25 日）等。

2. 盛事举办

澳门东亚运动会体育馆是举办东亚运、葡语运以及亚室运的主场馆。澳门每年要举办多项盛事。①澳门国际龙舟赛：为中国传统的体育文化活动，龙舟竞赛在南湾水上活动中心举行；②澳门高尔夫球公开赛：赛事在位于路环的澳门高尔夫球场举行；③澳门国际烟花比赛汇演：④比赛定位为国际性烟花盛事，亦是市民热衷欣赏的烟花比赛；⑤澳门国际音乐节：每年固定于 10 月举行为期两周的音乐节，目的为进一步推广澳门旅游；⑥澳门格兰披治大赛车：为澳门体坛举行的最大型的国际性赛事，在东望洋跑道上进行；澳门国际马拉松赛：是澳门最大型的田径比赛项目，比赛路线包括澳门半岛、氹仔岛和路环岛。

（三）饮食

澳门华洋共处，荟萃中西南北美食。来自各地的风味美食几乎都可在澳门品尝到，这些风味美食包括葡国、澳门、广东、上海、日本、韩国和泰国等的美食。

澳门的葡国菜分为葡式及澳门式两种。经过改良，更适合东方人口味的澳门式葡国菜是世界上独一无二的菜式，它是葡国、印度、马来西亚及中国（广东）烹饪技术的结晶。

澳门烹饪吸收了广东地区的烹饪法和食材，以及香港、葡萄牙、印度、非洲、东南亚的特色，从而创制出独一无二的澳门菜。

（四）交礼仪与民俗禁忌

澳门人爽快热情，开朗真诚，说话干脆，善于结交朋友，喜欢相聚。他们对吉祥话、吉祥物和吉祥数字较为偏爱，如"恭喜发财""鱼""8""6"等。澳门人不习惯在家中招待客人。开张庆典要舞狮耍龙，摆放供台，点香乞求保佑。新船下海，要燃放鞭炮，求助平安。生儿育女要设汤饼宴，分送姜醋与邻里或亲友品尝，外省人则分送红鸡蛋。

（五）特产

1. 葡国葡萄酒

葡萄牙的葡萄酒，醇香美味，令人流连。

2. 首饰

不同等级的金饰在澳门皆可买到，由于免税，所以价格相对便宜。

3. 手工艺品

澳门的手工艺品为传统工艺，物美价廉。有不少商店出售来自中国和亚洲其他地方的手工艺品，例如手工亚麻刺绣、木雕和手工制的乐器等。

4. 瓷器及陶器

澳门的瓷器工业有相当的规模，不少批发商和零售店都出售大量不同种类的餐具、花瓶以及其他商品，而且价钱相当便宜。

三、旅游业概况

（一）旅游业现状

近三十年来，澳门旅游业呈不断发展势头，游客增加速度较快，现在澳门基本形成一个以博彩业、游览业、饮食业及旅游培训业为主体，辅以酒店业、手信（土特产礼品）业、珠宝业、旅运业及舞厅、夜总会、电子游戏等系统旅游业体系。澳门政府财政收入长期主要依靠博彩税，近十年来博彩税大都占三四成以上。1996 年起澳门经济呈负增长，然而旅游博彩业仍是一枝独秀，仍保持增长势头。澳门博彩税数额也远远超过公共投资的 2.5 倍，亦超过整个公共支出（1993 年公共支出占博彩税的 41%）。

澳门区内主要的旅游景点有 1992 年由澳门八个社团评选的澳门八景和 2005 年 7 月 15 日被列入世界文化遗产名录的澳门历史城区。澳门的博彩业于 1847 年在葡萄牙的管治之下开始合法化，自此以后，澳门以"东方蒙地卡罗"之名广为世界所知。博彩业成为了澳门经济的重要一部分，2006 年澳门已超越拉斯维加斯，成为全球第一赌城。澳门的博彩业大概可以分成五大类：娱乐场赌博、赛马、赛狗、彩票和足球博彩。

（二）主要著名旅游景点

大三巴牌坊：这是澳门的标志。在数百年前，它是一个美丽壮观的大教堂，可惜它并没有敌过历史的侵蚀，现在的大教堂只剩下外壁。可是，就是这精美的外壁，反而成为了澳门的一个独特景观。

妈祖阁：妈阁庙为澳门最著名的名胜古迹之一，初建于明弘治元年（1488 年），距今已有五百多年的历史。2005 年 7 月 15 日，在南非德班市举行的第 29 届世界遗产委员会会议上，包括妈阁庙前地在内的澳门历史城区被列入《世界遗产名录》。

澳门旅游塔：这是澳门的地标性建筑，塔高 338 米，位居世界十大最高建筑之一。旅游塔的冒险乐园是世界顶级娱乐场所，会展中心则是澳门最高级的商贸活动场地之一。

玫瑰圣母堂：玫瑰圣母堂又称板樟堂或多明我堂，始建于 1687 年，是天主教的明我会教士初到澳门时设立的，至今已有四百年的历史。

威尼斯人酒店：该酒店以意大利水都威尼斯为主题，酒店周围全是威尼斯特色拱桥、小运河及石板路，充满威尼斯人浪漫狂放享受生活之异国风情。除了建筑特色外，该酒店拥有七百多张赌枱的博彩大厅，这也是其他赌场难及的优势。

新葡京酒店：该酒店设计独特，极尽豪华，耀眼的工艺杰作，为你的旅程展现不一样的气派。

澳门馆：澳门馆位于中国国家馆西南向，占地 600 平方米，展出面积 800 平方米左右。澳门馆结合了中国文化艺术展现"澳门馆"与"中国馆"家国一脉相承的同时，亦突出了澳门具中华文化底蕴、富西方多元色彩的共融文化特色。

澳门渔人码头：该码头是澳门首个主题公园和仿欧美渔人码头的购物中心。

孙中山市政公园：纪念孙中山市政公园（初称鸭涌河公园，简称中山公园）是位于澳门关闸旁边的多功能公园，为澳门最大的公园。公园乃纪念曾在澳门居住的孙中山，并以其名字命名和在公园门口竖立其全身铜像。

澳门的大炮台：大炮台又名圣保禄炮台、中央炮台或大三巴炮台，是位于澳门的古老炮台，为中国现存最古老的西式炮台建筑群的一部分。

澳门赛马会：赛马会建于凼仔填海区，也称凼仔赛马场，于 1979 年年初开幕，并举行首场赛事，是亚洲最大的马场之一。

澳门海事博物馆：该博物馆成立于 1987 年，博物馆展览大楼通过下列主题，介绍这地区的主要海事活动：①中国南部的捕鱼方法和传统渔船；②科学技术和交通工具；③葡国和中国的海事历史。

风顺堂：风顺堂位于风顺堂街，是澳门著名的大教堂，占地面积甚广。

此外，松山、谭公庙、螺丝山公园、市政厅、酒类博物馆、菩提园、黑沙海滩、马礼逊教堂、关帝庙、普济禅院等也颇受广大游客的青睐。

第三节　台湾

一、基本概况

（一）自然地理概况

1. 地理概况

台湾位于中国大陆东南沿海大陆架的东南缘。全省包括台湾本岛及兰屿、绿岛、钓鱼岛等 21 个附属岛屿，澎湖列岛 64 个岛屿，陆地总面积 35 989.757 3 平方千米。其中，台湾本岛南北长 394 千米，东西最宽处有 144 千米，绕岛一周的海岸线长 1 139 千米，面积 35 788.090 8 平方千米，占全省面积的 97% 以上，是中国第一大岛。目前所称的台湾地区还包括福建省的金门、妈祖等岛屿。

台湾岛四面环海，以纵贯南北的中央山脉为分水岭，高山多集中在东部偏东地区，形成东部多山地、中部多丘陵、西部多平原的地形特征。

北回归线穿过台湾腰部，全省位置恰跨温带与热带之间，气候特点与处于同一纬度的大陆云南、广西和广东等地一样，北部属于亚热带气候，南部属于热带气候。但它四面环海，受海洋性季风调节，终年气候宜人，冬无严寒，夏无酷暑，年平均气温为 21~24℃，四季树木葱茏，百花芬芳，农作物南部一年三熟。台湾是我国降水量最多的省份，年平均降雨量在 2 000 毫米以上。台湾北部是我国少见的冬雨区。基隆平均每年有 200 多天下雨，素有"雨港"之称。每年 6 月至 10 月是台风季节，其中 7 月至 9 月台风次数最为频繁。

2. 资源

（1）森林资源

台湾森林覆盖面积占全省土地总面积的一半以上，约相当于江苏、浙江、安徽三省森林面积的总和，比欧洲著名的山林之国瑞士的森林面积还大一倍，木材的蓄积量达 3 亿立方米。台湾因受气候垂直变化的影响，林木种类繁多，包括热带、亚热带、温带和寒带品系近 4 000 种，是亚洲有名的天然植物园。

（2）矿产资源

台湾现已探明的各种矿藏有 200 多种。但多数储量不丰，铁、煤、石油等资源尤缺。目前已经开采的矿藏有 30 余种，主要是煤、硫黄、金、铜、天然气等。煤是最主要的矿产，集中在北部地区，蕴藏量估计达 5 亿吨，可开采量约为 2 亿吨，但煤质较差。

（3）海洋鱼类资源

据统计，台湾海域共有鱼类 191 科，597 属，1 276 种，还有虾、蟹以及各种藻类、贝类、珊瑚等，因而被称为天然的"海洋生物牧场"。台湾四面环海，又处暖流与寒流的交汇地，海产十分丰富，一向是我国重要的产渔区，鱼类多达 500 多种，其中以鲷鱼、鲔鱼、鲨鱼、鲣鱼、鳁鱼最多。

（4）农作物种类丰富

台湾种植和栽培的作物种类在百种以上。粮食作物主要有水稻、小麦、玉米、高粱、甘薯、大豆等；经济作物包括甘蔗、茶叶、花生、芝麻、烟草、棉花、苏麻、剑麻、香茅草等。其中，早年稻米、甘蔗、茶叶被并称为"台湾三宝"。

（5）野生动物种类丰富

台湾气候温暖湿润，动物群系丰富。主要野生动物有台湾黑熊、云豹、台湾长鬃山羊、猕猴、梅花鹿、山麂、穿山甲、飞鼠、蛇蜥、山椒鱼、水鹿等。饲养的家畜家禽主要有猪、牛、羊、鸡、鸭、鹅、火鸡等。

（6）水力资源

台湾雨量充沛，河川众多，加上受地形影响，大多数河流河床多阶地，流经许多峡谷，形成河流落差大，水势湍急，因此蕴藏的水力资源丰富。据统计，全岛河川水力蕴藏最高达 530 万千瓦，是中国水力资源最丰富的地区之一。

（二）历史与文化

1. 历史

台湾是中国领土不可分割的一部分。在远古时代，台湾和大陆本来是连在一起的，后来由于地壳运动，相连接的部分陆地沉为海峡，台湾遂成为海岛。台湾的早期住民大部分是从中国大陆直接或间接移居而来。

台湾有文字记载的历史可以追溯到公元 230 年。1949 年国民党蒋介石政府退往台湾。1986 年 10 月 14 日，国民党"中常会"决定开放台湾民众赴大陆探亲，成为两岸关系的一大突破。1988 年 1 月 13 日，蒋经国因心脏衰竭逝世。他逝世以后，国民党内的权力竞争已无可回避，政治潜含分裂的危机。民进党合法化以后，"台独"主张也变得更为明确。政治变革迎来了新的课题。1995 年，原台湾地区领导人李登辉在访问美国的时候，公开抛出了"两个中国"的论调，叫嚣"台独"，给两岸关系带来新的挑战。

2000—2008 年，陈水扁领导民进党执政台湾期间，两岸关系更是跌入低谷。2008 年，马英九领导国民党重新获得台湾的执政权，两岸关系终于有所缓和。

2. 文化

（1）教育

台湾现行的教育制度分为正规教育和技术职业教育两大体系，其中正规教育分为"国民教育"、高级中等教育和高等教育两个阶段，技术职业教育包括初等技术职业教育和高等技术职业教育两个阶段。

（2）科学技术

目前，台湾的科技研究体系主要由科技行政部门以及公营企业所属的研究机构、专门的财团法人研究机构、各大学及民间企业所属的研究机构组成。基础研究主要由"中央研究院"及各高等院校承担，应用科技研究主要由工业技术研究院及各科技行政部门所属的研究机构承担，军事科技由"中山科学研究院"负责，科技成果的商品化和市场化则由企业承担。

（3）文学艺术

台湾文学有乡土文学和现代文学两个流派。乡土文学几乎要贯穿整部台湾新文学史，是台湾文化的主流。台湾的现代派文学是在 20 世纪 60 年代，由夏济安创办《文学杂志》后形成的，著名作家有聂华苓、于梨华、白先勇和王文兴等。

（三）经济

1. 经济发展

1949 年以来，台湾经济发展大致经历四个时期：

（1）经济恢复时期（1949—1952 年）

当时台湾人口剧增，物价飞涨，工农业生产几乎停顿，而军事性开支却占财政支出的一半以上，民众生活困难，经济濒临崩溃。

（2）以农养工发展时期（1952—1960 年）

当时台湾经济基本上以农业为主，劳动力过剩，对外贸易和国际收支均逆差严重，外汇极度短缺，民众因收入低而无力消费进口工业品。

（3）出口导向经济发展时期（1960—1986 年中期）

由于台湾市场狭小，当时进口替代工业的产品市场已趋饱和，若继续发展将导致经济后劲乏力。台湾抓住当时国际分工变化的机遇，利用低廉工资的国际比较利益，大力发展加工出口工业带动经济发展，并陆续修正或制定旨在促进出口的政策与措施，如进行外汇贸易的改革、实施"奖励投资条例"、鼓励民间储蓄、对外销厂商实行税收和融资的优惠、设立出口加工区和保税仓库等。

（4）经济转型时期（1986 年至今）

自 20 世纪 80 年代以来，由于台湾内外经济环境的变化，新台币兑美元汇率大幅升值，工资也大幅上涨，劳动力短缺，劳动密集型加工出口工业逐渐丧失比较利益和比较优势，导致民间投资意愿低落，经济发展陷入困境。为此，台湾当局于 1986 年中期提出了实行自由化、国际化、制度化的经济转型方案，进一步健全和完善市场经济机制，并以产业升级和拓展美国以外的外贸市场作为重大调整内容，确定以通信、信息、消费电子、半导体、精密器械与自动化、航天、高级材料、特用化学及制药、医疗保健及污染防治等十大新兴产业为支柱产业。经过近 10 年的经济转型，台湾经济在自由化、国际化方面取得一定进展，产业升级也初现成效。

2. 产业结构

台湾农耕面积约占土地面积的四分之一，台湾盛产稻米，稻米米质好、产量高。主要经济作物是蔗糖和茶，花卉产值也相当可观。蔬菜品种超过 90 种，栽种面积仅次于稻谷耕种面积。台湾素有"水果王国"的美称，水果种类繁多。森林面积约占全境面积的 52%，台北的太平山、台中的八仙山和嘉义的阿里山是著名的三大林区，木材储量多达 3.26 亿立方米，树木种类近 4 000 种，其中尤以台湾杉、红桧、樟、楠等名贵木材闻名于世，樟树提取物居世界之冠，樟脑和樟油产量约占世界总量的 70%。

台湾经济是全球第 15 大经济体系，特色为中小型企业众多。经济结构已经逐渐由高科技产业取代原先的劳力密集工业，且农业在 GDP 中的比重从 1952 年的 35% 下降到 2%。至今形成服务业与高科技产业合计比例逐渐过半的形势，但也面临传统产业快速外移（特别是中国内地的"磁吸效应"）的问题。

（四）政治

国民党政权去台后，仍沿用在大陆时期的政治官僚体制。其所谓政权机构由"国民大会""总统府"及"行政院""立法院""司法院""考试院""监察院"组成；其政体采取行政、立法、司法、考试、监察五权分立、相互制衡的形式。民进党上台"执政"后，仍维持了原政权体制。

二、人文习俗

（一）人口、民族、语言与宗教

1. 人口

台湾人口总数有 23 356 588 人（2013 年 9 月统计），台湾原住民族人口总数有 532 061 人（2013 年 9 月）。

2. 民族

台湾主要民族有阿美族、泰雅族、排湾族、布依族、卑南族、鲁凯族、邹族、赛夏族、雅美族、邵族。

3. 语言

法理上台湾并无规定的官方语言，但实际上的官方语言及最普及语言为中华民国国语，使用中文正体字，其他的主要语言依普及率为台湾闽南语、台湾客家语及台湾原住民族语。

4. 宗教

台湾民间信仰盛行，是个"多神之岛"，教堂寺庙遍布，信徒众多。依台湾官方统计，台湾总计有寺庙教堂 21 186 个，神（佛）职人员 49 658 人，信徒人数 1 082 万人，外籍传教士 1 926 人，神学院 84 所。台湾民众供奉的主神有 200 多种，主要有观音、妈祖、土地爷、释迦牟尼、关公、保生大帝等。

台湾的宗教信仰可分为三大类：高山族的原始信仰，民间通俗信仰，各种正式宗教。

（二）民间节庆

台湾地区主要的节日有：

和平纪念日：2 月 28 日，纪念 1947 年二·二八事件。

植树节：3 月 12 日，纪念孙中山逝世，并为植树节。

国父诞辰纪念日：11月12日，纪念孙中山诞辰，并为中华文化复兴节。

教师节：9月28日，孔子诞辰纪念日，并为教师节。

台湾光复节：10月25日，台湾光复节，纪念1945年台湾光复。

文艺节：5月4日，文艺节，纪念五四运动。

此外还有元旦（1月1日）、司法节（1月11日）、农民节（2月4日或2月5日）、妇女节（3月8日）、青年节（3月29日）、儿童节（4月4日）、劳动节（5月1日）、母亲节（5月第二个星期日）、禁烟节（6月3日）、铁路节（6月9日）、父亲节（8月8日）、记者节（9月1日）、军人节（9月3日）、华侨节（10月21日）等。

（三）文化

1. 宗教信仰的饮食文化

台湾宗教信仰流行，在祭典或祖先的祭祀上，十分重视供品的食品内容。如生的用来祭天，熟的祭品是祭祖先。现今的台湾，也十分流行吃素。

2. 食补文化

台湾与大陆南方一样，饮食非常讲究食补。现在可以说是一种健康饮食文化。在台湾，养生防老、阴阳互补、五行调和等观念深入人心。目前台湾食物养生方式主要有素食、生食、有机饮食、断食疗法及传统中医食疗。台湾民间常以"四神汤"（淮山、芡实、莲子与茯苓）作滋补饮料，是著名的滋补小吃。民间食补习俗中最独特的是所谓的"半年补"，即在每年的农历六月初一，家家户户用米粉搓丸子，做成甜粢丸，吃后可除炎夏百病。另外，台湾还有"补冬"或"养冬"，即立冬日进补的习俗。

3. 特殊风味的饮食文化

台湾特殊风味的饮食文化可以说包罗万象，结合了台湾本地与大陆各地的风味小吃。知名者有基隆庙口的天妇罗、彰化的肉圆、嘉义的鸡肉饭、新竹的贡丸、台南的担仔面、士林的大饼包小饼等。

（四）社交礼仪与民俗禁忌

1. 社交礼仪

（1）礼节礼仪

台湾人在社交场合与客人见面时，一般都以握手为礼。亲朋好友相见时，也惯以拥抱为礼，或吻面颊的亲吻礼。台湾的高山族雅美人在迎客时，一般惯施吻鼻礼（即用自己的鼻子轻轻地擦吻来宾的鼻尖），以示最崇高的敬意。台湾信奉佛教的人社交礼节为双手合十礼。与熟人或亲密朋友见面时，习惯握一下手。人们初次见面时只需点头打招呼，微微弯腰鞠躬是表示敬意。

（2）一般礼仪

照美国人的标准来看，要台湾商人作出一项决定往往要花费很长时间，所以与台湾人谈生意时要有耐心。

在某些住家内不穿鞋子，改穿拖鞋。要客从主便。

（3）约会与准时

赴约时，完全可以比规定时间稍早或稍晚一些到达。

（4）款待与馈赠

宴请通常是在饭店里进行，而不是在家里。台湾的饭菜极其丰盛，一顿饭可能有20道菜，所以在开始阶段要吃得少些以留有余地。祝酒是常见的。"干杯"的意思是一饮而尽，杯底朝天。筷子与瓷调羹是台湾常用的餐具。

登门访问台湾人时，宜带一样小礼品，例如水果、糖果或干点。递送礼品或其他物品时应双手奉上。接受宴请后写一封感谢信是必须的，并且受主人欢迎。

（5）交谈

别谈论中国大陆和当地的政治。

2. 民俗禁忌

（1）台湾人送礼禁忌

禁用粽子送人。台湾居丧之家要惯用包粽子，赠送粽子会被误解为视对方为丧家。

禁用甜果（年糕）、糕点送人。台湾民间逢年过节常以甜果糕点作祭品。

禁用扇子送人。扇子到天凉即不用，送扇子给人意味迟早要抛弃对方。

禁用手巾（手帕）送人。台湾办完丧事要送手巾给吊丧者，表示让其与死者断绝往来，称为"送巾离恨"。

禁用雨伞送人。闽南语"雨伞"与"互散"同音。

禁用刀剪送人。刀剪有"一切两断""一剪两断"的含义。

禁用镜子送人。镜子易打破，破境难圆。

禁用钟送人。"钟"与"终"同音，送钟会使人联想到"送终"。

（2）信仰忌讳

台湾信奉佛教和道教的信徒约占全省人口的34%；信奉天主教、基督教的约占3%；另外还有部分居民信奉伊斯兰教、天理教、轩辕教、大同教、理教等。台湾的阿美人十分忌讳打喷嚏，他们把一天之中若碰上有人打喷嚏，视为遇到了很不吉利的事情。

（3）言语

台湾人不说"蛇"（赊）一般说"长长的"，不说不吉利的话，总之是较迷信。

（4）与台商打交道应注意的事项

数字：台湾人普遍忌讳4，因为这个数字音和"死"相近，他们日常无论做什么事都尽量避开4这个数字，或通过其他类似的语言表达。

颜色：台湾人使用黑色比较谨慎，因为黑色显得庄严肃穆，主要用于葬礼。红色是他们的偏爱，民间一般都以红色作为吉祥的象征。人们在送礼时都喜欢用红包。

宴请：台湾人的祖籍大部分都是福建和广东，饮食习惯基本上和福建广东人相似，他们不喜欢吃油重、过辣、偏咸的食品。如果宴请台商，应注意他们的口味喜清淡，爱微甜味道，对大陆各种烹饪制作的菜肴均能适应，更偏爱煎、干炸、爆炒、烧等烹调食物。

三、旅游业概况

（一）主要旅游城市与著名景点

1. 主要旅游城市

台北市：台北市是台湾省的第一大城市，是政治、经济、文化中心。全市面积有近300平方千米，人口接近300万，占全岛人口的八分之一，位列全球人口最稠密的城市排行榜前二十名。

台中市：台中市位居台湾西部平原的中心地带、台中盆地的中心，拥有"台湾中心"的美名。台中市一年四季阳光普照、舒爽宜人，绝少尘沙飞扬，被民众评为"台湾最适于居住的城市"。

台南市：台南市位于台湾西南部的嘉南平原，西临台湾海峡，东依阿里山山脉，北接嘉义县，南与高雄市接壤，是台湾第四大城市，也是台湾重要农业及蔗糖产区。台南市是著名的历史古城，明清时为台湾首府，古迹名胜特别多，有"五步一神""三步一庙"之喻和"文化古都"之美称。

高雄：高雄市位于台湾南部，西临台湾海峡，南接巴士海峡，海陆交通非常发达，为台湾第一大商港、世界第六大货柜港、东北亚通往南太平洋的要道，被称为台湾的"南大门"。

2. 著名景点

1953年6月，台湾评选出八大景点，即日月潭、玉山积雪、阿里云海、大屯春色、安平夕照、清水断崖、鲁阁幽峡、澎湖渔火。

（二）旅游业现状

（1）进岛旅游市场

从市场份额上看，台湾旅游客源市场常年主要分布于日本、中国香港和澳门地区。长期以来三地进岛旅游客源均占全体来台游客的 60% 以上。2008 年受国内经济不景气和世界金融危机的影响，日本来台观光游客为 674 506 人次，增长率为 −8.56%，占比 38%。据统计，2009 年 1 月至 5 月大陆去台游客人数达 33 万人，较上年同期增长高达 775.75%，占到台全体客源的 23.81%（略高于港澳的 23.70%），居全台第二。而 2010 年，大陆居民赴台游的人次又赶超日本的旅游人次，稳居台湾最大的入境客源地。2013 年台湾入境旅客人次数即达 731 万人次，其中大陆旅客占 35% 以上。

（2）台湾岛内旅游市场

岛内旅游市场发展的特点有：

出游时间有所变化，平常日出游比例明显提高。2012 年台湾民众利用周末休息日出游最多，其次为平常日，公共假日出游比例最小。其中，平常日出游比例比往年有较大幅度提高。

纯粹的观光旅游占主流，复合型度假观光比例增长。以生态旅游、会议或学习型度假、宗教旅游、健身度假为目的的复合型旅游逐年增多。这说明台湾民众旅游需求多元化趋势正在加强。

旅游消费继续增加，娱乐支出涨幅最大。2012 年岛内旅游每人每次平均花费为新台币 2 856 元，较 2011 年增加 6.7%。其中以餐饮支出最多，交通及购物支出次之。娱乐支出比 2011 年提高 48.32%，增幅最大。

岛内旅游以一日游为主，住宿旅馆与民宿的比例逐年上升。2012 年台湾民众岛内一日游比例较 2011 年下降 2.7%，但仍占 61%，居主导位置。过夜旅游者渐增，选择住宿旅馆和民宿的比例分别为 21% 与 4.4%，均较 2011 年有所增长。选择住宿亲友家的比例下滑，占 10.7%。

（3）台湾民众出岛旅游市场

2008 年台人赴陆为 438 万人次，2010 年为 514 万人次，但到 2012 年也只有 534 万人次。2012 年 1 月台人赴陆较赴日多出 7 万多人次，但赴日人数月月增长，日本大有超越大陆成为台湾人最大离港游目的地之势。

中国内地、港澳地区、日本、美国、泰国和韩国是台湾民众出岛旅游的主要目的地。2012 年台湾赴内地旅游人数达 534.02 万人次，同比增长 1.47%。

台湾出岛旅游人均每次花费减少。2012 年台湾民众出岛旅游支出总额为新台币 3 725 亿元，人均每次花费新台币 48 793 元。

银发族出岛旅游人数迅速增加。

思考与练习

1. 在旅游接待服务中，对香港客人应该注意他们哪些风俗习惯？
2. 在旅游接待服务中，对澳门客人应该注意他们哪些风俗习惯？
3. 在旅游接待服务中，对台湾客人应该注意他们哪些风俗习惯？

案例和实训

拓展阅读

开拓港澳青少年市场潜力巨大

目前，港澳同胞赴内地旅游人次约占内地入境旅游总人数的 80%，过夜游客占内地入境过夜游客总人次的 54%，是内地入境旅游的基础市场，关系到我整体入境旅游市场的平稳发展。当前，既要克服多种不利因素影响，采取多种措施努力遏制港澳同胞入境旅游面临的下行趋势，更要着眼长远，不断深掘市场潜力，而港澳青少年旅游市场则正是潜力所在。

为努力夯实港澳台同胞入境旅游在我入境旅游市场中的基础地位，按照"巩固传统、开发新兴、培育潜在、稳住规模、优化结构、增加效益"的总体思路，国家旅游局确定了"全力巩固中老年传统客源市场，着力开发年轻上班族新兴市场，努力培育青少年潜在客源市场"的宣传推广策略。

根据亚旅中心于 2013 年所做的《港澳青少年游学市场调研报告》显示，港澳地区参加境外游学人数达 90 多万人次，按每人每年一次境外游学、每人游学费用 4 900 元港币和在外消费中位数 1 000 港币为基准推算，港澳游学市场消费超过 50 亿港币。此外，亲子游学还将增加近 50 万人次的潜在市场。

国家旅游局已将港澳青少年作为重点潜在市场进行积极培育和深度开发。近年来，国家旅游局会同相关省市旅游部门以游学旅游为切入点，组织了一系列支持港澳青少年赴内地游学活动，并不断探索开发港澳青少年市场的新手段新模式。

2011 年，国家旅游局启动以"华夏文明之旅"为主题的游学旅游活动，通过"修我长城·爱我中华""生生不息·薪火相传"等寓教于游的生动方式，让来自香港的 100 多中小学生深有感触。之后，国家旅游局围绕该主题又先后组织港澳青少年赴湖北、陕西、福建、江苏、浙江等地开展游学旅游。粤港澳地域相连、文化相近、语言相通，开展游学旅游条件得天独厚，2012 年"粤游越精彩"游学主题应运而生，从当年的每年 1 000 人规模扩大到现在的 4 000 人规模。通过几年的培育，这些游学旅游品牌在港澳中小学校的影响力逐步扩大。

因地制宜开发港澳青少年市场得到了各省区市旅游部门的积极响应和参与。广东省旅游局协调相关部门和地市，对参加"粤游越精彩"游学主题的学生在交通、景区门票等方面给予特殊的优惠政策。河南省旅游局会同教育部门与香港多所中小学校建立了紧密联系，多次邀请这些中小学校校长走访河南，并通过举办游学研讨会共同探讨研究游学市场的开发。

2012 年，亚洲旅游交流中心向香港旅行社业界征集游学旅游线路，通过网站推向市场，对组织游学的旅行社和社会团体给予支持。目前，香港旅游学库、香港国民教育促进会、中国国旅（香港）旅行社有限公司、澳门中国旅行社股份有限公司等当地旅游企业已纷纷参与到内地游学旅游业务中来。

（资料来源：张雪梅. 着眼长远，深挖潜力，努力培育港澳青少年市场［OL］［2014-08-01］http：//www. cnta. gov. cn/html/2014-5-22-%7B@ hur%7D-47-27184. html. ）

实训

1. 根据港澳青少年的需求特点为他们设计一条游学旅游线路。
2. 设计一份对港澳青少年的旅游营销方案。

参考文献

1. 刘青，邓代玉. 世界礼仪文化 ［M］. 北京：时事出版社，2009.

2. 王兴斌. 中国旅游客源国概况 ［M］. 5 版. 北京：旅游教育出版社，2010.

3. 王兴斌. 中国旅游客源国概况 ［M］. 6 版. 北京：旅游教育出版社，2013.

4. 周凤杰，舒惠芳，宝胜. 客源国（地区）概况 ［M］. 北京：机械工业出版社，2009.

5. 于向东. 中国旅游海外客源国市场概况 ［M］. 大连：东北财经大学出版社，1999.

6. 李志勇. 客源国概况 ［M］. 成都：四川大学出版社，2002.

7. 赵利民. 旅游客源国（地区）概况 ［M］. 2 版. 大连：东北财经大学出版社，2012.

8. 夏绍兵，吴明清. 旅游客源国（地区）概况 ［M］. 天津大学出版社，2011.

9. 陈家刚. 中国旅游客源国概况 ［M］. 2 版. 天津：南开大学出版社，2013.

10. 张凌云. 世界旅游市场分析与统计手册 ［M］. 北京：中国旅游出版社，2008.

11. 张凌云. 世界旅游市场分析与统计手册 ［M］. 2 版. 北京：旅游教育出版社，2012.

12. 张金霞. 客源地概况 ［M］. 武汉：武汉大学出版社，2003.

13. 张广瑞，刘德谦，宋瑞. 2010 年中国旅游发展分析与预测 ［M］. 北京：社会科学文献出版社，2010.

14. 李宏. 世界地理全知道［M］. 北京：北京燕山出版社，2010.

15. 佘时佑. 中国节日［M］. 北京：华文出版社，2005.

16. 陈小野. 香港旅游完全指南［M］. 北京：中国轻工业出版社，2010.

17. 卡生，陈明辉，顾一丹. 知行香港［M］. 北京：中信出版社，2012.

18. 张俊杰. 一生要快读的中外地理［M］. 北京：时事出版社，2005.

19. 《看图走天下丛书》编委会. 走进世界著名城市［M］. 广州：广东世界图书出版公司，2009.

20. 王兴斌. 中国旅游客源国/地区概况［M］. 4 版. 北京：旅游教育出版社，2009.

21. 夏林根. 入境旅游客源地概况［M］. 上海：上海人民出版社，2010.

22. 中华人民共和国国家民族事务委员会. 台湾的宗教信仰［OL］［2014-08-19］http：//www. seac. gov. cn/art/2005/4/7/art_ 2893_ 67514. html.

23. 马琳. 全球最热闹旅游城市排名出炉上海发展较快［OL］［2014-07-21］http：//www. china-crb. cn/resource. jsp？id=22499.

24. 李京枝. 四川旅游借势"博鳌"营销 推介旅游新线路［OL］［2014-07-23］http：//scnews. newssc. org/system/20140403/00244278. html.

25. 钱春弦，桂娟. 韩国成为中国第一大旅游客源地［OL］［2014-07-29］http：//news. xinhuanet. com！society/2006-03/18/content 4316556. htm.

26. 张雪梅. 着眼长远，深挖潜力，努力培育港澳青少年市场［OL］［2014-08-01］http：//www. cnta. gov. cn/html/2014-5-22-%7B@ hur%7D-47-27184. html.